Digital Work Design

Prof. Dr. Isabell M. Welpe ist Inhaberin des Lehrstuhls für Strategie und Organisation an der Technischen Universität München und Direktorin des Bayerischen Staatsinstituts für Hochschulforschung und Hochschulplanung. Ihre Forschungsschwerpunkte liegen in den Bereichen Strategie, Führung und Innovation sowie der Digitalisierung von Wirtschaft und Gesellschaft.

Dr. Prisca Brosi ist Habilitandin und Post-Doc am Lehrstuhl für Strategie und Organisation der Technischen Universität München. Im Projekt »Digital Work Design – Turning Risks Into Chances« konzentriert sich ihre Forschung auf die Themen Arbeitsgestaltung und Führung in der digitalisierten Welt.

Dr. Tanja Schwarzmüller ist Research Associate am Lehrstuhl für Strategie und Organisation der Technischen Universität München sowie selbstständige Trainerin und Beraterin. Im vom Bundesministerium für Bildung und Forschung geförderten Projekt »Digital Work Design – Turning Risks Into Chances« forscht sie zu den Themen Arbeitsgestaltung, Führung und Geschäftsmodelle in der digitalisierten Welt.

Isabell M. Welpe, Prisca Brosi, Tanja Schwarzmüller

Digital Work Design

Die Big Five für Arbeit,
Führung und Organisation
im digitalen Zeitalter

Campus Verlag
Frankfurt / New York

Förderhinweis: Das diesem Buch zugrundeliegende Vorhaben wurde mit Mitteln des Bundesministeriums für Bildung und Forschung unter dem Förderkennzeichen 16I1644 gefördert. Die Verantwortung für den Inhalt dieser Veröffentlichung liegt bei den Autorinnen.

ISBN 978-3-593-51404-8 Print
ISBN 978-3-593-43819-1 E-Book (PDF)
ISBN 978-3-593-43837-5 E-Book (EPUB)

2., unveränderte Auflage 2020

Umschlaggestaltung: Campus Verlag GmbH, Frankfurt am Main
Satz: Publikations Atelier, Dreieich
Gesetzt aus der Sabon, der ITC Officina Sans und der Zekton
Druck und Bindung: CPI buchbücher.de, Birkach
Gedruckt auf Papier aus zertifizierten Rohstoffen (FSC/PEFC)
Printed in Germany

www.campus.de

Inhalt

Einleitung 9

Die digitale Transformation 10
Die Big Five für Arbeit, Führung und Organisation 20

1 Big Five #1
Der Umgang mit der VUCA-Welt
wird zur Kernkompetenz 24

1.1 Flexible Organisationsstrukturen 30
1.2 Klarheit herstellen, wo Klarheit möglich ist 36
1.3 Experimentieren 39
1.4 Fehlermanagement 44
1.5 Lernen in Organisationen oder die lernende Organisation 47
1.6 Evidenzbasierte Empfehlungen für Mitarbeiter, Führungskräfte und Organisationen 56

2 Big Five #2
Keine Disruption ohne (neue Arten von) Teamarbeit 64

2.1 Innovationsfördernde Teamarbeit 69
2.2 Innovation durch Diversität 71
2.3 Virtuelle Zusammenarbeit ermöglichen 75

2.4 Silos abbauen, schnittstellenübergreifend arbeiten 80
2.5 Organisationsgrenzen öffnen 86
2.6 Evidenzbasierte Empfehlungen für Mitarbeiter, Führungskräfte und Organisationen 89

3 Big Five #3 Organisationen müssen demokratischer werden 97

3.1 Empowerment – Mitarbeiter an die Macht! 101
3.2 Empowerment auf Arbeitsebene – ermächtigende und motivierende Arbeit gestalten 103
3.3 Empowerment auf Führungsebene – das Ende hierarchischer Führung?! 111
3.4 Empowerment auf Teamebene – Teams an die Macht 115
3.5 Empowerment auf Organisationsebene – eine ermächtigende Unternehmenskultur etablieren 124
3.6 Evidenzbasierte Empfehlungen für Mitarbeiter, Führungskräfte und Organisationen 128

4 Big Five #4 Die Bedeutung von Beziehungen 136

4.1 Relational Work Design – beziehungsförderliche Arbeitsgestaltung 138
4.2 Positive Beziehungen zwischen Mitarbeitern fördern 141
4.3 Individualisierte Führung 146
4.4 Teambuilding 152
4.5 Netzwerken 158
4.6 Communitybuilding innerhalb des Unternehmens 161
4.7 Communitybuilding außerhalb des Unternehmens 162
4.8 Evidenzbasierte Empfehlungen für Mitarbeiter, Führungskräfte und Organisationen 163

5 Big Five #5 Gesundheit muss stärker in den Fokus von Organisationen rücken ... 170

5.1 Eine kurze Geschichte des Stresses ... 173
5.2 Das eigene Wohlbefinden selbst in die Hand nehmen ... 178
5.3 Die Basis für gesunde Mitarbeiter und Unternehmen schaffen ... 188
5.4 Evidenzbasierte Empfehlungen für Mitarbeiter, Führungskräfte und Organisationen ... 201

6 Fazit und 10-Punkte-Plan ... 209

6.1 10-Punkte-Plan ... 210
6.2 Selbst-Diagnose-Check ... 211
6.3 Handlungsempfehlungen für Mitarbeiter, Führungskräfte und Organisationen ... 217
6.4 Schlussworte ... 222

Danksagung ... 223

Literatur ... 225

Register ... 247

Einleitung

Die Digitalisierung stellt aktuell ohne jeden Zweifel *den* Megatrend für Unternehmen dar. Wenn wir über die Digitalisierung sprechen, meinen wir zum einen die zunehmende Datenmenge, die wir als Menschheit täglich produzieren, indem wir Inhalte aufzeichnen, unser Essen fotografieren, Kommentare einfügen, Events liken, Präferenzen angeben, Lonelies von uns selbst machen, unseren Puls genauso wie unseren Stadtspaziergang tracken ... und damit Datenmengen erzeugen, die so groß sind, dass nicht der Besitz von Daten per se ausreicht, um einen Wettbewerbsvorteil für Unternehmen zu generieren. Erst die Algorithmen, mit denen diese Daten ausgewertet werden können, stellen den eigentlichen Wettbewerbsvorteil für Unternehmen dar.

Wir meinen mit Digitalisierung aber auch die Datenmenge, welche mittlerweile von »Dingen« produziert wird. Wearables, wie Uhren, Kleidung und Brillen, die wir selbst am Körper tragen, können kontinuierlich Daten über uns und unser Leben aufzeichnen. Zusammengefasst unter dem Stichwort Industrie 4.0 bestehen intelligente Fabriken aus Maschinen, Anlagen, Logistikeinheiten und Produkten, die miteinander kommunizieren, kooperieren und so zu selbstgesteuerten Systemen werden. In intelligenten Häusern können unter anderem Thermostate, Kühlschränke, Waschmaschinen und Staubsauger-Roboter digital angesteuert werden. Sie können per Smartphone prüfen, ob sich Einbrecher in Ihrem Haus befinden. Und Alexa macht das Licht aus. In intelligenten Städten unterstützt die digitale Infrastruktur die Einwohner in Nachhaltigkeit, Sicherheit und Bildungssystemen. Selbst Staub kann in Zukunft intelligent sein, wenn kleinste Partikel als mikroskopische Sensoren Informationen aufnehmen und untereinander austauschen.

Und wir haben mit der Digitalisierung die sozialen Netzwerke im Blick, welche die Welt umspannen, Menschen verbinden, die Kompetenzen von Menschen sichtbar und bewertbar machen, Geschäftsbeziehungen herstellen und Auskunft über Bewerber geben. Soziale Netzwerke geben jedoch auch Informationen von Social Bots weiter. Sie können zu Echokammern führen, in denen die gleichen Inhalte wiederholt werden, sodass sie den Eindruck einer Meinungsmehrheit suggerieren und polarisieren. Sie können zu Filterblasen führen, in denen wir immer wieder die gleichen Informationen angezeigt bekommen. Die Digitalisierung umfasst also auch die positiven und negativen Konsequenzen von sozialen Netzwerken wie Facebook, Google+, Twitter, Instagram, Pinterest, Flickr, Tumblr, Snapchat, YouTube, Vimeo, WhatsApp, Xing und LinkedIn.

Wir meinen all diese Entwicklungen, wenn wir über die Digitalisierung sprechen. Denn sie beeinflussen Unternehmen. So haben sich Unternehmen vor dem Hintergrund der Entwicklung der Informations- und Kommunikationstechnologie in den letzten Jahrzehnten bereits grundlegend verändert (Cascio & Montealegre, 2016). Beginnend mit der Inbetriebnahme von Großrechnern in den 60er-Jahren, über den Einsatz von Desktop Computern, Kommunikationstechnologie und Unternehmenssoftware bis hin zu mittlerweile allgegenwärtigen Computern und Netzwerken, welche die Vereinigung des physischen und elektronischen Raumes immer weiter vorantreiben. Diese Entwicklungen betreffen alle Unternehmen, nicht nur den Informations- und Kommunikationssektor. Landwirtschaft ist genauso betroffen wie Mobilität, Gesundheitswesen genauso wie Bildung, Medizin genauso wie die Lebensmittelindustrie. Es gibt kein Unternehmen, das sich nicht mit der Digitalisierung beschäftigen muss.

Die digitale Transformation

Die Veränderungen, die aus der Digitalisierung resultieren, lassen sich darüber hinaus in allen Unternehmensbereichen spezifizieren. Es werden andere Input-Faktoren, das heißt in den Wertschöpfungsprozess eingehende Ressourcen, wichtig. Geschäftsprozesse verändern sich. Produkte und Dienstleistungen von Unternehmen wandeln sich und werden Konsumenten – und Nutzern – auf andere Weise dargeboten. Es entstehen neue Geschäftsmodelle, die sich nicht mehr in klassischen Unternehmensdarstellungen abbilden lassen und immense Veränderungen von Markt und Wettbewerb bedingen. Abbildung 1 stellt all diese Veränderungen, auf die wir im Folgenden genauer eingehen, im Überblick dar:

Abbildung 1: Veränderungen vor dem Hintergrund der digitalen Transformation

Veränderung von Input-Faktoren

Nicht überraschend gewinnen Daten als Input-Faktoren eine immer größere Bedeutung für Unternehmen. Mit Input-Faktoren meinen wir all jene Ressourcen in Unternehmen, die zu dessen Wertschöpfung beitragen. Bisher wurden als Input-Faktoren klassischerweise *materielle* und *finanzielle* Ressourcen – also alle Vermögensgegenstände – sowie intangible Ressourcen, welche die Unternehmenskultur, Reputation und Technologie einschließen, aufgeführt (Grant, 2010). Auch die *menschliche* Arbeitskraft mit ihren Fähigkeiten, ihrem Wissen und ihrer Motivation ist eine wichtige Ressource für Unternehmen. Diese Liste an Ressourcen muss nun jedoch um *Daten* sowie *Algorithmen*, welche Daten überhaupt erst nutzbar machen, erweitert werden. Denn diese Input-Faktoren sind zunehmend kritisch für die Entscheidungsfindung und Wertschöpfung in Unternehmen. Sie verbessern Entscheidungsprozesse, ermöglichen die Bereitstellung von Produkten und Dienstleistungen und können, wenn sie entsprechend aufbereitet sind, auch selbst Produkte darstellen. Dabei ermöglichen Daten jedoch auch völlig neue Wachstumsmuster für Unternehmen.

Ein Beispiel: Google hat 2013 Waze akquiriert. Das Geschäftsmodell von Waze zielt auf die Bereitstellung von Verkehrsinformationen, indem es die Daten der Smartphones seiner Nutzer auswertet. Das Unternehmen benötigt daher keine am Straßenrand aufgestellten Sensoren, um den aktuellen Verkehrsfluss zu erfassen, wie es beispielsweise das 2007 von Nokia akquirierte Start-up Navteq geplant hatte. Während das Geschäftsmodell von Navteq mit hohen Investitionen für die Sensoren verbunden ist, setzt Waze die Daten der eigenen Nutzer wirksam ein, um Verkehrsinformationen zu generieren. Weil durch die Generierung von Verkehrsinformationen über die eigenen Nutzer keine Investitionskosten entstehen, kann Waze exponentiell wachsen, während das Wachstum von Navteq durch die notwendige aufzubauende Infrastruktur eingeschränkt ist (Ismael, Malone & Van Geest, 2017).

Dieses Beispiel macht jedoch nicht nur deutlich, dass Daten und Algorithmen wichtige Input-Faktoren für Unternehmen sind. Die Güte der Verkehrsinformationen von Waze ist von seiner Nutzeranzahl abhängig. Je größer das Nutzernetzwerk, umso mehr Informationen können in den Algorithmus eingehen und umso besser ist die Qualität der verdichteten Verkehrsinformationen. Das Geschäftsmodell hängt also nicht nur von Daten ab, sondern vor allem davon, ob das Nutzernetzwerk von Waze groß genug ist, um Verkehrsinformationen von mindestens der gleichen Güte wie die des sensorbasierten Geschäftsmodells von Navteq zu generieren. *Netzwerke* sind also vor dem Hintergrund der digitalen Transformation neben Daten und Algorithmen eine weitere wichtige Ressource für Unternehmen.

Veränderung von Geschäftsprozessen

Neben neuen Input-Faktoren wird im digitalen Zeitalter von einer weitreichenden Veränderung von Geschäftsprozessen ausgegangen (Westerman, Calméjane, Bonnet, Ferraris & McAfee, 2011). Dies betrifft einerseits die Automatisierung von Geschäftsprozessen, andererseits aber auch die Vernetzung und Kollaboration zwischen Einheiten innerhalb und außerhalb des Unternehmens. Diese Kollaboration wird durch neue Medien und Tools zur Zusammenarbeit unterstützt, sodass klassische Standortfaktoren (wie die vor Ort vorhandene Infrastruktur) an Bedeutung verlieren, da Personen über geografische Grenzen hinweg zusammenarbeiten können.

Darüber hinaus können Geschäftsprozesse virtualisiert werden (Overby, 2008). Dies beinhaltet das Herauslösen von physischen Interaktionen aus

Geschäftsprozessen, sodass Geschäftsprozesse über zeitliche und räumliche Grenzen hinweg durchgeführt werden können. So wurde beispielsweise bei Online-Einkäufen die physische Interaktion zwischen Käufer und Verkäufer herausgelöst. Bankautomaten übernehmen immer mehr Funktionen, die früher von Bankangestellten erfüllt wurden, und werden nun selbst teilweise durch Smartphone-Applikationen ersetzt und durch Kryptowährungen überflüssig. Mit einer Transaktion verbundene Notwendigkeiten wie Sensorik (z.B. wenn ein Kunde ein Produkt riechen muss), Beziehungsqualität (z.B. wenn zwischen Akteuren Vertrauen aufgebaut werden muss), und Identifikation (d.h. wenn ein Akteur eindeutig als Person identifiziert werden muss) schränken die Möglichkeiten für Virtualisierung ein. Jedoch gibt es gleichzeitig immer neue Lösungen in Bezug auf Technologie und Geschäftsmodelle, die eine Virtualisierung trotz dieser Einschränkungen ermöglichen.

Veränderung von Produkten und Dienstleistungen

Wie das Beispiel von Online-Einkäufen bereits vermuten lässt, betrifft die Virtualisierung von Geschäftsprozessen insbesondere Verkaufsprozesse. Diese können vollständig virtualisiert oder durch Augmented-Reality-Anwendungen angereichert werden. Ikea hat beispielsweise eine App entwickelt, mit der 3D-Modelle der Ikea-Möbel in Smartphone-Aufnahmen des heimischen Wohnzimmers eingefügt werden können. Bekleidungsketten wie Uniqlo und Adidas experimentieren mit Apps, welche Kleidungsstücke auf das eigene Spiegelbild projizieren – auf diese Weise muss man ein Kleidungsstück nicht mehr in verschiedenen Farben anprobieren, um herauszufinden, welche man lieber mag. Erste Forschungsergebnisse zu Augmented-Reality-Anwendungen im Bereich Retail zeigen, dass Konsumenten sowohl im Vergleich mit rein virtuellen Anwendungen (wenn ein Möbelstück zum Beispiel zwar gedreht und gewendet, nicht jedoch in das Wohnzimmer gesetzt werden kann) als auch im Vergleich mit statischen Anwendungen (wenn zum Beispiel eine Sonnenbrille auf ein Foto, nicht jedoch auf eine Live-Aufnahme des eigenen Gesichts projiziert werden kann) positiver auf Augmented-Reality-Anwendungen reagieren, weil diese schlichtweg mehr Spaß machen (Javornik, 2016).

Nicht nur Verkaufsprozesse, sondern auch Dienstleistungsprozesse können zunehmend digitalisiert sowie durch digitale Komponenten unterstützt werden. Nehmen wir zum Beispiel das Gesundheitswesen. Smartphone-Applikationen ermöglichen das Aufnehmen von Gesundheitsdaten und können sogar Bestandteil von Therapien sein. Gesundheitsinformationen können online eingeholt werden. Sowohl Arztpraxen als auch Krankenversicherungen können online zur Verfügung stehen. Das Fraunhofer-Institut für Produktionstechnik und Automatisierung testet unter anderem intelligente Pflegewagen, die autonom zum Einsatzort fahren, sowie Assistenzfunktionen für Liftersysteme. Die ambulante Pflege kann durch Augmented-Reality-Anwendungen wie Datenbrillen in der Dokumentation und Ausführung der Pflegetätigkeit unterstützt werden.

Neben der Veränderung von Dienstleistungsprozessen entstehen durch die Digitalisierung auch völlig neue digitale Dienstleistungen und Produkte. In diesen Bereich fallen beispielsweise smarte Produkte, die neben physischen Komponenten smarte Komponenten (z.B. Sensoren, Mikroprozessoren, Datenspeicher, Software) und Konnektivität beinhalten (Porter & Heppelmann, 2014). Weitere Beispiele sind vollständig digitale Produkte wie beispielsweise der Verkauf von Avatar-Zubehör in Online-Foren. Vollständig digitale Dienstleistungen beinhalten beispielsweise Rechts- und Gesundheitsberatungen, die über Chatbots implementiert werden können. Die kostenlose Rechtsberatungsplattform DoNotPay von Joshua Browder bietet beispielsweise Unterstützung bei Strafzetteln, Flug- und Zugverspätungen, Sozialwohnungsansprüchen, Reparationsansprüchen, HIV-Offenlegungsberatung sowie Asylanträgen für Flüchtlinge in den USA, UK und Kanada.

Darüber hinaus wird davon ausgegangen, dass Dienstleistungen im Vergleich zu Produkten weiter an Bedeutung gewinnen. So hat beispielsweise eine gemeinsam mit der Telekom durchgeführte Studie der Universität St. Gallen prognostiziert (St. Gallen, 2015), dass insbesondere personenbezogene Dienstleistungen eine Aufwertung erfahren werden. Was digitalisiert werden kann, wird digitalisiert werden. Was nicht digitalisiert werden kann, gewinnt an Bedeutung. Und da davon ausgegangen wird, dass menschliche Interaktionen nur begrenzt digitalisiert werden können, folgt, dass diese an Bedeutung gewinnen werden.

Neben neuen Produkten und Dienstleistungen verändert sich zudem der Grad, in dem diese personalisiert angeboten werden können. Smarte Komponenten geben Informationen über Nutzer, die wiederum dafür genutzt werden können, Produkte und Dienstleistungen passgenauer anzubieten. Big-Data-Anwendungen erhöhen das Wissen über Nutzerpräferenzen. Digitale Komponenten können für die Personalisierung von Produkten verwendet werden. Insgesamt gewinnt die Frage, welcher zusätzliche Nutzen für Konsumenten generiert werden kann beziehungsweise welche Produkte und

Dienstleistungen einen höheren Wert für Konsumenten darstellen, eine zunehmende Bedeutung. Die technologischen Möglichkeiten erhöhen sich exponentiell – die Frage ist, welche von ihnen einen Nutzen stiften und für welche Kunden bereit sind, Geld zu bezahlen.

Neue Geschäftsmodelle

Mit unseren bisherigen Darstellungen in Bezug auf Input-Faktoren, Geschäftsprozesse sowie Produkte und Dienstleistungen sind wir entlang einer klassischen Wertschöpfungskette vorgegangen. Jedoch wird auch diese durch die digitale Transformation aufgebrochen – nämlich durch plattformbasierte Unternehmen. Beispiele für plattformbasierte Unternehmen sind Uber, die Fahrdienstleistungen vermitteln, ohne eigene Taxen zu besitzen, und Airbnb, die Zimmer vermitteln, ohne eigene Immobilien zu besitzen. Plattformbasierte Unternehmen stehen als Vermittler zwischen Anbietern und Käufern. Anbieter und Käufer können dabei sowohl Unternehmen als auch Privatpersonen sein. Der springende Punkt ist, dass plattformbasierte Unternehmen durch ihre Vermittlungsposition keine eigenen Vermögensgegenstände wie Taxen oder Immobilien besitzen müssen. Ähnlich wie informationsbasierte Geschäftsmodelle können sie daher unbegrenzt wachsen, ohne in zusätzliche Infrastruktur investieren zu müssen.

Der Wandel von klassischen Unternehmen hin zu Plattformen beinhaltet zentrale Veränderungen (Wadhwa, 2016). Anstatt Ressourcen zu kontrollieren, das heißt Vermögensgegenstände zu pflegen, ist die wichtigste Aktivität von Plattformen, Ideen und Daten zu orchestrieren. Dies geht mit einem Wandel von interner Optimierung des Produktionsprozesses zu externen Interaktionen einher. Während in klassischen Unternehmen die Kombination von Input-Faktoren im Vordergrund stand, ist es für Plattformen die Pflege der Netzwerke sowohl aufseiten der Anbieter als auch aufseiten der Käufer. Denn plattformbasierte Unternehmen können nur dann erfolgreich sein, wenn sie über genügend große Anbieter- und Käufernetzwerke verfügen.

Eine weitere Gruppe von neuen Geschäftsmodellen hört mit den Worten »As-A-Service« auf. Im Kontext von Cloud Computing sind relevante Geschäftsmodelle »Infrastructure-As-A-Service« (die Bereitstellung und Wartung von Serverkapazitäten), »Plattform-As-A-Service« (die Bereitstellung von Softwareentwicklungstechnologie und anschließende Bereithaltung der Software) sowie »Software-As-A-Service« (die Cloud-basierte Bereitstellung von Software) (McAfee, 2011). Unabhängig von der Cloud-basierten Bereitstellung finden sich auch immer mehr Unternehmen, die Produkte unter vergleichbaren Bedingungen anbieten. Bei »Product-As-A-Service«-Geschäftsmodellen kaufen Nutzer ein Produkt nicht mehr, sondern mieten, leasen beziehungsweise bezahlen die Nutzung des Produktes für einen bestimmten Zeitraum.

All diesen Geschäftsmodellen gemein ist, dass sie die operativen Zyklen in Unternehmen drastisch verkürzen. Nutzer entscheiden sich nur noch für einen kurzen Zeitraum für ein Produkt und müssen für das Produkt immer wieder zurückgewonnen werden. Um zurückgewonnen zu werden, möchten sie kontinuierliche Updates, sodass sich der gesamte Produkt- und Entwicklungszyklus in Unternehmen hin zu kontinuierlichen Produkt- und Serviceupdates verkürzt. Wie für plattformbasierte Unternehmen gewinnt daher auch für »As-A-Service«-Unternehmen die Pflege des Nutzernetzwerkes eine zentrale Bedeutung. Je treuer das Netzwerk, desto höher die Verstetigung der Einnahmen. Beziehungsorientierte Netzwerkpflege und die Bildung einer Community sind daher für »As-A-Service«-Unternehmen von hoher Bedeutung.

Veränderungen von Markt und Wettbewerb

Die beschriebenen Veränderungen im Rahmen der digitalen Transformation führen zu weitreichenden Veränderungen des Marktes und des Wettbewerbs. Unternehmen mit plattformbasierten Geschäftsmodellen sind oftmals neue Wettbewerber in bestehenden Märkten. Sie schieben sich zwischen den bisherigen Branchenführer und dessen Kunden – aus Marktführern werden so plötzlich Zulieferer. Aufgrund der »Pole-Position« beim Kunden haben Unternehmen mit plattformbasierten Geschäftsmodellen eine bessere Übersicht über die Präferenzen und die Entwicklung ihrer Kunden. Sie verfügen über Primärdaten, welche nicht nur die Verkaufszahlen ihres Unternehmens, sondern unter Umständen sogar jene einer ganzen Branche widerspiegeln. Wettbewerb im Zeitalter der Digitalisierung wird daher oftmals nicht als Technologiewettbewerb gesehen, sondern als der Wettbewerb um die »Pole-Position« beim Kunden.

Informationsbasierte und plattformbasierte Unternehmen sind darüber hinaus beinahe beliebig skalierbar. Da sie keine oder drastisch weniger Vermögensgegenstände benötigen als traditionelle Unternehmen, zeigen sie – wenn sie beginnen, in einem Markt erfolgreich zu sein – ein extrem hohes Wachstum. Sie können innerhalb von kurzer Zeit etablierte Unternehmen aus dem Markt drängen. Diese Entwicklung wird häufig als Disruption bezeichnet. Dabei ist Disruption keine Erfindung der digitalen Transformation. Sie beschreibt eine in vielen Branchen und Industrien beobachtbare Marktmechanik (Christensen, Raynor & McDonald, 2015): Am Markt bestehende Unternehmen entwickeln ihre Produkte kontinuierlich – jedoch meist nur marginal – weiter, um höhere Margen zu erzielen. Durch die kontinuierlichen Weiterentwicklungen und Verbesserungen entstehen bei einfacheren Produkten neue Marktnischen, die von neuen Marktteilnehmern genutzt werden. Wenn entgegen den Erwartungen einer dieser Nischenanbieter oder ein Anbieter von einem ganz anderen Markt für die bestehenden Anbieter gefährlich wird, spricht man von Disruption. Der Unterschied zwischen Disruption im klassischen Sinne und Disruption in der digitalen Transformation ist jedoch, dass informationsbasierte und plattformbasierte Unternehmen so schnell und unbegrenzt wachsen können, dass sie schneller als bisherige neue Marktteilnehmer bestehende Anbieter verdrängen können.

Bestehende Marktteilnehmer müssen daher schnell auf neue Marktteilnehmer reagieren. Dies wird vor allem dadurch erschwert, dass bestehende Unternehmen dafür häufig das eigene Geschäftsmodell verändern müssen. Auf Disruption zu reagieren bedeutet also nicht einfach, »nur« Produkte oder Dienstleistungen anzupassen, sondern auch das eigene Geschäftsmodell auf den Prüfstand zu stellen und unter Umständen Veränderungen herbeizuführen, die das gesamte Unternehmen betreffen. Veränderungen vor dem Hintergrund der digitalen Transformation sind entsprechend nicht nur strategische Entscheidungen. Und die Frage ist, ob bestehende Unternehmen es schaffen, adäquat auf diese Veränderungen zu reagieren: Werden sie Daten, Algorithmen und Netzwerke als Unternehmensressourcen gewinnen und aufbauen können, werden sie Geschäftsprozesse verändern, Produkte und Dienstleistungen anpassen und neu erfinden sowie Geschäftsmodelle überdenken und erneuern können?

Die zentrale Bedeutung von Arbeit, Führung und Organisation im digitalen Zeitalter

Wenn Unternehmen diese Fragen mit »Ja« beantworten möchten, müssen sie *alle Unternehmensebenen* (d.h. ihre Mitarbeiter und Führungskräfte, aber auch die Organisationskultur und -struktur) involvieren und verändern. Nur wenn Prozesse, Strukturen, Werte und Normen im Unternehmen passend ausgestaltet sind, kann die digitale Transformation gelingen. Gleichzeitig sind per se alle Unternehmensebenen zwangsläufig von den aufgezeigten Veränderungen durch die Digitalisierung betroffen. Genau aus diesem Grund haben wir es uns in unserem zweijährigen Forschungsprojekt »Digital Work Design – Turning Risks into Chances« zum Ziel gemacht, herauszufinden, *wie sich Arbeit, Führung und Organisation in Unternehmen im Zusammenhang mit der digitalen Transformation verändern (müssen)*. Dabei war es uns wichtig, ein ganzheitliches Bild zu generieren, welches insbesondere die »nicht technischen« Aspekte der digitalen Transformation beleuchtet. Arbeit, Führung und Organisation sind für die erfolgreiche Gestaltung der digitalen Transformation essenziell, sie werden jedoch in vielen bisherigen Betrachtungen zum Thema nicht ausreichend beachtet. Entsprechend wollten wir bereits vorhandene Puzzleteile in diesem Bereich zusammenfügen und neue Puzzleteile identifizieren, um einen umfassenden Gesamtblick zu erhalten.

Um dieses Ziel zu erreichen, haben wir in unserem Forschungsprojekt in drei Untersuchungsphasen mehrere umfangreiche Studien durchgeführt. In *Phase 1* haben wir zunächst 49 Digitalisierungsexperten aus Wirtschaft, Wissenschaft und Politik dazu befragt, wie Arbeit, Führung und Organisationen sich ihrer Einschätzung nach durch die digitale Transformation verändern werden und verändern müssen. Die gesammelten Ergebnisse aus dieser ersten Befragungsrunde wurden den Experten anschließend wieder vorgelegt, um sie ergänzen sowie mögliche Chancen und Risiken dieser Entwicklungen erarbeiten zu können. In *Phase 2* haben wir in einer für deutsche Berufstätige repräsentativen Befragung mit mehr als 2000 Teilnehmern untersucht, inwieweit die im ersten Schritt identifizierten Veränderungsdimensionen von Arbeit und Führung bereits in Organisationen beobachtbar sind. Außerdem haben wir dabei analysiert, ob es tatsächlich Zusammenhänge zwischen diesen Veränderungen und den von unseren Experten erwarteten Chancen und Risiken gibt. In *Phase 3* haben wir uns schließlich spezifische Veränderungsdimensionen noch einmal genauer angeschaut. Dazu haben wir 465 Berufstätige quasi »live« in ihrem Alltag beobachtet, indem wir sie gebeten haben, mehrmals täglich kurze Fragebögen über eine von uns entwickelte Smartphone-Applikation zu beantworten. Dabei wollten wir vor allem wissen, welches Führungsverhalten und welche Organisationskultur für Mitarbeiter wichtig sind, um mit den Veränderungsdimensionen im Rahmen der digitalen Transformation gut umgehen zu können.

Dieses Buch und die darin enthaltenen *Big Five für Arbeit, Führung und Organisation* basieren auf den Ergebnissen dieser Untersuchungen. Zusätzlich haben wir für jede der Big Five die bestehende Literatur zusammengefasst, um Ihnen einen umfassenden Blick auf jene bieten zu können. Wir haben zu diesem Zweck sowohl die in wissenschaftlichen Fachzeitschriften publizierten Beiträge als auch Bücher sowie praxisorientierte Artikel und Ratgeber gelesen. Auf dieser Basis konnten wir für Sie ein wissenschaftlich fundiertes und gleichzeitig in die Praxis übertragbares Gesamtbild erarbeiten. Auch haben wir unsere Ergebnisse und deren Implikationen im Rahmen von zwei selbst organisierten Konferenzen sowie unzähligen Vorträgen und Veranstaltungen in Unternehmen vorgestellt und mit Unternehmensvertretern diskutiert. Wir haben diese um Ergänzungen gebeten, Lösungsansätze mit ihnen besprochen und Anregungen aufgenommen, um Ihnen ein detailliertes und praxisorientiertes Buch an die Hand geben zu können.

Wir haben uns dabei (dem gängigen Stereotyp von Wissenschaftlern zum Trotz) angestrengt, möglichst präzise und gleichzeitig unterhaltsam zu schreiben, weil wir glauben, dass unsere Inhalte wichtig sind und sie von Ihnen gelesen werden sollten. Das wollten wir Ihnen so angenehm wie möglich machen. Wir hoffen, Ihnen in diesem Buch entsprechend Anregungen für Ihre Arbeit, für die Führungskultur, die Sie erleben beziehungsweise mitprägen, und für die Organisationsstruktur und -kultur in Ihrem Unternehmen mitgeben zu können. Wir hoffen auch, dass wir mit diesem Buch Freude an den notwendigen Veränderungen und Herausforderungen in Ihnen wecken und Ihnen Wege aufzeigen können, wie Sie Veränderungen in Ihrem Unternehmen implementieren.

Wie beschrieben ist die digitale Transformation ein strategischer Imperativ für Unternehmen. Sie bedeutet aber vor allem auch eine Kulturveränderung in Unternehmen, welche sich auf der Arbeitsebene jedes einzelnen Mitarbeiters vollzieht. Peter Drucker, US-Ökonom österreichischer Herkunft und ein Pionier der modernen Managementlehre, soll einmal gesagt haben: »Culture eats strategy for breakfast.« Kultur umfasst dabei die gemeinsamen Werte, Überzeugungen, Normen und Erwartungen, die Mitglieder eines Unternehmens haben (Hartnell, Ou & Kinicki, 2011). Sie manifestiert sich unter anderem in Symbolen, Regeln, Ritualen, Gewohnheiten und im Denken von Mitarbeitern. Daher haben wir die Veränderungsdimensionen im digitalen Zeitalter bis auf die Ebene des einzelnen Mitarbeiters heruntergebrochen, um Ihnen die Möglichkeit zu geben, diese mit den in Ihrem Unternehmen vorhandenen Werten, Überzeugungen, Normen und Erwartungen abzugleichen. Auch wenn die Auseinandersetzung mit der digitalen Transformation für das Topmanagement unausweichlich ist, findet sie doch am Arbeitsplatz jedes einzelnen Mitarbeiters statt.

Beim Lesen werden Sie sich eventuell an einigen Stellen wundern, ob wir noch über die digitale Transformation sprechen. Vielleicht bekommen Sie sogar Lust, mit rotem Stift »Themaverfehlung« an den Rand zu schreiben, weil Sie Worte wie Digitalisierung oder Technologie schon zu lange nicht mehr gelesen haben. Es geht bei der digitalen Transformation aber wie erwähnt eben gerade nicht (allein) um Technologie, sondern vor allem um neue Kultur, neue Geschäftsmodelle und neues Denken. Die digitale Transformation bringt so viele Paradigmenwechsel und Marktveränderungen mit sich, dass kulturelle Veränderungen notwendig sind, um sie erfolgreich gestalten zu können. In welchen Dimensionen diese Veränderungen notwendig sind, das beschreiben wir in diesem Buch.

Die Big Five für Arbeit, Führung und Organisation

Wir haben alle Big Five auf Implikationen für Mitarbeiter, Führungskräfte und Organisationen heruntergebrochen. Spezifisch beinhalten die Big Five die folgenden Inhalte.

Big Five #1
Der Umgang mit der VUCA-Welt wird zur Kernkompetenz

Big Five #1 bezieht sich auf den Umgang mit der sogenannten VUCA-Welt. VUCA steht für Volatilität, Unsicherheit, Komplexität und Ambiguität. Vor dem Hintergrund der beschriebenen Veränderungen von Markt und Wettbewerb wird davon ausgegangen, dass sich diese vier Dimensionen für Unternehmen (und entsprechend für ihre Mitarbeiter und Führungskräfte) erhöhen werden. Das Marktumfeld wird volatiler, unsicherer, komplexer und unklarer. Damit möchten wir nicht sagen, dass Unternehmen bisher in einem Umfeld agierten, in dem sie alle Entwicklungen vorhersagen konnten. Jedoch wird dies im digitalen Zeitalter noch deutlich schwieriger. Daher müssen Unternehmen, Führungskräfte und Mitarbeiter Wege finden, mit VUCA-Welten umzugehen. Um diese Herausforderungen zu adressieren, beschreiben wir unter Big Five #1, wie Organisationsstrukturen flexibler werden können – weil Flexibilität im Umgang mit VUCA hilft und wir annehmen können, dass die meisten deutschen Unternehmen kein Problem mit Stabilität haben. Wir beschreiben zudem, wie trotz VUCA Klarheit und Übersicht in Unternehmen hergestellt werden kann. Wir stellen Experimente als Alternative zur Planung vor. Denn wenn die Zukunft nicht vorhergesagt werden kann, hilft es, Ansätze zu testen und Projekte einzustellen, wenn sie nicht funktionieren. Dabei möchten wir Ihre Aufmerksamkeit auch auf Fehler lenken. Natürlich kann es schlimm sein, Fehler zu machen. Doch noch schlimmer ist es, nicht aus Fehlern zu lernen. Und da Lernen unbedingt notwendig ist, um sich auf Veränderungen einzustellen, werden wir das Kapitel mit einer ausführlichen Betrachtung dessen, wie Lernen in Organisationen unterstützt werden kann und wie Organisationen lernen können, abschließen.

Big Five #2
Keine Disruption ohne (neue Arten von) Teamarbeit

Big Five #2 beinhaltet (neue Arten von) Teamarbeit. Hintergrund ist, dass insbesondere disruptive Innovationen durch das Zusammenkommen von Menschen aus unterschiedlichen (Unternehmens-)Bereichen mit unterschiedlichen Sichtweisen und unterschiedlichen Herangehensweisen gefördert werden. Gleichzeitig entsteht Innovation in Teams aber nicht automatisch, sondern nur dann, wenn Teams Innovationen auch zulassen. Daher werden wir in diesem Kapitel zuerst auf die Voraussetzungen eingehen, die in Teams vorhanden sein müssen, damit diese tatsächlich innovativ sind. Anschließend werden wir verschiedene spezifische Arten von Teamarbeit näher betrachten. Wir werden die Voraussetzungen für die Zusammenarbeit von diversen Talenten beschreiben. Außerdem haben wir Ansätze für die erfolgreiche Zusammenarbeit in virtuellen Teams zusammengestellt. Dabei werden wir insbesondere Lösungen, welche durch die Digitalisierung ermöglicht werden, vorstellen. Wir zeigen Ansätze auf, durch die bereichs- und schnittstellenübergreifende Zusammenarbeit in Unternehmen gefördert werden kann. Und wir gehen darauf ein, wie Zusammenarbeit über die Grenzen der Organisation hinweg erfolgen kann. Dabei zeigen wir, wie Unternehmen offener werden können, um Ideen aufzunehmen und für sich nutzbar zu machen.

Big Five #3
Organisationen müssen demokratischer werden

In Big Five #3 fordern wir, dass Organisationen demokratischer werden müssen. Spezifisch möchten wir mit Ihnen über Empowerment diskutieren, wollten Sie aber nicht direkt in der Überschrift des Kapitels mit einem Anglizismus nerven. Wir haben lange darüber diskutiert, wie wir Empowerment ins Deutsche übersetzen sollen. Das Problem ist, dass Power im Kontext von Empowerment nicht mit Macht gleichzusetzen ist. Denn Power ist positiver besetzt als Macht. Dies liegt wohl auch daran, dass Power nicht nur die Macht über andere Personen beinhaltet, sondern auch die persönliche Macht oder Energie, Einfluss auszuüben. Daher umfasst psychologisches Empowerment die empfundene Sinnhaftigkeit von Arbeit sowie Kompetenzerleben, Selbstbestimmung und Einflussnahme. Diese Dimensionen können auf allen Ebenen der Organisation gefördert werden. Auf der Arbeitsebene werden wir daher über Autonomie, Feedback und Informationstransparenz sprechen. Auf der Teamebene werden wir Ihnen bestehende Ansätze zu geteilter Führung und Holokratie vorstellen. Wir werden über empowerndes Führungsverhalten sprechen und auf Organisationsebene den Abbau von Statusunterschieden und die Einbindung von Mitarbeitern in strategische Entscheidungen diskutieren.

Big Five #4
Beziehungsmanagement auf allen Ebenen

Big Five #4 beinhaltet Beziehungsmanagement auf allen Ebenen. Man könnte sich fragen, warum wir ausgerechnet vor dem Hintergrund von Digitalisierung und Technologie mit Ihnen über Beziehungen sprechen wollen. Jedoch sind Beziehungen die Basis für die im VUCA-Zeitalter notwendige Flexibilität von und in Unternehmen. Beziehungen sind ein wichtiger Treiber für Innovation, das Fundament für gute Teamarbeit und eine Notwendigkeit für Netzwerke. Zusätzlich geben Beziehungen uns täglich Energie für unsere Arbeit. Genau aus diesen Gründen halten wir es für unbedingt notwendig, Beziehungen im digitalen Zeitalter ein separates Kapitel in unserem Buch zu widmen. Wir werden mit beziehungsfördernder Arbeitsgestaltung, die Unterstützung, Feedback, Aufgabenabhängigkeiten und Interaktionen umfasst, beginnen. Wir werden Sie zur Förderung von positiven Beziehungen mit den

Themen Liebe und Energie konfrontieren. Wir werden über individualisierte Führung sprechen und zur Förderung von Teamarbeit sowohl über den Aufbau von positiven Beziehungen als auch über Arbeitsorganisation und den Schutz von Privatsphäre diskutieren. Zum Abschluss des Kapitels werden wir Beziehungen noch unter dem Gesichtspunkt von Netzwerken und dem Aufbau von Communities beleuchten.

Big Five #5
Gesundheit muss stärker in den Fokus rücken

In Big Five #5 zeigen wir Ihnen auf, dass Gesundheit stärker in den Fokus von Organisationen rücken muss. Als wir im Rahmen unseres Projektes die Chancen und Risiken der digitalen Transformation untersucht haben, haben wir eine zentrale Risikodimension identifiziert: Stress. Diese Dimension wurde in Bezug auf die Technologisierung von Arbeit ebenso genannt wie als Konsequenz von VUCA-Welten, virtueller Zusammenarbeit, zunehmenden Herausforderungen, Aufbau von IT-Kompetenzen und erhöhter Transparenz in der Leistungsbewertung. Tatsächlich haben wir Stress auch in unseren quantitativen Untersuchungen als eine zentrale Konsequenz vieler dieser Dimensionen identifizieren können. Aus diesem Grund werden wir im letzten Kapitel dieses Buches zunächst in einer kurzen Geschichte des Stresses auf das Zusammenspiel von Herausforderungen, Hindernissen und Ressourcen bei der Arbeit eingehen. Darauf aufbauend werden wir beschreiben, was Sie selbst bei der Koordination Ihrer Arbeit für Ihre Gesundheit tun können. Dafür werden wir mit Ihnen über Erholungsphasen und ganz unesotherisch über Achtsamkeit sprechen. Abschließend werden wir die Rolle von Führungskräften und Organisationen beleuchten. Dabei werden wir insbesondere auf Arbeitsflexibilität und die Förderung eines gesunden Arbeitsklimas eingehen.

1 Big Five #1
Der Umgang mit der VUCA-Welt wird zur Kernkompetenz

Wir würden VUCA gerne als das Unwort des Jahres vorschlagen. Streng genommen als das Un-Akronym des Jahres. Es gibt fast keinen Beitrag zur digitalen Transformation, der ohne das wundersame Akronym auskommt. Keine Präsentation, die nicht mindestens einmal auf VUCA verweist. Meist wird VUCA zu Beginn eingeführt – um die Angst vor den im Zusammenhang mit VUCA stehenden Umbrüchen zu schüren und so auf die Dringlichkeit der digitalen Transformation zu verweisen. Das ergibt auch Sinn. Wenn wir Menschen zu Veränderungen motivieren möchten, können wir die Dringlichkeit dieser Veränderungen aufzeigen, indem wir die Folgen einer passiven Reaktion, Trägheit und Beharren auf dem Status quo aufzeigen (wenn wir uns jetzt nicht bewegen, werden wir von dem Monster, das auf uns zukommt, aufgefressen). Wir möchten aber auch die positiven Folgen der Veränderungen vor Augen führen, die aus einer aktiven Reaktion, Unternehmungslust und Freude am Gestalten der Zukunft hervorgehen (wir können den Schatz erreichen und – auf dem Weg – auch noch Abenteuer erleben). Am Ende trifft wohl beides zu. Beginnen wir also erst einmal damit, VUCA besser zu verstehen.

VUCA wurde als Begriff vom U.S. Army War College eingeführt, um die nach dem Kalten Krieg durch Volatilität, Unsicherheit, Komplexität und Ambiguität geprägte Welt zu beschreiben (Lawrence, 2013). *Volatilität* bezieht sich auf die Geschwindigkeit und die Stärke von Veränderungen, welche, je höher die Volatilität, mit Instabilität und Turbulenzen einhergehen. *Unsicherheit* beinhaltet das Fehlen von Informationen über die Eintrittswahrscheinlichkeit und die Konsequenzen von Ereignissen. *Komplexität* bedeutet im Kontext von VUCA, dass es eine Vielzahl von Zusammenhängen in einem Netzwerk von Informationen und Prozessen gibt, sodass es schwierig ist, die Konsequenzen einer Handlung abzuschätzen. *Ambiguität* bezieht sich auf das Fehlen von Klarheit über die Ursachen, Konsequenzen und Bedeutung eines Ereignisses (Lawrence, 2013; Bennett & Lemoine, 2014). Das Akronym VUCA begann, sich nach den Terroranschlägen des 11. September 2001 zu verbreiten, und, wie beschrieben, wird es zunehmend im Kontext der digitalen Transformation verwendet. Abbildung 2 zeigt diese Entwicklung exemplarisch über die Ergebnisse einer Google Scholar Suche nach »VUCA«.

Abbildung 2: Kumulierte Ergebnisse über Google Scholar nach Erscheinungsjahr seit 2000

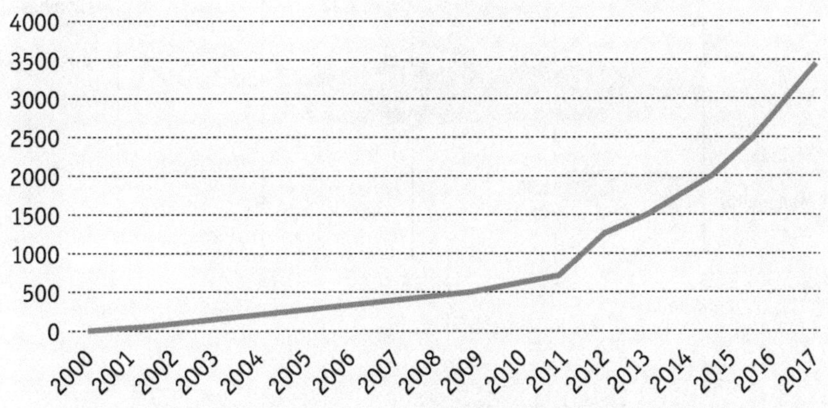

Seit Beginn der Diskussion um die digitale Transformation können wir ab 2011 auch eine zunehmende Diskussion über VUCA beobachten. Jedoch bedeutet die Tatsache, dass wir erst seit Kurzem über VUCA sprechen, nicht, dass vorher noch niemand über Volatilität, Unsicherheit, Komplexität und Ambiguität der Umwelt nachgedacht hat. Ganz im Gegenteil – Sie finden diese Begriffe beziehungsweise eng verwandte Konstrukte wie Umweltkomplexität, Umweltdynamik und Umweltdruck in jedem guten Buch zu Organisationstheorie. Der Einfachheit halber werden wir im Folgenden weiter den Begriff VUCA verwenden und nicht einzelne Facetten aufgliedern.

Tatsächlich sind die VUCA-Dimensionen für viele Mitarbeiter und Führungskräfte bereits Realität. Im Rahmen unseres Forschungsprojektes haben wir in einer für Deutschland repräsentativen Umfrage von Mitarbeitern und

Führungskräften gefragt, inwieweit die Dimensionen der VUCA-Arbeitswelt heute bereits existent sind. Abbildung 3 illustriert die Ergebnisse dieser Befragung, welche bereits relativ hohe Werte in Bezug auf Volatilität, Unsicherheit und Komplexität zeigen.

Abbildung 3: Grad, in dem repräsentativ ausgewählte deutsche Berufstätige in ihrem Arbeitsleben mit VUCA konfrontiert sind

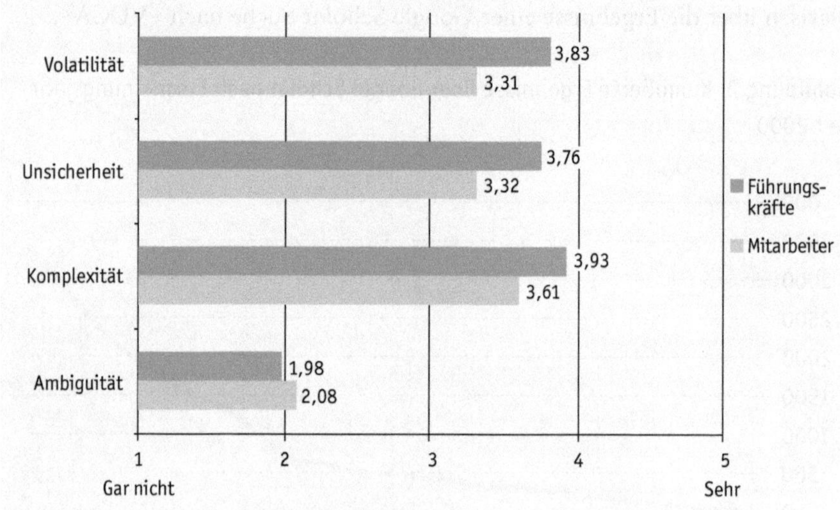

Trotz der bereits relativ hohen Werte können wir dennoch davon ausgehen, dass VUCA-Umweltbedingungen noch weiter zunehmen werden. Die im Zusammenhang mit der digitalen Transformation entstehenden Geschäftsmodelle wie Plattformorganisationen und das durch die digitale Transformation ermöglichte exponentielle Wachstum von informationsbasierten und plattformbasierten Unternehmen führen zu einer weiter ansteigenden Marktdynamik in Form von Volatilität und Unsicherheit. Die durch die Digitalisierung erhöhten globalen Zusammenhänge, Interdependenzen zwischen Märkten und der Eintritt von neuen Marktteilnehmern erhöhen die Komplexität. In Bezug auf viele der neu eingeführten Technologien ist es schwierig, abzuschätzen, welche Möglichkeiten und Risiken mit ihnen verbunden sind – dies erhöht die Ambiguität. Dementsprechend gehen auch CEOs davon aus, dass insbesondere die Komplexität weiter zunehmen wird. So gaben 79 Prozent von 1500 CEOs, die von IBM befragt wurden, an, dass die Zunahme an Komplexität die größte Herausforderung für Unternehmen ist (IBM, 2010). Gleichzeitig zweifeln viele der CEOs an ihren eigenen Fähigkeiten, diese Komplexität managen zu können.

Dabei ist es durchaus eine gute Nachricht, dass unter den CEOs Zweifel an der Fähigkeit, Komplexität managen zu können, herrschen. Denn die Forschung über menschliches Entscheidungsverhalten spricht generell eher dagegen, dass wir rationale Entscheidungen treffen und über Zeiträume von drei Jahren (welche der in der klassischen Betriebswirtschaftslehre referenzierte Zeithorizont für strategische Entscheidungen sind) planen können. Daniel Kahneman und Amos Tversky haben 2002 den Nobelpreis der Wirtschaftswissenschaften für ihre Erkenntnisse über menschliches Entscheidungsverhalten und Entscheidungen unter Unsicherheit erhalten. Insbesondere wenn Entscheidungssituationen zu komplex werden, beginnen wir, Heuristiken (auch »Daumenregeln« genannt) anzuwenden, um unsere kognitiven Ressourcen zu schonen. Dabei wird unser Entscheidungsverhalten beispielsweise von der Formulierung der gegebenen Optionen beeinflusst (Tversky & Kahneman, 1981). Wenn wir bereits (unbewusst) eine Entscheidung gefällt haben, suchen wir nur noch nach unterstützender Evidenz und blenden widersprüchliche Informationen aus. Wir gewichten Informationen, die wir erst kürzlich erhalten haben, stärker als Informationen, die schon vorher bekannt waren. Wir sehen Zusammenhänge, wo keine sind, sind irrational optimistisch und unterschätzen Unsicherheit systematisch (Mintzberg, Ahlstrand & Lampel, 2009).

Zudem verlassen wir uns, wenn eine Entscheidungssituation zu komplex wird, auf Defaults (Johnson & Goldstein, 2003). Der Default ist jeweils die Option, die den Standard einer Entscheidung darstellt beziehungsweise daraus resultiert, dass Individuen sich nicht entscheiden. In anderen Worten: Wenn wir uns nicht entscheiden können, welches der nächste Schritt für die Zukunft ist, bleiben wir lieber stehen. Oder wir entscheiden uns für den Schritt, den auch alle anderen gemacht haben. Für Unternehmen bedeutet dies, dass notwendige Veränderungen entweder nicht angegangen werden oder Unternehmen – ohne zu prüfen, ob eine bestimmte Handlung auch tatsächlich zielführend ist – das machen, was alle anderen Unternehmen machen. Zum Beispiel vor dem Hintergrund der Digitalisierung erst einmal einen Think Tank oder Accelerator gründen.

Neben diesen kognitiven Verzerrungen zeigt die Forschung auch, dass sich unser Entscheidungsverhalten ändert, wenn wir Entscheidungen für die Zukunft treffen. Wenn wir für die Zukunft planen, denken wir abstrakter, simplifizieren Zusammenhänge, sehen diese strukturierter und betrachten

Situationen unabhängig vom jeweiligen Kontext (Trope & Liberman, 2003). Erst wenn Ereignisse näher an die Gegenwart rücken, sehen wir diese konkret, erkennen Komplexität und betrachten den Kontext von Situationen. Basierend auf dieser Annahme konnte beispielsweise Andranik Tumasjan gemeinsam mit Isabell Welpe und Matthias Spörrle zeigen, dass sich Unternehmer vor einem kurzfristigen Planungshorizont eher für eine durchführbare, aber weniger attraktive Geschäftsoption entscheiden, während sie sich bei einem langfristigen Planungshorizont eher für eine attraktive, aber schwer durchführbare Option aussprechen (Tumasjan, Welpe & Spörrle, 2013).

Entscheidungen für die Zukunft sind also nicht unbedingt schlechter – manchmal sind mutige Entscheidungen notwendig, für die es auch gut sein kann, noch nicht alle Konsequenzen und Hürden im Detail zu kennen. Unternehmen des Silicon Valley und insbesondere der Unternehmer und Investor Elon Musk (bekannt für PayPal, Tesla und SpaceX) zeigen, was man erreichen kann, wenn man ungeachtet der operativen Hürden versucht, die Zukunft der Menschheit in positiver Weise zu beeinflussen. Man kann zum Beispiel versuchen, CO_2-Emissionen durch die Entwicklung und erfolgreiche Einführung von Elektromobilität zu reduzieren, während der Rest der Welt noch an der Durchführbarkeit der Idee zweifelt. Man kann auch einen Studentenwettbewerb für ein Hyperloop-Modell (ein Hochgeschwindigkeitstransportsystem in einer Röhre) auf die Beine stellen, der dann von Studierenden der Technischen Universität München mit einem Temporekord beantwortet wird.

Zurück zum Thema: Entscheidungen für die Zukunft sind nicht unbedingt schlechter, aber anders. Und das bedeutet, dass es gute Gründe dafür gibt, warum Pläne häufig angepasst werden müssen beziehungsweise warum die bestehende Praxis einer detaillierten und langfristigen Planung nicht unbedingt eine Stärke der menschlichen Natur widerspiegelt. VUCA-Welten stellen nun eine zusätzliche Herausforderung dar, da sie strategische Entscheidungen und die Planbarkeit für Unternehmen erschweren. Eine Antwort auf diese Herausforderung könnte sein, alle möglichen Variablen und Zusammenhänge in Entscheidungen aufzunehmen, die Konsequenzen von Volatilität und Unsicherheit durch Szenarioanalysen abzuschätzen und Ambiguitäten aufzulösen. In anderen Worten, wir können mit bestehender Organisation und vorhandenen Instrumenten versuchen, VUCA-Welten beherrschbar zu machen. Aufgrund der oben beschriebenen Grenzen der menschlichen Rationalität und Fähigkeit, Komplexität zu managen, sollte dies aber zumindest nicht der einzige Ansatz sein. Vor dem Hintergrund von

VUCA muss das Management realistisch einschätzen, was sie kontrollieren können und inwieweit sie Veränderungen überhaupt vorhersagen können (Reeves, Levin & Ueda, 2016).

Die Art und Weise, wie Unternehmen organisiert sind und Entscheidungen fällen, sollte also an die Herausforderungen der VUCA-Welt angepasst werden. Charles Darwin hat nicht postuliert, dass die stärkste, schnellste oder intelligenteste Spezies überlebt, sondern diejenige, die sich am besten an Veränderungen anpassen kann. Die Boston Consulting Group hat beispielsweise gezeigt, dass Adaptivität, das heißt die Fähigkeit von Unternehmen, sich schneller und besser an sich verändernde Umweltbedingungen anzupassen, einen kompetitiven Wettbewerbsvorteil für Unternehmen darstellt (Reeves, Love & Tillmanns, 2012). Aus diesem Grund werden wir Ihnen in diesem Kapitel die Dimensionen vorstellen, die Unternehmen dabei helfen können, adaptiver und flexibler zu werden und so besser mit den Herausforderungen der VUCA-Welten umzugehen.

Ein letzter Hinweis, bevor wir die Dimensionen vorstellen: Neben den beschriebenen Herausforderungen haben VUCA-Welten auch positive Seiten. Stellen Sie sich im Gegenentwurf mal eine Nicht-VUCA-Welt vor. In dieser sind alle Entwicklungen geradlinig ohne irgendwelche Abweichungen. Die Zukunft ist klar vorsehbar. Sie wissen genau, wann welches Ereignis eintreten wird. Es gibt nur wenige Zusammenhänge zwischen Akteuren, Informationen und Prozessen, sodass Sie die Konsequenzen einer Handlung ganz genau abschätzen können. Und Sie wissen ganz genau, ob ein Ereignis positiv oder negativ ist. Kurz: In dieser Welt wird nichts und niemand Sie überraschen können (Fontaine, Scherer, Roesch & Ellsworth, 2007). Sie brauchen Ihren Puls nicht mehr zu messen, denn es gibt keinen Grund, weshalb dieser überhaupt steigen sollte. Sie werden sich nicht aufregen und keine Herausforderungen haben, an denen Sie wachsen können – da Sie ja alle Konsequenzen frühzeitig absehen können. Das wird schnell langweilig, und zwar sehr langweilig. Denn bei allen Herausforderungen, welche die VUCA-Welt an uns stellt, und dem Stress, den sie in Menschen auslösen kann, macht sie unsere Arbeit interessanter und abwechslungsreicher. Je herausfordernder eine Aufgabe ist, desto mehr Freude und intrinsische Motivation erleben wir bei ihrer Lösung (Amabile, Hill, Hennessey & Tighe, 1994). In diesem Sinne möchten wir Ihnen mit VUCA keine Angst machen, sondern einen alternativen und gleichzeitig energiegeladenen Umgang mit der VUCA-Welt anregen.

1.1 Flexible Organisationsstrukturen

Die erste Dimension für den Umgang mit der VUCA-Welt, die wir diskutieren möchten, sind flexible Organisationsstrukturen. Generell beinhalten formale Organisationsstrukturen ein System von geltenden Regelungen zur Steuerung der Leistung in Unternehmen (Kieser & Walgenbach, 2010). Sie werden benötigt, um Effizienzvorteile durch die Arbeitsteilung und Koordination im Unternehmen zu realisieren. Die Forschung ist sich darüber einig, dass Umweltbedingungen und die Dynamik der Umwelt beeinflussen, welche Organisationsstruktur und insbesondere welcher Grad an formalen Organisationsstrukturen für Unternehmen optimal ist (Lawrence & Lorsch, 1967). Hohe Spezialisierung, starke Formalisierung und starre Hierarchien, die Entscheidungen auf wenige Personen innerhalb des Unternehmens bündeln, sind unter stabilen Umweltbedingungen die zu präferierende Organisationsstruktur (Kieser & Walgenbach, 2010; Schreyögg & Geiger, 2016). So wurde beispielsweise gezeigt, dass hierarchische Strukturen effizienter sind, wenn Aufgaben einfach, vorhersehbar und wiederkehrend sind (Anderson & Brown, 2010). Wenn Aufgaben jedoch komplex, schwierig und uneindeutig sind, scheint es besser zu sein, wenn mehrere Personen mit unterschiedlichen Fähigkeiten die Kontrolle haben, Strukturen also nicht hierarchisch sind. Insgesamt gilt, dass sich Unternehmen mit steigender Umweltdynamik von mechanistischen Strukturen in organische Strukturen wandeln müssen (Schreyögg & Geiger, 2016).

Dies bedeutet jedoch nicht, dass sich Unternehmen vor dem Hintergrund von VUCA von formalen Strukturen gänzlich verabschieden sollten. Tatsächlich können formale Strukturen gerade auch neu gegründeten Unternehmen Sicherheit geben: So wurde beispielsweise gezeigt, dass Start-ups unter unsicheren Umweltbedingungen umso bessere Leistung zeigen, je höher der Grad an formalen Strukturen ist (Sine, Mitsuhashi & Kirsch, 2006). Unternehmen sollten also nicht jegliche Struktur aufgeben. Jedoch stehen Unternehmen vor dem Hintergrund von VUCA vor der Herausforderung, in Zukunft sowohl effizient als auch flexibel zu sein. Da Effizienz durch formale Strukturen und Stabilität gefördert wird, während Flexibilität durch genau diese behindert werden kann, wird das nicht leicht. Effizienz und Flexibilität stellen einen Trade-off dar, den zu balancieren eine Herausforderung ist (Schreyögg & Sydow, 2010).

In der Abwägung von Flexibilität und Stabilität spricht die Forschung auch vom *Edge of Chaos* (Davis, Eisenhardt & Bingham, 2009). Das *Edge of Chaos* bezeichnet die Leistungsspitze eines Unternehmens, die sich aus der Balance von Struktur und Flexibilität ergibt. Wird die Struktur von diesem Punkt aus erhöht, sinkt die Leistung, weil sich das Unternehmen einer starren Bürokratie nähert. Wird die Flexibilität von diesem Punkt aus erhöht, sinkt die Leistung, weil das Unternehmen im Chaos endet. Wenn das Umfeld eines Unternehmens nicht dynamisch ist, ist die Leistungsspitze ein Plateau, das eine gewisse Bandbreite von Trade-offs zwischen Effizienz und Flexibilität erlaubt. Vor dem Hintergrund von VUCA ist die Leistungsspitze jedoch tatsächlich eine Spitze und damit ist ein Balanceakt zwischen Effizienz und Flexibilität nötig.

Der Trade-off zwischen Effizienz und Flexibilität wird häufig auch im Widerspruch zwischen *exploitativem Lernen*, welches Aktivitäten zur Verbesserung und Effizienzerhöhung des Bestehenden umfasst, und *explorativem Lernen*, welches Aktivitäten zur Suche und Entdeckung von Neuem beinhaltet, zusammengefasst (Raisch, Birkinshaw, Probst & Tushman, 2009). Exploitatives Lernen entspricht also der Effizienz und exploratives Lernen entspricht der Flexibilität. Exploitatives und exploratives Lernen benötigen grundsätzlich unterschiedliche Strukturen, welche zur Verdeutlichung des Gegensatzes von Effizienz und Flexibilität in Tabelle 1 zusammengefasst sind.

Tabelle 1: Gegenüberstellung von Exploration und Exploitation nach O'Reilly & Tushman (2004)

	Exploitation	**Exploration**
Fokus der Strategie	Kosten, Profit	Innovation, Wachstum
Kritische Aufgaben	Effizienz, inkrementelle Innovation	Anpassungsfähigkeit, disruptive Innovation
Struktur	Formal, mechanistisch	Adaptiv, lose
Führungsrolle	Autoritär, top-down	Visionär, involviert
Kultur	Effizienz, Beständigkeit, niedriges Risiko	Risiko, Geschwindigkeit, Experimentierfreude

Die Herausforderung, Effizienz und Flexibilität gleichzeitig zu fördern, ist umso größer, je größer ein Unternehmen ist. Denn je größer ein Unternehmen ist, desto wahrscheinlicher ist es, dass es durch ein hohes Maß an Spezialisierung, Formalisierung und Hierarchie charakterisiert ist (Schreyögg & Geiger, 2016). Mitarbeiter haben also nur für einen sehr kleinen Bruchteil im Unternehmen Verantwortung, Regeln und Verfahrensvorschriften sind ausführlich schriftlich festgehalten und Hierarchien sind sehr stark ausgeprägt, sodass oftmals keine Entscheidung ohne vorherige Rücksprache mit dem Vorgesetzten gefällt werden kann. Kommt Ihnen das bekannt vor? Diese Beschreibung trifft ohne Zweifel auf einen Großteil der traditionellen deutschen Unternehmen zu – die aktuell fast alle vor der Herausforderung stehen, Flexibilität zu fördern.

Nicht überraschend gibt es jedoch keine goldene Regel, kein Geheimrezept für die Balance von Effizienz und Flexibilität. Im Folgenden möchten wir Ihnen daher mehrere Lösungsansätze vorstellen, die aktuell in der Forschung diskutiert und im realen Unternehmensalltag ausprobiert werden.

Ambidextrie

Eine Lösung, um als Unternehmen sowohl Effizienz als auch Flexibilität zu unterstützen, wird in der Organisationsforschung als Ambidextrie bezeichnet. Ambidextrie bedeutet Beidhändigkeit, also die Fähigkeit, die rechte wie die linke Hand gleichermaßen einzusetzen. Im Falle von Unternehmen bezieht sich die Beidhändigkeit darauf, sowohl exploitatives Lernen und somit Effizienz als auch exploratives Lernen und somit Flexibilität gleichzeitig zu fördern.

Strukturelle Ambidextrie

Dabei ist eine Lösung *strukturelle* Ambidextrie (Gibson & Birkinshaw, 2004). Dies bedeutet, dass sich spezifische Unternehmenseinheiten auf exploitatives Lernen fokussieren, während andere Unternehmenseinheiten auf exploratives Lernen zielen. Um diese gegensätzlichen Ziele zu verfolgen, verfügen die entsprechenden Unternehmenseinheiten über unterschiedliche Strukturen; starre Strukturen, um exploitatives Lernen zu erhöhen, und flexible Strukturen, um exploratives Lernen zu fördern. Die Trennung in Unternehmenseinheiten und resultierende Unterschiede in den Organisationsstrukturen sind in den meisten Unternehmen bereits vorhanden. So sind beispielsweise die Organisationsstrukturen in Forschungs- und Entwicklungsabteilungen tendenziell weniger formal ausgeprägt als in anderen Unternehmensbereichen.

Beispiele für strukturelle Ambidextrie finden sich aber auch für die Umsetzung der digitalen Transformation in Unternehmen. Der in Duisburg gegründete Stahl- und Metalldistributor Klöckner hat beispielsweise mit kloeckner.i ein Unternehmen für die Digitalisierungsaktivitäten des Konzerns gegründet. Das Ziel von kloeckner.i ist, Komplettlösungen mit einem durchgängig digitalen Order- und Produktionsmanagement zu entwickeln. Die Ausgründung dieser Aktivität in ein eigenständiges Unternehmen erlaubt die Umsetzung mit flexiblen, teamorientierten Strukturen, während das traditionelle Geschäftsmodell weiterhin mit formalen Organisationsstrukturen auf Effizienz ausgerichtet ist.

Kontextuelle Ambidextrie

Manchmal ist es jedoch nicht möglich, Geschäftsmodelle klar zu trennen, sodass Stabilität und Effizienz in der gleichen Organisationseinheit angestrebt werden müssen. Die gleichzeitige Förderung von exploitativem und explorativem Lernen wird als kontextuelle Ambidextrie bezeichnet (Gibson & Birkinshaw, 2004). Ohne Zweifel ist dieses Unterfangen komplex, zeitraubend und muss durch unterschiedliche Faktoren gefördert werden.

Um kontextuelle Ambidextrie zu erreichen, muss der Unternehmenskontext sowohl durch ein hohes Leistungsmanagement als auch durch ein förderliches soziales Klima gekennzeichnet sein (Gibson & Birkinshaw, 2004). Zeichen für ein hohes Leistungsmanagement sind beispielsweise das Setzen von herausfordernden Zielen, die Orientierung auf Ergebnisse sowie Mitarbeiter für ihre Leistung verantwortlich zu machen. Ein förderlicher sozialer Kontext ist durch hohe Mitarbeiterentwicklung, Autonomie sowie faktenbasierte Entscheidungen gekennzeichnet. Dabei reicht es nicht, eine der beiden Voraussetzungen zu erfüllen. Um Ambidextrie zu fördern, muss ein Unternehmen ein hohes Maß in beiden Dimensionen zeigen (Gibson & Birkinshaw, 2004).

Außerdem können Führungskräfte kontextuelle Ambidextrie fördern (Eisenhardt, Furr & Bingham, 2010). Ambidextrie-förderndes Führungsverhalten umfasst beispielsweise, dass Führungskräfte gleichzeitig komplexere Überzeugungen bei ihren Mitarbeitern erhöhen (z. B. indem sie andere in Überlegungen involvieren, Diskussionen anregen, Lösungen vorschlagen und Werte wie Transparenz, Verbundenheit und Diversität fördern) und die Komplexität in Überzeugungen reduzieren (z. B. indem sie Diskussionen beenden, andere nicht involvieren und Werte wie Behutsamkeit und das Einhalten von Vereinbarungen fördern) (Havermans, Den Hartog, Keegan & Uhl-Bien, 2015). In gleicher Weise müssen Führungskräfte komplexeres Handeln erhöhen (z. B. indem sie Freiheiten geben, Zusammenarbeit fördern und Fehler akzeptieren) und reduzieren (z. B. indem sie entscheiden, Regeln durchsetzen und Erwartungen erfüllen). Die Anforderung an Führungskräfte ist also, dass sie Widersprüche miteinander vereinbaren, zu Multi-Tasking fähig sind und bestehendes Wissen, Fähigkeiten und Expertise sowohl vertiefen als auch erneuern (Mom, Van den Bosch & Volberda, 2009).

Die Anforderungen von kontextueller Ambidextrie sind also sehr hoch, sodass Fragen zur Umsetzung des Konzeptes durchaus gestellt werden können (Schreyögg & Sydow, 2010). Kann eine Unternehmenskultur tatsächlich universell beide Anforderungen adressieren? Können Mitarbeiter zwischen den beschriebenen widersprüchlichen Verhaltensweisen hin- und herwechseln? Inwieweit können Führungskräfte authentisch sein, wenn sie Widersprüche in Gedanken und Verhalten zeigen? Diese Fragen zirkulieren primär darum, ob Menschen in Unternehmen die aus exploitativem und explorativem Lernen resultierenden Widersprüche in sich vereinen können. Ohne Frage ist dies eine große Herausforderung, die jedoch gerade vor dem Hintergrund von VUCA an Führungskräfte gestellt wird.

Struktur auf Prozessebene, Flexibilität auf Personenebene

Ein weiterer möglicher Lösungsweg für flexiblere Organisationsstrukturen liegt in der Formalisierung von Prozessen, während gleichzeitig Rollen und Funktionen nicht formalisiert werden. Die Formalisierung von Prozessen reduziert Unsicherheit innerhalb des Unternehmens (Hempel, Zhang & Han, 2012) und ermöglicht somit exploitatives Lernen und Effizienz im Unternehmen. Rollen und Funktionen auf der anderen Seite nicht zu formalisieren gibt Mitarbeitern Flexibilität (Hempel et al., 2012). So benötigen Mitarbeiter beispielsweise unstrukturierte Zeit, um kreativ zu sein (Elsbach & Hargadon, 2006). Darüber hinaus ist es positiv für Unternehmen, wenn Mitarbeiter ihre Rollen zu einem gewissen Grad selbst gestalten können (Wrzesniewski & Dutton, 2001). Wenn Mitarbeiter die Möglichkeit haben, ihre Aufgaben sowie Interaktionen anzupassen, sind sie motivierter und können auf Veränderungen in den Umweltbedingungen flexibler reagieren.

Ein Beispiel für den eben geschilderten Ansatz ist das 1963 gegründete österreichische Unternehmen TELE Haase. Um Wachstum und Flexibilität zu fördern, hat der Produzent von Zeit- und Überwachungsrelais klassische Strukturen hinter sich gelassen und stattdessen Prozesse und Mitarbeiter in den Vordergrund gerückt (TELE, 2016). Dabei sind die Prozesse im Unternehmen entlang von drei Hauptprozessen für Produktion, Vertrieb und Innovation mit acht weiteren Unterstützungsprozessen klar definiert (TELE, 2017). Jeder der Prozesse ist mit Unterprozessen sowie Verantwortungen und Aufgaben klar strukturiert. Zudem gibt es allgemeine Regeln für die Zusammenarbeit sowie Entscheidungsfindung. Die klar strukturierten Prozesse werden durch eine Leitformel für die Unternehmenskultur flankiert: Innovation + Nachhaltigkeit = Profitabilität (TELE, 2015). Dabei beinhaltet Innovation die Grundhaltungen Schönheit, Neugier, Kompetenz und Initiative, während Nachhaltigkeit die Grundhaltungen Verantwortung, Kooperation, Wertschätzung und Spaß umfasst. Mitarbeitern wird mit dieser Leitformel also explizit die Flexibilität gegeben, auf Veränderungen zu reagieren und das Unternehmen sowie dessen Struktur gebenden Prozesse weiterzuentwickeln.

Die Bedeutung von Talenten und Unternehmenskultur

Es fällt auf, dass alle bisher vorgestellten Lösungskonzepte in einem hohen Maße auf den Menschen im Unternehmen basieren. Um den Balanceakt zwischen Stabilität und Flexibilität zu meistern, wird daher nicht überraschend immer wieder die Unternehmenskultur hervorgehoben. Netflix betont beispielsweise, dass weniger Struktur notwendig ist, wenn ein Unternehmen die richtige Unternehmenskultur hat. So gibt es bei Netflix beispielsweise keine Regelung der Urlaubstage. (Sie werden diesem Beispiel in Big Five #5, der Gesundheit, wieder begegnen.) Auch gibt es nur eine Regel in Bezug auf die Reisekosten: »Act in Netflix's best interests« (McCord, 2014). Diese laxen Regeln können jedoch nur funktionieren, wenn ein Unternehmen die »richtigen« Mitarbeiter hat. So betont Netflix die Bedeutung, nur »vollständig ausgebildete Erwachsene« einzustellen, zu belohnen und zu tolerieren. Tatsächlich können Regeln genau diese vollständig ausgebildeten Erwachsenen auch abschrecken. Informelles Management und Autonomie ziehen auf der einen Seite Talente an und gleichzeitig sind leistungsstarke und leistungsorientierte Mitarbeiter notwendig, damit ein Unternehmen durch informelles Management nicht im Chaos versinkt, sondern im Gegenteil seine Unternehmensleistung erhöht.

Die Orientierung an der Unternehmensleistung muss also ein wichtiger Bestandteil der Unternehmenskultur sein, um mit informellen Organisationsstrukturen erfolgreich sein zu können. Oftmals werden Ansätze zur Selbstorganisation mit Kommunen verwechselt und die Betonung von Autonomie gewährenden Unternehmenskulturen wird mit fehlender Leistungsorientierung gleichgesetzt. Dem ist nicht so. So betont Netflix beispielsweise den notwendigen Fokus auf Leistung und das Business (McCord, 2014). TELE Haase stellt klar, dass sie nur durch wirtschaftlichen Erfolg ihre Verantwortung gegenüber der Gesellschaft, der Natur und nachfolgenden Generationen ernst nehmen können (TELE, 2015). Auch die in 10 Punkten formulierte Philosophie von Google lässt keinen Zweifel daran, dass Google ein auf Leistung fokussiertes Unternehmen ist, das sich immer weiter ehrgeizige Ziele setzt (https://www.google.com/about/philosophy.html). Gleichzeitig betonten Larry Page und Sergey Brin in ihrem Brief zum Börsengang von Google, dass ihre Mitarbeiter alles für sie sind und dass sie ihre Mitarbeiter belohnen und gut behandeln werden: »We are focused on providing an environment where talented, hard working people are rewarded for their contributions to Google and for making the world a better place.« (Page & Brin, 2004) Man sollte Flexibilität für Mitarbeiter also nicht mit fehlender Leistungsfokussierung und Leistungsfokussierung nicht mit mangelnder Fürsorge gegenüber Mitarbeitern verwechseln. Dies sind unterschiedliche Dimensionen.

1.2 Klarheit herstellen, wo Klarheit möglich ist

Neben dem Etablieren von flexiblen Organisationsstrukturen ist es – wenn die Welt volatil, unsicher, komplex und mehrdeutig ist – umso wichtiger, Klarheit über die langfristigen Ziele des Unternehmens herzustellen. Dies betrifft zum einen die klare Kommunikation einer Vision für das Unternehmen (Lawrence, 2013). Ismael, Malone und Van Geest (2017) haben über 100 Unternehmen, die in die Kategorie der sogenannten exponentiellen Unternehmen fallen, das heißt, Unternehmen mit überproportional hohem Output im Vergleich zu Input-Faktoren, untersucht. Dabei haben sie eine zentrale Gemeinsamkeit identifiziert: Den *Massive Transformative Purpose. Massive* steht für unverfroren groß, *Transformative* für die intendierte bedeutungsvolle Transformation einer Industrie, einer Community oder des Planeten. *Purpose* steht dafür, dass es ein klares »Warum« für die im Unternehmen kollektiv unternommene Anstrengung gibt. Beispiele für den Massive Transformative Purpose sind »Ideas worth spreading« von TED, »Think different« von Apple, aber auch »Only the best is good enough« von Lego. Der Massive Transformative Purpose gibt also eine klare Handlungsindikation. Im Falle von Apple: Verändere deine

Perspektive, sei kreativ und mach Dinge anders. Im Fall von Lego: Suche weiter nach Verbesserungen und gib dich nur mit der besten Qualität zufrieden. Diese Handlungsindikation ist vor allem vor dem Hintergrund von VUCA notwendig. Denn wenn Mitarbeiter in Situationen, die durch Volatilität, Unsicherheit, Komplexität und Ambiguität geprägt sind, eine Entscheidung fällen müssen, benötigten sie eine allgemeine Richtung, die situationsübergreifend Entscheidungen leiten kann. Wähle die verrücktere Alternative. Oder wähle die Alternative, die zu höchster Qualität führt.

Neben der Klarheit einer höhergestellten Vision bezieht sich Klarheit auch auf die Fähigkeit von Führungskräften, Sinn aus dem sie umgebenden Chaos zu ziehen (Lawrence, 2013). Selbstverständlich hilft eine schnelle Auffassungsgabe, um Zusammenhänge schnell erkennen und einordnen zu können. Führungskräfte müssen in der Lage sein, wichtige von unwichtigen Informationen zu unterscheiden, um die täglich ankommende Datenflut auf die wirklich relevanten Informationen filtern zu können. Sie müssen zudem klare Prioritäten setzen, um sich nicht in Details der Informationsflut zu verlieren. Jedoch zeigen auch unsere eigenen Untersuchungen, dass Informationsverarbeitungsanforderungen vor allem mit Stress verbunden sind. Daher hilft es Führungskräften und Mitarbeitern gleichermaßen, wenn Klarheit und Simplifizierung auch auf Unternehmensebene unterstützt werden.

General Electric hat in Reaktion auf die digitale Transformation beispielsweise 2014 die *Culture of Simplification* ausgerufen (GE-Geschäftsbericht, 2014). Ein wichtiger Bestandteil des kulturellen Wandels sind Lean Management und die Einsicht, dass es besser ist, wenige Dinge besser zu machen, als sich auf zu vielen Schauplätzen zu verzetteln. Das Beispiel von General Electric zeigt Simplifizierung als strategischen Imperativ, sich als Unternehmen auf Kernbereiche zu fokussieren. Michael E. Porter, Professor an der Harvard Business School und einer der einflussreichsten Forscher im Bereich des strategischen Managements, wird das Zitat »The essence of strategy is choosing what *not* to do« zugeschrieben. Strategie beinhaltet also nicht nur die Auswahl von bestimmten Optionen, sondern auch das konsequente Weglassen anderer Optionen. Dies gilt für die Unternehmensstrategie und kann in ähnlicher Weise auf alle Ebenen im Unternehmen übertragen werden.

Ein weiteres Beispiel für Simplifizierung und die daraus resultierende Klarheit ist der Musik-Streamingdienst Spotify, der sich auf eine »ballastabstoßende« Unternehmenskultur fokussiert. Dies bedeutet, dass organisationale Prozesse und Strukturen ständig auf den Prüfstand gestellt werden. Wenn diese mehr Zeit in Anspruch nehmen, als sie Nutzen stiften, werden sie konsequent abgeschafft und durch neue Ansätze ersetzt. Simplifizierung bezieht sich also auch in der internen Ausgestaltung von Unternehmen auf die Konzentration auf das Wesentliche.

Darüber hinaus hilft es in der Herstellung von Klarheit, sich auf die Ebene des jeweiligen Entscheidungsbereiches zu fokussieren. Das gilt insbesondere für Führungskräfte. Wenn Führungskräfte Entscheidungen fällen, die eigentlich ihre Mitarbeiter fällen sollten, sprechen wir von Mikromanagement (Alvesson & Sveningsson, 2003). Durch das Vorwegnehmen von Entscheidungen gefährdet Mikromanagement sowohl die Autonomie von Mitarbeitern als auch deren Kompetenzempfinden. Aus diesem Grund wird Mikromanagement oftmals auch direkt mit schlechtem Management gleichgesetzt (Alvesson & Sveningsson, 2003).

Bemerkenswerterweise betrachten Studien, die sich mit Mikromanagement beschäftigen, insbesondere wissensintensive sowie innovationsorientierte Unternehmen (Alvesson & Sveningsson, 2003; Amabile, Schatzel, Moneta & Kramer, 2004). In diesen Kontexten wird davon ausgegangen, dass Mitarbeiter selbst am besten wissen, wie sie ihre Arbeit organisieren und Probleme lösen können. Gleichzeitig ist es in diesen Kontexten umso wichtiger, dass genau die Person, die inhaltlich am meisten über die jeweilige Problemlösung weiß, die Entscheidung auch fällen kann.

Dies muss in ähnlicher Weise auch in VUCA-Welten gelten. Denn je volatiler, unsicherer, komplexer und uneindeutiger das Umfeld ist, desto weniger haben Führungskräfte überhaupt die Möglichkeit, alle Entscheidungsvariablen auf Ebene ihrer Mitarbeiter zu überschauen. Dies bedeutet, dass Führungskräfte, die sich zu Mikromanagement verleiten lassen und dadurch ohnehin mit negativen Konsequenzen rechnen müssen, in einer VUCA-Welt noch dazu schlechtere Entscheidungen hervorbringen. Um Klarheit zu behalten, sind Führungskräfte also gut beraten, von Mikromanagement Abstand zu nehmen und Probleme lediglich in für ihre Mitarbeiter handhabbare Pakete herunterzubrechen. Die Bearbeitung dieser Entscheidungspakete sollten sie dann ihren Mitarbeitern und deren Expertise überlassen.

Aber selbst für die zuständigen Mitarbeiter ist es vor dem Hintergrund von VUCA inhärent schwerer, alle Entscheidungsvariablen und Zusammenhänge zu überschauen. Wenn die Geschwindigkeit und die Stärke von Veränderungen zunehmen, wenn Informationen fehlen, um Eintrittswahrscheinlichkeiten und Konsequenzen abschätzen zu können, wenn es zu viele potenzielle Zusammenhänge gibt, als dass man diese überschauen könnte, dann ist es schlichtweg nicht möglich, Entscheidungen zu treffen, ohne vorher ihre möglichen Konsequenzen getestet zu haben. Um die möglichen Konsequenzen von Entscheidungen zu testen, sind daher Experimente notwendig.

1.3 Experimentieren

Anstatt in endlosen Debatten zu versuchen, mögliche Reaktionen abzuschätzen, sollten Mitarbeiter Produkte und Dienstleistungen live und unter Marktbedingungen testen, um zu lernen, wie diese von Nutzern angenommen werden (Rigby, Sutherland & Takeuchi, 2016). Dabei können Unternehmen sowohl die Möglichkeiten der digitalen als auch der realen Welt nutzen. Die Digitalisierung ermöglicht zum Beispiel, dass ein digitales Abbild zu einem frühen Entwicklungszeitpunkt getestet werden kann. Daimler bildet Prozesse, Systeme und Fabrikhallen digital ab, um diese in Echtzeit zu testen und die Komplexität beherrschbar zu machen. Henkel hat mit dem ShopperLab und dem Beauty Care Lighthouse zwei Möglichkeiten aufgebaut, um Produkte und Verkaufsprozesse zu untersuchen. So können Kunden beispielsweise neue digitale Tools testen, die es ihnen erlauben, bereits im Laden herauszufinden, wie eine neue Haarfarbe an ihnen aussehen wird. Durch den Aufbau eines realistischen Verkaufspunktes und das Einladen von »echten« Kunden können Unternehmen Kundenreaktionen besser abschätzen und so frühzeitig erkennen, ob ein Produkt oder eine Dienstleistung auch tatsächlich angenommen wird. Dabei sind bei Experimenten drei Dinge von zentraler Bedeutung. Erstens die schnelle Erarbeitung von Prototypen. Zweitens der Kundenfokus. Und drittens, dass Experimente nicht nur zur erfolgreichen Einführung von Produkten und Dienstleistungen führen können, sondern auch zu der Erkenntnis, dass etwas, das eine gute Idee, zu sein schien, in der Realität einfach nicht funktioniert.

Prototypen

Prototypen können in ganz unterschiedlichen Formen gebaut werden. Mögliche Formen beinhalten Skizzen, Drahtgestelle, Diagramme, Papier, Geschichten, Storyboards, Videos, Fotos, physische Modelle, strukturierte Beschreibungen von Prozessen, Rollenspiele, nicht funktionierende Versionen eines Produktes, ein anderes Produkt oder auch eine noch nicht existierende Schnittstelle (Lewrick, Link & Leifer, 2017). Der Nutzen von Prototypen liegt primär im schnellen Erhalt von Feedback. Durch die visuelle Kommunikation einer Idee kann diese konkret verdeutlicht werden, sodass andere Personen direkt in die Diskussion einsteigen und Feedback zur Idee geben können (Dark Horse Innovation, 2016). Insbesondere die Benutzerfreundlichkeit kann schnell und zu einem frühen Zeitpunkt getestet werden, sodass ein Projekt sich gar nicht erst in eine falsche Richtung entwickelt.

Ein Beispiel, um den Nutzen von Prototypen weiter zu illustrieren, ist die Marshmallow Challenge. Bei dieser müssen Teammitglieder aus einem Marshmallow, 20 Spaghetti (noch nicht gekocht), Tape und Schnur einen Turm bauen, der möglichst hoch sein sollte. Tom Wujec von Autodesk stellt in einem TED Talk die Herangehensweise und Leistung von unterschiedlichen Gruppen vor. Absolventen der Betriebswirtschaftslehre diskutieren erst einmal lange, planen, wie sie am besten an den Turmbau herangehen sollten, und handeln die Führungsrolle untereinander aus. Meist fangen sie dann kurz vor Ablauf der vorgegebenen Zeit mit dem Turmbau an. Das Ergebnis ist, falls der Turm überhaupt stehen bleibt, in den seltensten Fällen gut. Im Gegensatz dazu legen Kindergartenkinder sofort mit dem ersten Prototyp los. Sie testen unterschiedliche Möglichkeiten aus. Falls eine Möglichkeit nicht funktioniert, haben sie noch genügend Zeit, wieder von vorn anzufangen. Das Ergebnis ist, Sie ahnen es, im Durchschnitt besser als das Ergebnis der BWL-Absolventen. Wer schnell mit dem Turmbau beginnt, bekommt ein Gefühl für das Material, merkt schnell, was funktioniert und was nicht, und kann aus seinen Fehlern lernen.

Bei der Entwicklung von Prototypen sind mehrere Punkte zu beachten:

1. Prototypen sollten zum frühestmöglichen Zeitpunkt entwickelt werden. Ein Verständnisprototyp, der häufig aus Papier ist und maximal eine Stunde in der Herstellung beanspruchen sollte, hilft dabei, ein erstes gemeinsames Verständnis einer Idee zu erhalten (Dark Horse Innovation, 2016).
2. Prototypen sollten selbsterklärend sein und ohne Erklärung präsentiert werden, da auch in der Realität keine zusätzlichen Erklärungen zum Produkt oder Prozess gegeben werden können. Ein Prototyp sollte also von Anfang an so realistisch wie möglich sein, damit Schwachstellen frühestmöglich aufgedeckt werden.
3. Ein Prototyp sollte nicht perfekt sein und jederzeit zerstört werden dürfen. Wenn ein Prototyp zu perfekt ist, werden sich Feedbackgeber nicht trauen, diesen zu kritisieren oder ganz zu verwerfen. Zudem verlieben wir

uns schnell in unsere eigenen Ideen – insbesondere wenn wir sie handwerklich visualisiert und hergestellt haben (Norton, Mochon & Ariely, 2012).

Es ist also wichtig, Prototypen als ein erstes vereinfachtes Versuchsmodell zu begreifen, das – in der Regel – wieder zerstört und weiterentwickelt wird (Dark Horse Innovation, 2016). Prototypen bieten aber nicht nur die Möglichkeit, schnell Feedback zu erhalten – sie können auch eine wichtige Motivationsquelle für Projekte darstellen. Die Visualisierung einer Idee kann ein gemeinsames Gefühl der positiven Aufregung auslösen und dem Projekt so einen wichtigen Impuls mitgeben. Es hilft dabei, positive Erwartungen in Bezug auf die Lösung zu erzeugen, und sorgt so für eine gemeinsame Motivation zur Weiterentwicklung der Idee.

Kundenfokus

Beim Erhalt von Feedback für einen Prototyp ist der Input von potenziellen Kunden von zentraler Bedeutung. Sobald eine Idee definiert und ein gemeinsames Verständnis hergestellt wurde, sollte ein Prototyp direkt mit Kunden getestet werden. Dabei ist es insbesondere wichtig, zu erfahren, welchen Wert potenzielle Kunden dem im Prototyp visualisierten Angebot beimessen (Lewrick et al., 2017). Die Frage ist, ob das Problem des Kunden durch die entwickelte Lösung tatsächlich adressiert wird (Dark Horse Innovation, 2016), die sogenannte Value Proposition des Produkts oder des Dienstleistungsprozesses also erfüllt wird.

Ein Beispiel für die hohe Bedeutung der Value Proposition sind Smart-Home-Anwendungen. Bereits seit mehreren Jahren ist die Technologie für Smart-Home-Anwendungen verfügbar, jedoch bleibt deren Nutzung in der Praxis aktuell noch hinter den Erwartungen zurück. In vielen Studien wurde angegeben, dass Verbraucher aufgrund von Datenschutzbedenken nach wie vor nicht dazu bereit sind, Smart-Home-Anwendungen auch tatsächlich zu kaufen (Deloitte, 2015). Auf der anderen Seite befindet sich mittlerweile Amazons Echo Dot trotz Bedenken über die Datensicherheit in Millionen von Haushalten. Die einfache Sprachsteuerung scheint einen so hohen Wert für Verbraucher zu haben, dass Bedenken in Bezug auf den Datenschutz zweitrangig werden. Die Zukunft wird zeigen, ob die prognostizierte Vervierfachung des globalen Smart-Home-Marktes (Statista, 2017) eintreten wird oder nicht – oder ob sie sogar noch übertroffen wird. Das Beispiel macht jedoch schon jetzt deutlich, dass es schwierig ist, Kundenpräferenzen ohne einen Prototyp wirklich erfassen zu können.

Der Kundenfokus ist jedoch nicht nur in Bezug auf Prototypen von zentraler Bedeutung. Es gibt das Gerücht, dass bei Amazon während Meetings ein leerer Stuhl am Tisch steht, der den Kunden symbolisiert. Unabhängig davon, ob dies tatsächlich bei jedem Meeting geschieht, ist der zentrale Punkt, dass Produkte und Dienstleistungen nur dann erfolgreich sein können, wenn sie die Bedürfnisse der Kunden adressieren. Wie beschrieben sind in der heutigen Welt Technologien nur noch bedingt ein limitierender Faktor. Viele Technologien existieren, führen jedoch zu Lösungen, die kein Kundenbedürfnis adressieren. Daher sind Experimente notwendig, um frühzeitig zu testen, wie ein Produkt oder eine Dienstleistung von Nutzern angenommen wird.

Make or break

In letzter Konsequenz bedeuten Experimente, dass Projekte auch wieder eingestellt werden können. Und zwar vollständig. Im klassischen Projektmanagement werden Produkte, Strukturen und Prozesse intern entwickelt, in einem ersten Bereich eingeführt und dann mit kleinen Verbesserungen auf das gesamte Unternehmen ausgeweitet. Dabei sieht der Rollout zwar Verbesserungen und Anpassungen vor, jedoch nicht das vollständige Einstellen eines Projektes.

Auf der einen Seite ist es nicht überraschend, dass Projekte – trotz Indikationen dafür, dass sie nicht erfolgreich sein werden – eingeführt werden. Wenn man ein Projekt einstellt, wird das mit schlechtem Management gleichgesetzt, da Ressourcen wie Zeit, Motivation und Geld auf etwas verwendet wurden, das dann anscheinend ohne Ergebnis beendet wird. Wirklich ohne Ergebnis? Unternehmen, die erfolgreich experimentieren, erkennen, dass auch das Beenden eines Projektes ein wichtiges Ergebnis ist. Denn es ist mit der Erkenntnis verknüpft, was nicht funktioniert. Diese Erkenntnis in Kombination mit einer Reallokation von Ressourcen ist ein wichtiger Wert für Unternehmen an sich. Im Sinne von Thomas A. Edison: »Ich bin nicht entmutigt, weil jeder als falsch verworfene Versuch ein weiterer Schritt vorwärts ist.« Im Gegensatz dazu ist das Beharren auf einem Versuch trotz Indikationen dafür, dass dieser nicht wertsteigernd ist, wirklich eine Verschwendung von Ressourcen.

Das Einstellen von Projekten ist jedoch leichter gesagt als getan. Die Forschung zeigt Evidenz für sogenanntes *Escalating Commitment.* Wenn Ressourcen bereits investiert wurden, tendieren Entscheidungsträger vor dem Hintergrund von negativen Konsequenzen dieser Entscheidungen dazu, noch mehr Ressourcen zu investieren, anstatt – wie man vielleicht rational erwarten würde – zu desinvestieren (Staw, 1976). Menschen sind generell avers gegenüber Verlusten (Tversky & Kahneman, 1991), sodass wir, um unsere ursprüngliche Entscheidung zu rechtfertigen, versuchen, deren Konsequenzen zu retten. Diese Erkenntnis spricht einmal mehr für schnelles Experimentieren und die frühzeitige Generierung von Prototypen. Denn diese decken, wie beschrieben, mögliche negative Konsequenzen zu einem Zeitpunkt auf, zu dem noch nicht viele Ressourcen verbraucht wurden und es entsprechend einfacher ist, diese Projekte zu stoppen.

Experimente in allen Unternehmensbereichen

Bisher haben wir Experimente primär im Kontext der Entwicklung von Produkten und Dienstleistungen vorgestellt. Unternehmen können jedoch in allen Unternehmensbereichen in ähnlicher Weise von der Vorgehensweise des Experimentierens und resultierenden evidenzbasierten Entscheidungen profitieren. Nehmen wir beispielsweise den Bereich des Personalwesens. Auch im Personalwesen werden eine Vielzahl von Prozessen und Strukturen wie beispielsweise Talentmanagementsysteme entwickelt, die dann im gesamten Unternehmen eingeführt werden. Eine schnelle Generierung von Prototypen bedeutet, diese Prozesse und Strukturen zu einem frühen Zeitpunkt für Mitarbeiter erfahrbar zu machen. Die Entwicklung mit einem strikten Kundenfokus beinhaltet den Fokus auf die Mitarbeiter. Bisher werden Prozesse und Strukturen im Personalwesen meist ohne den Einbezug von Mitarbeitern entwickelt, sodass Mitarbeiter dann im Nachhinein für diese geschult werden müssen und ihnen der Nutzen schmackhaft gemacht werden muss. Eine Entwicklung mit Kundenfokus bedeutet, Prozesse und Strukturen konsequent entsprechend den Bedürfnissen von Mitarbeitern zu entwickeln.

Bei Cisco hat das Personalwesen beispielsweise in Kooperation mit den Mitarbeitern aus den Geschäftsbereichen innerhalb von 24 Stunden 105 neue HR-Lösungen in den Bereichen Talentgewinnung, Onboarding, Lernen und Mitarbeiterentwicklung, Teamentwicklung sowie Führung entwickelt. Das Feedback aus den Geschäftsbereichen wurde dabei virtuell durch einen Mix von Kollaborationstechnologie wie WebEx, TelePresence, einem Cisco Spark Room und einer speziell entwickelten Tracking App unterstützt.

Adobe hat alle Mitarbeiter über einen unternehmensweiten Blog gefragt, wie die Weitergabe von Feedback zwischen Führungskräften und Mitarbeitern verbessert werden kann (Hinds, Sutton & Rao, 2014). Spezifisch wurde danach gefragt, wie ein System aussehen könnte, das Beiträge effektiver inspiriert, motiviert und wertschätzt. Der Blog wurde zu einem der am häufigsten gelesenen in der Geschichte von Adobes Intranet. Basierend auf dem Feedback konnte Adobe innerhalb von wenigen Wochen einen neuen Feedbackprozess etablieren. Das resultierende System entkoppelt Feedback von den jährlichen Mitarbeitergesprächen, um einen kontinuierlichen Informationsfluss, eine Entkopplung von Anreizsystemen und den Fokus auf die Mitarbeiterentwicklung zu erreichen. Dadurch will Adobe insbesondere eine neue Mentalität des »vorwärtsgerichteten und schnellen Scheiterns« und damit den dritten Bestandteil des Experimentierens, Make or break, stützen. Wie für die Entwicklung von Produkten und Dienstleistungen bedeutet Make or break dabei, dass Prozesse und Strukturen auch wieder abgeschafft werden, wenn diese keinen Mehrwert für die Mitarbeiter bieten und daher von diesen nicht angenommen werden.

1.4 Fehlermanagement

Mit Experimenten und insbesondere der bewussten Entscheidung, Projekte auch zu beenden, geht das Lernen aus Fehlern einher. Selbstverständlich nimmt sich kein Unternehmen aktiv vor, Fehler zu machen. Jedoch werden Fehler vor dem Hintergrund von VUCA-Welten wahrscheinlicher. *Unsystematische* Fehler sind unvorhersehbar und geschehen, obwohl eine hohe Sorgfalt angewandt wurde. Wenn Situationen zum ersten Mal erlebt werden oder unbekannt sind, können trotz hoher Sorgfalt Fehler geschehen. In einem volatilen, unsicheren, komplexen und mehrdeutigen Umfeld trifft dies inhärent zu. Fehler sind also nicht immer vermeidbar und umso weniger, je höher die VUCA-Ausprägungen sind.

Im Gegensatz dazu sind *systematische* Fehler vorhersehbar. Sie entstehen in bekannten und sich wiederholenden Situationen, weil nicht genügend Sorgfalt an den Tag gelegt wurde. Diese Fehler können tatsächlich vermieden werden. Umso wichtiger ist es jedoch, aus ihnen zu lernen, wenn sie dennoch geschehen. Nur wenn nach einem Fehler die Situation analysiert und auf ihre

Ursachen hin überprüft wird, können alle Beteiligten aus einem Fehler lernen und gemeinsam die Wahrscheinlichkeit eines erneuten Auftretens reduzieren. Um dies zu gewährleisten, ist in Unternehmen jedoch eine Kultur des Fehlermanagements notwendig (Van Dyck, Frese, Baer & Sonnentag, 2005), die einen offenen und konstruktiven Umgang mit Fehlern beinhaltet.

Offene Kommunikation über Fehler

Ein erster Schritt, um aus Fehlern zu lernen, ist deren offene Kommunikation. Ganz ernsthaft, wir möchten dazu anregen, Fehler in Unternehmen gezielt zuzugeben. Tatsächlich ist dies nicht selbstverständlich. Die Forschung zeigt sogar, dass Fehler in vielen Unternehmen verschleiert werden, anstatt diese zu berichten und offen zu kommunizieren (Frese & Keith, 2015). Das ist durchaus verständlich. Wenn wir feststellen, dass wir einen Fehler gemacht haben, empfinden wir zunächst negative Emotionen und zweifeln an unseren eigenen Fähigkeiten (Zhao & Olivera, 2006). Es erscheint viel leichter, einen Fehler zu verschleiern, als sich in einem offenen Umgang mit einem möglichen eigenen Fehlverhalten auseinanderzusetzen. In ähnlicher Weise sind wir motiviert, Fehler externen Umständen und anderen Personen zuzuschreiben, anstatt selbst die Verantwortung dafür zu übernehmen. Der Schutz unseres eigenen Egos, welcher in manchen Unternehmenskulturen an oberster Stelle steht, stellt einen fatalen Hinderungsfaktor im Umgang mit Fehlern dar, weil dadurch verhindert wird, dass wir aus den Fehlern anderer im Unternehmen lernen und uns weiterentwickeln können.

Ein weiterer Faktor, der uns von der Kommunikation unserer Fehler abhalten kann, ist die antizipierte Reaktion derjenigen, denen wir unseren Fehler berichten sollten. Das Berichten eines Fehlers stellt ein potenziell riskantes Verhalten in Unternehmen dar, da es uns für Schuldvorwürfe und dafür, als inkompetent gesehen zu werden, verletzbar macht (Zhao & Olivera, 2006). Wir sind also nicht nur motiviert, unser Ego vor uns selbst zu schützen – wir möchten es auch vor anderen in Schutz nehmen. Daher werden eigene Fehler im Normalfall nur dann berichtet, wenn Mitarbeiter sich in einem Team sicher fühlen (Edmondson & Lei, 2014).

Manchmal werden Fehler jedoch auch deswegen nicht berichtet, weil man das Ego von anderen Personen schützen möchte. Dies gilt insbesondere dann, wenn die Machtdistanz zwischen Teammitgliedern hoch ist. Eine Untersuchung hat beispielsweise ergeben, dass die Ursache vieler fataler Flugzeugunglücke darin begründet ist, dass sich Kopiloten nicht getraut haben, den hierarchisch höher gestellten Piloten auf einen Fehler hinzuweisen (Sexton & Helmreich, 2000). Dabei ist es kein Selbstzweck, das Ego anderer Personen zu schützen: Wenn sich Personen angegriffen fühlen, reagieren sie häufig mit einem Gegenangriff, gehen in eine Verteidigungshaltung und weisen die »Schuld« anderen zu. (Wir gehen davon aus, dass Sie so etwas aus beiden Perspektiven irgendwann einmal schon selbst erlebt haben, da es sich dabei um eine zutiefst menschliche Tendenz handelt.) Da die Folgen eines solchen Gegenangriffs umso schwerwiegender sein können, je mehr Macht eine Person im Unternehmen hat, ist es besonders riskant, hierarchisch höhergestellte Personen auf einen Fehler hinzuweisen (Frese & Keith, 2015).

Um den Reigen aus Schuldzuweisungen zu durchbrechen, der das Lernen aus Fehlern verhindert, greifen manche Unternehmen zu ungewöhnlichen Maßnahmen. Bei Etsy, einer Internetplattform für den Kauf und Verkauf von handgemachten Produkten, Vintage und Künstlerbedarf, schreiben Mitarbeiter beispielsweise eine E-Mail an alle anderen Mitarbeiter, in der sie ihren Fehler berichten. Wichtig ist dabei, dass sie eine detaillierte Beschreibung darüber geben, was passiert ist, warum dies passiert ist und wie der Fehler ihrer Meinung nach in Zukunft vermieden werden kann. Der Fokus liegt also darauf, anderen Mitarbeitern dabei zu helfen, keinen ähnlichen Fehler zu machen. Außerdem verleiht das Unternehmen jährlich einen dreiarmigen Pullover an die Person, die den überraschendsten Fehler gemacht hat. Einen ähnlichen Ansatz pflegt das Spielesoftwareunternehmen wooga aus Berlin. Auf der sogenannten »Wall of Fame« werden entgegen der Erwartung nicht die besten Ideen, sondern die spektakulärsten Rückschläge und Fehler des Unternehmens offen zur Schau gestellt. Mitarbeiter, die ihre Flops dort einstellen, werden belohnt, damit andere aus ihren Fehlern lernen können. Ein offener Umgang mit Fehlern soll somit betonen, dass es immer eine Differenz zwischen erwarteten Entwicklungen und der Realität gibt. Fehler sind eine wichtige Datenquelle, die Menschen und Unternehmen helfen, sich weiterzuentwickeln.

Lernen aus Fehlern

Häufig resultiert aus einem Fehler eine ganze Kaskade an weiteren Fehlern. Die Gründe dafür sind, dass Mitarbeiter in diesem Moment sowohl die Aufgabe an sich weiterhin bearbeiten müssen als auch eine Lösung für das Problem finden müssen. Zudem lösen Fehler wie beschrieben negative Emotionen aus, welche die Leistungsfähigkeit von Mitarbeitern beeinträchtigen können (Frese & Keith, 2015). Es ist also wichtig für Mitarbeiter, den lösungsorientierten Umgang mit Fehlern zu lernen, um schnell reagieren und mögliche Konsequenzen adressieren zu können.

Um dieses Ziel zu erreichen, weisen beispielsweise Trainings, die auf dem Lerneffekt vom Umgang mit Fehlern basieren, auf die positive Funktion von Fehlern hin (Keith & Frese, 2005). Teilnehmer werden explizit eingewiesen, dass Fehler ein natürlicher Bestandteil von Lernprozessen sind, dass sie noch bestehende Wissenslücken aufzeigen und dass man umso mehr lernen kann, je mehr Fehler man macht. Die Ergebnisse zeigen, dass Lernen tatsächlich durch Fehler gefördert wird. Zum einen, weil Emotionen nach mehreren Fehlern besser kontrolliert werden können und so in Ruhe nach Lösungsoptionen gesucht werden kann. Zum anderen, weil eine positive Sicht auf Fehler dazu anregt, über mögliche Lösungen zu reflektieren und bewusst nach Ursachen zu suchen.

Genau wie im Training ermöglicht die positive Sicht auf Fehler auch im Unternehmensalltag Lernen und Innovation (Van Dyck et al., 2005). Fehler können Mitarbeiter dazu inspirieren, ein besseres Verständnis über eine bestimmte Situation zu entwickeln. Auf Basis des besseren Verständnisses können Mitarbeiter neue Methoden hervorbringen und mit neuen Lösungen experimentieren. Mitarbeiter werden diese Initiative jedoch nur zeigen, wenn sie keine Angst vor negativen Folgen von Fehlern haben. Die offene Kommunikation von Fehlern hat also gleich zwei Funktionen: Nur wenn Fehler bekannt sind, wird kritisches Denken und das Suchen nach neuen Lösungen inspiriert. Es wird jedoch nur dann offen und aktiv nach Lösungen gesucht, wenn Mitarbeiter keine Angst vor möglichen negativen Folgen haben, wenn sie auf der Suche nach einer Lösung potenziell weitere Fehler machen.

1.5 Lernen in Organisationen oder die lernende Organisation

Der Umgang mit Fehlern fördert also Lernen in Unternehmen. Dabei gewinnt kontinuierliches, lebenslanges Lernen auch vor dem Hintergrund von VUCA weiter an Bedeutung. Um die diskutierten Veränderungen in Unternehmen zu begleiten, müssen Mitarbeiter zusätzliche Kompetenzen aufbauen. In unseren eigenen Studien wurden insbesondere Agilität, Flexibilität, Problemlöse- und IT-Kompetenzen für alle Mitarbeiter sowie zusätzlich der Umgang mit Veränderungen, Unsicherheit, diversen Teams und Interkulturalität als zentrale Kompetenzen für Führungskräfte genannt (Schwarzmüller, Brosi, Duman & Welpe, 2018). Unternehmen, welche die digitale Transformation aktiv gestalten und ihre Geschäftsmodelle verändern, stehen vor der Herausforderung, dass sie neue Kompetenzen benötigen (zum Beispiel Fachkräfte in der Halbleiterindustrie www.1000jobsinregensburg.de oder Mitarbeiter mit spezifischen Kompetenzen in Cloud Computing, künstlicher Intelligenz, Mensch-Maschine-Interaktionen, Big Data und Augmented Reality), während andere Kompetenzen im Unternehmen nicht oder kaum mehr benötigt werden (McCord, 2014). Neben dem Aufbau von spezifischen Kompetenzen stehen Unternehmen vor der – unter anderem in diesem Buch beschriebenen – Herausforderung, Systeme, Strukturen, Regelungen und Praktiken zu verändern. Der Aufbau und der Transfer von Wissen stellt daher einen wichtigen Wettbewerbsvorteil für Unternehmen dar (Argote & Ingram, 2000). So haben Ikujiro Nonaka und Hirotaka Takeuchi nach ihrer Analyse des erfolgreichen Aufstiegs von japanischen Unternehmen im Automobil- und Elektroniksektor bereits 1995 geschlussfolgert, dass das einzig Sichere in einer von Unsicherheit geprägten Wirtschaft ist, dass Wissen die Quelle eines jeden Wettbewerbsvorteils von Unternehmen ist (Nonaka & Takeuchi, 1995).

Menschen und Unternehmen stehen also in gleicher Weise vor der Herausforderung, ihr Wissen und ihre Kompetenzen kontinuierlich weiterzuentwickeln. Vor dem Hintergrund der kontinuierlichen Weiterentwicklung wird angenommen, dass der Nutzen und die Effektivität von formellen Trainings- und Entwicklungsprogrammen in Zukunft begrenzt ist (Noe, Clarke & Klein, 2014). Unternehmen müssen eine breitere Sichtweise auf Lernen entwickeln, indem sie kontinuierliches Lernen, informelles Lernen und Wissensaustausch gleichermaßen fördern. Aus diesem Grund möchten wir im Folgenden besonders jene Bausteine einer erfolgreichen Lernarchitektur in Unternehmen vorstellen (Heraty, 2004), welche insbesondere den kontinuierlichen Aufbau von Wissen in Unternehmen fördern. Zwei weitere zentrale Bausteine – Teamarbeit (Big Five #2) und Autonomie (Big Five #3) – finden Sie als spezifische Kapitel in diesem Buch, weil diese nicht nur Lernen fördern (Heraty, 2004), sondern vor dem Hintergrund der digitalen Transformation von zusätzlicher Bedeutung sind.

Lernorientierung im Unternehmen

Carol Dweck, Professorin an der Stanford University, hat in einem jahrzehntelangen Forschungsprogramm gezeigt, dass es einen fundamentalen Unterschied macht, ob wir glauben, dass Qualitäten wie Intelligenz, Persönlichkeit und Fähigkeiten veränderbar sind, oder ob wir glauben, dass diese Fähigkeiten fix sind (Dweck, 2012). Als Entwicklungspsychologin hat sie den Einfluss dieser unterschiedlichen Glaubensgrundsätze über die menschliche Natur in unzähligen Studien untersucht. Dabei hat sie gezeigt, dass Menschen vor Herausforderungen zurückweichen, wenn sie beispielsweise glauben, dass Intelligenz unveränderbar ist. Sie haben mehr Angst davor zu versagen, denn ein Versagen wäre für sie ein Zeichen niedriger Intelligenz. In gleicher Weise zeigen sie bei Rückschlägen weniger Ausdauer, denn ein Rückschlag ist für sie ein Zeichen dafür, dass sie wahrscheinlich für die Aufgabe nicht intelligent genug sind. Im Gegensatz dazu suchen Menschen, die glauben, dass ihre Qualitäten entwickelt werden können, nach Lernmöglichkeiten und Herausforderungen. Wenn sie einen Rückschlag erleben, bedeutet das für sie lediglich, dass sie die richtige Herangehensweise noch nicht gefunden haben und dass sie weiter lernen müssen.

Gemeinsam mit Mary Murphy hat Carol Dweck außerdem gezeigt, dass Glaubensgrundsätze über Intelligenz auf Ebene des Unternehmens jene von Individuen beeinflussen (Murphy & Dweck, 2010). So übernehmen Mitarbeiter die Lernorientierung, wenn diese im Unternehmen zum Beispiel durch ein Bekenntnis zur Mitarbeiterentwicklung gefördert wird. Darüber hinaus wurde das Konzept dieser Glaubensgrundsätze auch auf den Unternehmenskontext übertragen (Button, Mathieu & Zajac, 1996; VandeWalle, 1997). Personen mit einer hohen Lernorientierung streben danach, neue Dinge zu verstehen und ihre Kompetenzen kontinuierlich weiterzuentwickeln. Sie setzen sich höhere Ziele, arbeiten mit effektiveren Lernstrategien und fragen aktiv nach Feedback (Payne, Youngcourt & Beaubien, 2007). Und ja, sie lernen auch mehr.

Dabei ist es nicht nur wichtig, dass Individuen eine hohe Lernorientierung haben. Lernorientierung wirkt umso positiver, wenn eine Person mit hoher Lernorientierung in einem Team mit insgesamt hoher Lernorientierung arbeitet (Dierdorff & Ellington, 2012). Unternehmen können also nicht nur die Lernorientierung ihrer Mitarbeiter beeinflussen, sie sollten sie auch beeinflussen, um die zusätzlich positiven Effekte einer kollektiv hohen

Lernorientierung auszuschöpfen. Zudem wurde bereits gezeigt, dass die Lernorientierung von Führungskräften die Lernorientierung ihres Teams positiv beeinflusst (Dragoni & Kuenzi, 2012). Eine hohe Lernorientierung ist also insbesondere für Führungskräfte notwendig.

Ein Praxisbeispiel zur Förderung der Lernorientierung in Unternehmen ist das Googlers-2-Googlers Programm von – Überraschung – Google. Im Rahmen des unternehmensinternen Programmes geben Googler anderen Googlern freiwillig Kurse zu einem Thema ihrer Wahl. Die Themen können direkt arbeitsspezifisch sein, sich aber auch auf ein Hobby wie Tanzen oder hilfreiche Soft Skills wie Präsentationstechniken beziehen. Google selbst unterstützt das Programm, indem die freiwilligen Lehrer mit Methoden, Instrumenten und Hilfsmitteln für eine effektive Lehre ausgestattet werden. Durch dieses Programm fördert Google somit die Weitergabe von aktuellem Wissen, stellt heraus, dass die Kollegen selbst eine wichtige Wissensquelle sind, und unterstreicht die Lernorientierung im Unternehmen.

Erfahrungs- und zufallsbasiertes Lernen

Fehlermanagement und Lernorientierung fördern in hohem Maße erfahrungsbasiertes Lernen. In anderen Worten: Lernen beginnt mit Erfahrung (Argote & Miron-Spektor, 2011). Dies gilt für Unternehmen (Argote, 2012), Teams (Gino, Argote, Miron-Spektor & Todorova, 2010) und Individuen (DeRue & Wellman, 2009) gleichermaßen. Jedoch wird die Bedeutung von Erfahrung im Zusammenhang mit Lernen in Unternehmen häufig übersehen. So bezieht sich beispielsweise die Mitarbeiterentwicklung primär auf die Bereitstellung von Seminaren – eventuell ergänzt um Coaching und Mentoring. Vor dem Hintergrund von VUCA und damit einhergehenden sich verändernden Kompetenzanforderungen ist dies besonders problematisch. Um proaktiv Veränderungen gestalten zu können, müssen Mitarbeiter, Teams und Unternehmen in gleicher Weise lernen, sich auf diese Veränderungen einzustellen und sich entsprechend zu adaptieren. Es könnte zu spät sein, wenn Sie auf ein Seminar warten, das Ihnen hilft, mit diesen neuen Anforderungen klarzukommen. Aus diesem Grund möchten wir Ihnen im Folgenden einige der Grundzüge von erfahrungsbasiertem Lernen aufzeigen.

Arten von erfahrungsbasiertem Lernen

Zunächst einmal können wir nicht nur aus unseren eigenen Erfahrungen lernen. Erfahrungsbasiertes Lernen kann direkt, das heißt basierend auf unseren eigenen Erfahrungen, und indirekt, das heißt basierend auf den Erfahrungen von anderen Individuen, Teams oder Unternehmen, erfolgen (Argote & Miron-Spektor, 2011). Indirektes Lernen wird dabei auch Wissenstransfer genannt, der beispielsweise umso besser funktioniert, je ähnlicher sich Situationen und Akteure sind (Kim & Miner, 2007; Zollo & Reuer, 2010). Sehr häufig lernen wir jedoch mehr aus eigenen Erfahrungen (Gino et al., 2010). So bilden Teams, wenn sie direkte Erfahrung mit einer Aufgabe gewinnen, spezialisierte Rollen und Koordinationsmechanismen aus, die ihre Leistung und vor allem auch ihre Kreativität nachhaltig beeinflussen.

Erfahrungsbasiertes Lernen findet primär in Bezug auf spezifische Ereignisse statt. Diese können sowohl positiv – also Erfolgserlebnisse – sein als auch negativ im Fall von Misserfolgen. Jedoch findet nach diesen Ereignissen nicht automatisch Lernen statt. Wir tendieren dazu, die Situation oder andere Personen für Misserfolge verantwortlich zu machen, während wir Erfolge uns selbst und dann am liebsten unserer Person oder unserer Intelligenz anstatt unseren Anstrengungen zuschreiben. Um uns zu verbessern, ist es jedoch notwendig, dass wir sowohl bei Erfolgen als auch Misserfolgen die Faktoren identifizieren können, welche wir selbst unter Kontrolle haben. Da wir selten Situationen und andere Personen unter Kontrolle haben, ist es umso wichtiger, dass wir analysieren, inwieweit eigene spezifische Verhaltensweisen für das Ereignis verantwortlich waren, um daraus abzuleiten, welche Verhaltensweisen wir beibehalten und welche wir verändern sollten. Dies ist vor dem Hintergrund von VUCA natürlich umso schwieriger, da zum Beispiel Komplexität impliziert, dass die Zusammenhänge nicht klar sind und Ursachen nicht eindeutig identifiziert werden können. Umso wichtiger ist es aber, Ereignisse kritisch zu hinterfragen und über Verbesserungsmöglichkeiten zu reflektieren.

Manöverkritik und Reflexion

Erfahrungsbasiertes Lernen kann durch externe Faktoren in Form von Manöverkritik sowie interne Faktoren in Form von Reflexion verbessert werden (DeRue & Wellman, 2009). Manöverkritik kann dabei – mit vergleichbarem Effekt – sowohl subjektives Feedback wie beispielsweise mündliches

Feedback von beobachtenden Personen als auch objektives Feedback wie Videoaufzeichnungen beinhalten. Für Manöverkritik gibt es spezifische Merkmale, die beeinflussen, ob diese auch tatsächlich das Lernen erhöhen. Während nach Misserfolgen sowohl auf negative Aspekte bezogenes Feedback als auch auf positive Aspekte bezogenes Feedback die Leistung verbessert, wirkt nach Erfolgen nur Feedback, das auf negative Aspekte oder zumindest sowohl auf negative als auch auf positive Aspekte bezogen ist (Ellis, Mendel & Nir, 2006). Der Hintergrund ist, dass wir nach Erfolgen nicht unmittelbar das Bedürfnis haben, über Ursachen für den Erfolg nachzudenken – es lag ganz einfach und eindeutig an uns. Negatives Feedback kann in diesem Fall helfen, dass Personen spezifische Verbesserungspunkte identifizieren, um sich noch weiter zu verbessern.

Anstatt von externem Feedback kann aber auch Reflexion gezielt zur Identifikation von Verbesserungsmöglichkeiten nach Ereignissen eingesetzt werden (DeRue, Nahrgang, Hollenbeck & Workman, 2012). Reflexion kann beispielsweise mit Fragen zum eigenen Beitrag zu einer Aufgabe angeregt werden. Darüber hinaus können Szenarien durch Fragen nach alternativen Verhaltensverweisen und aus diesen resultierenden Konsequenzen stimuliert werden. Um die Überlegungen am Ende zu komprimieren und zu spezifizieren, können Fragen adressieren, was man spezifisch aus einer Situation gelernt hat und was man in zukünftigen Situationen noch besser machen kann. Diese Fragen können im Team diskutiert werden, um unterschiedliche Perspektiven zu integrieren, und von einer vermittelnden Person moderiert werden.

Zufallsbasiertes Lernen

Eine spezifische Form des erfahrungsbasierten Lernens, die wir gerne noch hervorheben möchten, ist zufallsbasiertes Lernen (häufig wird auch aus dem Englischen direkt der Begriff »Serendipity« übernommen). Zufallsbasiertes Lernen bezieht sich auf die zufällige Entdeckung von etwas Wertvollem (e Cunha, Clegg & Mendonça, 2010). Es gibt unzählige Beispiele für zufallsbasiertes Lernen. Prominente Beispiele sind die Entdeckung von Amerika (Kolumbus wollte eigentlich einen alternativen Seeweg nach Indien finden), Penizillin (auf der Nährbodenplatte des Bakteriologen Alexander Fleming wuchs 1928 während dessen Sommerferien ein Schimmelpilz, in dessen Nähe keine Bakterien zu überleben schienen) und Teflon (der Chemiker Roy Plunkett war eigentlich auf der Suche nach einem Kältemittel für Kühlschränke).

Die Bedeutung des Zufalls in wissenschaftlichen Durchbrüchen wurde immer wieder hervorgehoben (e Cunha et al., 2010). Vor dem Hintergrund von VUCA scheint zufallsbasiertes Lernen jedoch auch für Unternehmen an Bedeutung zu gewinnen. So ist eine der 33 Regeln für erfolgreiche digitale Pioniere, die Markus Albers in einem Blog von Microsoft als Gastbeitrag veröffentlicht hat, dass – während früher Komplexitätsreduktion durch Vorgesetzte und Strukturen als Erfolgskriterium galten – ungelenkte Serendipity heute der Schlüssel zum Erfolg ist (Albers, 2014).

Vielleicht stellt sich Ihnen gerade die Frage, wie Unternehmen zufallsbasiertes Lernen fördern können. Es hängt ja schließlich vom Zufall ab. Unternehmen können dennoch zwei Aspekte unterstützen: Erstens die Voraussetzungen für zufallsbasierte Entdeckungen schaffen. Zweitens die Voraussetzungen dafür erhöhen, dass zufallsbasierte Entdeckungen auch tatsächlich in einen Nutzen überführt werden. So war beispielsweise nicht nur die Entwicklung des Post-it selbst ein Zufall (Spencer Silver wollte eigentlich einen besonders starken Kleber entwickeln), sondern auch die Entdeckung von dessen Nutzen (dieser zeigte sich erst Jahre später, als ein Kollege von Spencer Silver sich darüber ärgerte, dass seine Lesezeichen im Kirchenchor ständig aus den Notenheften herausfielen – ein Problem, das er mittels Post-its beheben konnte). Zufallsbasierte Entdeckungen können beispielsweise durch Autonomie, grenzübergreifende Projekte (zum Beispiel über mehrere Abteilungen hinweg), soziale Netzwerke, Teamarbeit und Experimentieren unterstützt werden. Über Experimentieren haben wir in diesem Kapitel bereits gesprochen. Weitere Überlegungen zu grenzübergreifenden Projekten sowie Teamarbeit finden Sie im nächsten Kapitel zu Big Five #2. Mehr dazu, wie Autonomie unterstützt werden kann, finden Sie im Anschluss in Big Five #3.

Die Digitalisierung des Lernens

Zuletzt möchten wir noch Formen des technologiegestützten und digitalisierten Lernens hervorheben. Zum einen, weil es in einem Buch zur digitalen Transformation ganz offensichtlich irritierend wäre, nicht über die Digitalisierung des Lernens in Unternehmen zu sprechen. Zum anderen, weil gerade technologiegestütztes Lernen informelle Lernprozesse besser unterstützen kann, indem Lernende mehr Kontrolle und Flexibilität darüber erhalten, welche Inhalte sie wann und wo lernen möchten (Noe et al., 2014). Technologiegestütztes Lernen bietet also eine höhere Flexibilität und kann in einem höheren Maße auf den Kunden, das heißt den Mitarbeiter, individualisiert werden als klassische Entwicklungsprogramme.

Jedoch sind digitale Formen des Lernens kein Allheilmittel und insbesondere die Abbruchraten in digitalen Lernformen zeigen, dass Lernen auch eine soziale Komponente hat, welche die Selbstregulierung von Teilnehmern unterstützen muss. Eine Lösungsmöglichkeit dafür ist Blended Learning: die Kombination von digitalen Lernkonzepten mit klassischen Seminarkonzepten oder auch sozialen Medien wie Blogs, Wikis, Google Calender, YouTube, Flickr, sozialen Netzwerken und sozialem Bookmarking (Dabbagh & Kitsantas, 2012). Auf der einen Seite zeigt die Forschung, dass gerade die Kombination von digitalen Lernformen mit persönlichen Instruktionen effektiver sein kann, um Wissen zu vermitteln (Sitzmann, Kraiger, Stewart & Wisher, 2006). Auf der anderen Seite kann die Kombination mit persönlichen Instruktionen aber auch die Flexibilität von Teilnehmern einschränken (Bedwell & Salas, 2010). Aus diesem Grund führt kein Weg daran vorbei, digitale Lernformen immer spezifisch in Bezug auf die zu erreichenden Ziele und die Effektivität des Trainings zu entwickeln. Daher möchten wir im Folgenden die wichtigsten Formen kompakt vorstellen.

Massive Open Online Courses

Massive Open Online Courses, das heißt für viele Teilnehmer zugängliche Online-Kurse in verschiedensten Ausprägungen, die oft mit dem Akronym MOOCs abgekürzt werden, wurden lange Zeit als Revolution gegenüber klassischen Seminarprogrammen gesehen. Die Idee war, dass sie zwar mit Investitionskosten verbunden, dann aber beliebig skalierbar sind (Bedwell & Salas, 2010). So können sie, nachdem sie aufgezeichnet wurden, beliebig häufig konsumiert werden. MOOCs sind daher sehr effizient und machen Expertenwissen für alle Interessierten zugänglich. Dabei ist jedoch die Herausforderung, dass die Kommunikation in solchen MOOCs nur unidirektional ist. Lernende können keine Fragen stellen, sodass Kurse nur Wissen weitergeben können, Lernende jedoch nur begrenzt die Möglichkeit haben, Wissen anzuwenden und dadurch zu vertiefen.

Zudem zeigen sich bei MOOCs Beendigungsraten von durchschnittlich 20 Prozent und oft sogar nur 10 Prozent (Noe et al., 2014). Dabei ist Selbstregulierung ein wichtiger Treiber für die Beendigungsraten. Durch das Wegfallen von sozialen Interaktionen mit Lehrkräften und anderen Teilnehmern entfällt auch eine soziale Unterstützung der Anwesenheit. So wurde gezeigt, dass Selbstregulierungsprozesse die Beendigungsraten in freiwilligen Online-Trainings entscheidend beeinflussen (Sitzmann, 2012). Selbstregulierung kann jedoch gerade bei Online-Trainings auch bewusst unterstützt werden. So hilft es, wenn Teilnehmer zu Beginn des Trainings gebeten werden, während des Trainings darüber zu reflektieren, ob sie ihre Aufmerksamkeit auf die Inhalte des Trainings konzentrieren und inwieweit ihr aktuelles Wissen und ihre Fähigkeiten bereits ihren Trainingszielen entsprechen (Sitzmann, Bell, Kraiger & Kanar, 2009).

Gaming und Simulationen

Im Gegensatz zu MOOCs ermöglichen Spiele und Simulationen, die Teilnehmer in einem hohen Maße in die Lernumgebungen einzubinden. Zum Beispiel können Mitarbeiter für Dienstleistungsprozesse trainiert werden, indem sie im Rahmen eines Spiels digitale Kunden bedienen, während sie gleichzeitig die Abläufe der Dienstleistung trainieren. Ein anderes Beispiel sind Wartungstätigkeiten, indem im Rahmen eines Spiels verschiedene technische Probleme gelöst werden müssen, die auch im späteren realen Einsatz häufig auftreten (Sitzmann, 2011). Durch Spiele und Simulationen können Lerninhalte Spaß machen. Zudem können realistische Szenarien die Übertragung und Umsetzung von Lerninhalten stimulieren (Noe et al., 2014). Spiele haben eine Reihe von Merkmalen wie beispielsweise, dass sie Herausforderungen mit unterschiedlichen Schwierigkeitsgraden stellen, Spielenden die Kontrolle über den Lernprozess geben und zwischenmenschliche Interaktionen beinhalten können. Diese Charakteristika sollten sehr positiv zum Lernerfolg beitragen (Bedwell, Pavlas, Heyne, Lazzara & Salas, 2012; Wilson et al., 2009).

Für Simulationen wurden bereits einige Faktoren quantitativ identifiziert, die gegeben sein müssen, damit diese tatsächlich den Lernerfolg erhöhen (Sitzmann, 2011). Erstens: Lerninhalte müssen aktiv weitergegeben werden. Wenn Lerninhalte nur als Text oder Audiodatei zur Verfügung stehen, ist dies nicht ausreichend, um eine Auseinandersetzung mit den Lernmaterialien zu erzeugen. Zweitens: Es hilft, wenn Teilnehmer unbegrenzten Zugang zu Simulationen haben, sodass sie beliebig häufig und beliebig lange mit diesen arbeiten können. Drittens erzielen Simulationen den besten Lernerfolg, wenn sie eine Ergänzung zu klassischen Kurskonzepten sind.

Augmented und Virtual Reality

Augmented-Reality-Anwendungen können über Simulationen hinausgehen, wurden in der bisherigen Lern- und Trainingsliteratur im Unternehmenskontext aber noch kaum beachtet. Sie können jedoch die Vorteile von Spielen und Simulationen zusätzlich erhöhen. So können Virtual-Reality-Anwendungen die Übertragung und Anwendung von Lerninhalten durch noch realistischere Darstellungen weiter stimulieren. Augmented-Reality-Anwendungen können Instruktionen direkt in die reale Welt einbauen und so Lernen und Handeln direkt miteinander verknüpfen. Auch können Trainer (nicht nur Avatare, sondern auch reale Menschen) in die Lernumgebung eingebunden werden, sodass auf diese Weise Instruktionen aktiv und gleichzeitig in praktischer Verknüpfung weitergegeben werden können. Daher wollten wir es nicht versäumen, auch auf mögliche Entwicklungen des Lernens durch Augmented und Virtual Reality hinzuweisen.

1.6 Evidenzbasierte Empfehlungen für Mitarbeiter, Führungskräfte und Organisationen

In diesem Kapitel haben wir VUCA näher beleuchtet. Um den Umgang mit einer durch Volatilität, Unsicherheit, Komplexität und Ambiguität geprägten Umwelt zu erleichtern, haben wir flexible Organisationsstrukturen durch die Erhöhung der strukturellen und kontextuellen Ambidextrie sowie Kombination von Struktur auf Prozessebene mit Flexibilität auf Personenebene vorgestellt. Wir haben beschrieben, wie trotz VUCA Klarheit hergestellt werden kann, und den Nutzen sowie die Grundsätze von Experimenten in Unternehmen vorgestellt. Zudem haben wir die Bedeutung von Fehlern für das Lernen in Organisationen sowie kontinuierliches Lernen betrachtet. Auf Basis dieser Inhalte können wir die folgenden Empfehlungen für Mitarbeiter, Führungskräfte und Organisationen ableiten.

Mitarbeiter: Sich VUCA strategisch zunutze machen

Der Umgang mit VUCA beinhaltet zunächst einmal einen positiven Umgang, anstatt Angst vor möglichen Veränderungen zu haben. Nehmen Sie die Herausforderung an, dass klassische Planungsinstrumente vor dem Hintergrund von VUCA nur noch bedingt funktionieren. Lernen Sie stattdessen aus Ihren Fehlern und erlauben Sie anderen, aus Ihren Fehlern zu lernen. Und vor allem: Experimentieren Sie – denn jeder Versuch hilft Ihnen zu verstehen, was nicht funktioniert.

Haben Sie keine Angst vor VUCA

Die erste Empfehlung, die wir Ihnen als Mitarbeiter mitgeben möchten, ist simpel: Haben Sie keine Angst vor der VUCA-Welt und den mit ihr verbundenen Anforderungen. Ja – Volatilität, Unsicherheit, Komplexität und Ambiguität können mitunter anstrengend sein. Gleichzeitig können Sie von diesen Anstrengungen aber auch profitieren, denn VUCA führt dazu, dass Sie sich weiterentwickeln und dazulernen. VUCA regt Sie dazu an, bewährte Handlungsmuster und Strategien zu hinterfragen und neue Lösungen zu finden. VUCA macht Ihre Arbeit interessanter und trägt dazu bei, dass Sie sich mit der Zeit in Ihrem Job nicht langweilen.

Warum sollten Sie sich diese positiven Konsequenzen von VUCA vor Augen führen? Nicht nur die negativen Seiten an VUCA zu sehen hilft Ihnen dabei, funktionaler mit den veränderten Anforderungen im digitalen Zeitalter umzugehen. Schon seit Langem weiß die psychologische Forschung, dass es im Umgang mit Stressoren (wie VUCA) weniger auf objektive Wahrheiten ankommt (also z. B. darauf, wie gravierend ein Ereignis tatsächlich ist), sondern darauf, wie Menschen diese subjektiv einschätzen (Lazarus & Folkman, 1984). Dabei sind verschiedene Deutungsmuster möglich: Sie können VUCA als *Bedrohung* einschätzen im Sinne von: »Durch VUCA könnten sich für mich negative Konsequenzen, beispielsweise mehr Frustrationen und mehr gescheiterte Projekte, ergeben.« Sie können VUCA auch als *Verlust* einschätzen, also beispielsweise als den Verlust alter und lieb gewonnener Arbeitsbedingungen. Und zu guter Letzt können Sie VUCA als *Herausforderung* einschätzen – also als eine Art Prüfung, die an Sie gestellt wird und die Sie meistern können. Eines ist in Bezug auf diese Deutungsmuster erwiesen: Wer eine Situation als Herausforderung einschätzt, wird sich – unabhängig davon, ob diese Einschätzung korrekt ist – weniger von ihr stressen lassen und deshalb auch funktionalere Lösungen für sie finden. Es liegt also in Ihrer Hand, VUCA für sich selbst positiv (um)zudeuten.

Lernen Sie aus Fehlern – und erlauben Sie anderen, aus Ihren Fehlern zu lernen

Wir haben darüber gesprochen, dass es im Zeitalter von VUCA schwieriger wird, immer richtigzuliegen. Wer in einem Umfeld agiert, das sich sehr schnell und stark verändert (weil beispielsweise neue Technologien völlig andere Geschäftsmodelle erlauben), in dem unzureichende Informationen für die Prognose weiterer Entwicklungen vorliegen, in dem die Konsequenzen des eigenen Handelns schwer vorhersehbar und die Ursachen bestimmter Entwicklungen kaum greifbar sind, der wird zwangsläufig mehr Fehler machen als jemand, der sich in einem völlig stabilen und vorhersehbaren Umfeld bewegt. Da wir als Menschen dazu neigen, die Augen vor unseren Fehlern zu verschließen, sollten wir uns dazu zwingen, unsere Fehler jeweils noch mal genau anzusehen: Warum wurde der neu aufgesetzte Service von den Kunden nicht so gut angenommen wie gedacht? Warum haben wir das Scheitern unseres Projektes nicht schon viel früher bemerkt? Haben wir vielleicht bestimmte Dinge unterlassen, die wichtig gewesen wären? Oder haben wir möglicherweise schon geahnt, dass es nicht funktionieren würde, wollten aber nicht all diejenigen vor den Kopf stoßen, die schon Zeit und Mühe in das Projekt investiert hatten?

Seien Sie offen, wenn Sie Ihre Fehler noch mal betrachten. Seien Sie aber gleichzeitig gnädig mit sich selbst – es geht bei dieser Maßnahme nicht darum, dass Sie sich selbst geißeln oder in Selbstvorwürfen baden, sondern darum, dass Sie für die Zukunft lernen und sich weiterentwickeln können. Seien Sie im Umgang mit Fehlern auch offen mit anderen, indem Sie über Fehler sprechen und das aus Ihrer Reflexion stammende Wissen weitergeben. »Wenn mir das nur jemand früher gesagt hätte« – dieser Gedanke dürfte Ihnen nicht fremd sein. Sorgen Sie dafür, dass er in Ihrer Organisation nicht mehr so häufig vorkommt, indem Sie anderen die Chance geben, aus Ihren Fehlern zu lernen.

Probieren Sie (sich) aus!

Fehler sind nicht (notwendigerweise immer) schlimm, das wissen Sie bereits. Gleichzeitig gibt es jedoch einen Fehler, den Sie im digitalen Zeitalter vermeiden sollten. Wir meinen den Fehler, mit Ihren Ideen viel zu lang im Geheimen zu bleiben und diese daher an den Bedürfnissen der Kunden vorbei zu entwickeln. Mit Kunden meinen wir damit sowohl externe Kunden des Unternehmens als auch interne Kunden wie beispielsweise Nachbarabteilungen. Sorgen Sie, anstatt immer weiter an der »perfekten« Lösung zu arbeiten, dafür, dass Ihre Ideen mit potenziellen Kunden in Kontakt kommen. Je nachdem, woran Sie arbeiten, kann dies ganz unterschiedlich aussehen. Wenn Sie zum Beispiel eine neue Dienstleistung entwickelt haben, diskutieren Sie mit möglichen Nutzern darüber und lassen Sie diese idealerweise die Dienstleistung direkt ausprobieren. Beobachten Sie Reaktionen auf Ihre Idee und holen Sie aktiv Feedback ein. Und jetzt kommt etwas ganz Wichtiges: Seien Sie sich der Tendenz bewusst, dass wir zu sehr an den eigenen Ideen festhalten, und schauen Sie ganz bewusst hin, falls Sie möglicherweise berechtigte Kritik Ihrer Kunden als »irrelevant« oder »unmöglich zu adressieren« abtun. Versuchen Sie, aus dem Feedback Ihrer Kunden zu lernen – auch beziehungsweise gerade dann, wenn es wehtut. Auch ein missglückter Versuch hat einen Wert an sich, weil Sie dann wissen, was nicht funktioniert, anstatt weiter »im Dunkeln« zu tappen und sich zu fragen, ob etwas funktionieren könnte oder nicht.

Führungskräfte: VUCA aktiv managen

Führungskräfte stehen vor allem vor der Herausforderung, Stabilität und Flexibilität zu vereinen. Daher sind die Handlungsempfehlungen für Führungskräfte vielfältig, da sie Ambidextrie fördern, Klarheit so weit wie möglich herstellen und Experimente fördern sollten.

Fördern Sie Ambidextrie

Als Führungskraft kommt Ihnen im Zeitalter von VUCA eine zentrale Rolle zu, gerade was die Förderung von Ambidextrie angeht. Was heißt das? Einerseits sollten Sie dafür sorgen, dass im Sinne der Exploitation bestehende Kernkompetenzen gestärkt und etablierte Prozesse noch effizienter gemacht werden. Bei aller Effizienzerhöhung sollten Sie jedoch nicht aus den Augen verlieren, dass immer auch Exploration, also die Suche nach neuen Ideen und Ansätzen, vonnöten ist. Wir gehen davon aus, dass Sie Exploitation beherrschen, sich aber möglicherweise von Zeit zu Zeit an die Exploration erinnern müssen. Folgende Fragen können Sie sich und Ihren Mitarbeitern zu diesem Zweck stellen (Gibson & Birkinshaw, 2004; He & Wong, 2004):

- Stellen wir den Status quo (z.B. unsere etablierten Prozesse und Geschäftsmodelle) ausreichend infrage?
- Passen wir uns schnell genug an Marktveränderungen an?
- Verbessern wir unsere aktuellen Produkte und Dienstleistungen lediglich inkrementell oder treiben wir tatsächlich disruptive Innovationen voran?

Setzen Sie Ihren Mitarbeitern und sich selbst zu diesem Zweck hohe Ziele, regen Sie Diskussionen um als gegeben betrachtete Sachverhalte an und kommunizieren Sie Wertschätzung, wenn Ihre Mitarbeiter mit kreativen und ungewöhnlichen Ideen auf Sie zukommen. Erinnern Sie sich daran, dass Google versucht, mit seinen Ideen nicht 10 *Prozent* besser zu sein als der Status quo, sondern 10 *Mal* besser, wenn Sie das nächste Mal eine Idee evaluieren und weiterentwickeln.

Stellen Sie Klarheit her

Bei aller Disruption und allem Umbruch sollten Sie als Führungskraft nicht vergessen, dass Ihre Mitarbeiter in gewisser Hinsicht auch Klarheit und eine eindeutige Richtung brauchen, um im VUCA-Zeitalter handlungsfähig zu bleiben. Klarheit herstellen sollten Sie bei übergeordneten Zielen Ihres Unternehmens beziehungsweise Ihres Teams. Auch wenn die übergeordneten Ziele Ihres Unternehmens hoffentlich in überzeugender Art und Weise festgelegt sind, sollten Sie als Führungskraft sicherstellen, dass diese bei Ihren Mitarbeitern bekannt und verankert sind. Denn das ist nicht zwangsläufig immer der Fall. Gleichzeitig sollten Sie mit Ihren Mitarbeitern gemeinsam fixieren, wie Ihr Team zu diesen Unternehmenszielen beitragen kann.

Zudem sollten Sie in Diskussion mit Ihren Mitarbeitern in Anbetracht der immer höheren Veränderungsgeschwindigkeit und Informationsdichte auch Klarheit in Bezug darauf herstellen, welches die wichtigsten Trends, Marktveränderungen und Informationen sind, auf die Ihr Team sich fokussieren sollte. Setzen Sie klare Prioritäten. Überlegen Sie, worin Ihr Team wirklich gut sein muss, um Wert für das Unternehmen zu schaffen, und welches im Gegensatz dazu Aktivitäten sind, die Ihrem Team Energie rauben und wenig Mehrwert stiften. Denken Sie daran, dass Simplifizierung oft der Schlüssel zum Erfolg ist.

Ein letzter Punkt: Zerlegen Sie komplexe Themen in Teilprobleme, die Ihre Mitarbeiter dann wiederum eigenverantwortlich lösen können. Überlassen Sie Entscheidungen, die auf Ebene Ihrer Mitarbeiter angesiedelt sind, auch tatsächlich Ihren Mitarbeitern. Mischen Sie sich nur dann in deren Entscheidungen ein, wenn Ihre Mitarbeiter offensichtlich Hilfe beim Umgang mit komplexen Thematiken benötigen.

Sorgen Sie für Experimente

Die Bedeutung von Experimenten und dem frühen Auf-die-Probe-Stellen neuer Ideen haben wir inzwischen oft genug betont. Regen Sie Ihre Mitarbeiter entsprechend dazu an, mit Ideen nicht hinter dem Berg zu halten, und fördern Sie die schnelle Umsetzung auch vermeintlich schräger Ideen, wenn Sie das Gefühl haben, dass diese ein (Kunden-)Bedürfnis adressieren könnten. Stellen Sie diese Vermutung möglichst schnell auf den Prüfstand, indem Sie Ihren Mitarbeitern die Möglichkeit und die Ressourcen geben, Prototypen zu erstellen und die Reaktionen der Kunden zu testen. Bitte verstehen Sie »Kunden« im allgemeinen Sinn, es kann sich dabei auch um die Mitarbeiter einer anderen Abteilung handeln, wenn Sie diesen ein Produkt oder eine Dienstleistung zuliefern.

Stellen Sie sicher, dass das Feedback der Kunden integriert wird, und seien Sie so konsequent, ein Experiment zu beenden, wenn Kunden in ihm keinen Mehrwert sehen. Achten Sie in diesem Fall jedoch auf die Kommunikation mit Ihren Mitarbeitern. Eine Experimentierkultur, in welcher gescheiterte Experimente wieder beendet werden können, muss erst einmal aufgebaut werden. Verständlicherweise hängen Sie selbst und Ihre Mitarbeiter an Ideen – und empfinden vielleicht Schmerzen und negative Emotionen, wenn Ihr Baby verworfen wird. Diese Gefühle sollten Sie als Führungskraft beachten und adressieren, damit Ihre Mitarbeiter aus dem Experiment lernen und in Zukunft weiterhin experimentieren und Ideen einbringen.

Organisationen: Förderliche Grundbedingungen für den Umgang mit VUCA herstellen

Die gleichzeitige Förderung von Stabilität und Flexibilität ist auch für Organisationen eine Herausforderung und Handlungsempfehlung zugleich. Darüber hinaus sind für den Umgang mit VUCA die Förderung einer offenen Fehlerkultur und kontinuierliches Lernen in der Organisation notwendig.

Ermöglichen Sie durch strukturelle Änderungen mehr Flexibilität

Um Flexibilität und somit eine schnelle Anpassung an die Anforderungen der VUCA-Welt zu ermöglichen, haben Sie als Unternehmen verschiedene Optionen zur Hand: So können Sie zum Beispiel Organisationseinheiten aufbauen, die explizit mit der Exploration neuer Produkte, Dienstleistungen oder Geschäftsmodelle betraut sind. Wichtig ist, dass diese Organisationseinheiten von den starren Regelungen und Prozessen der restlichen Organisation befreit sind, um tatsächlich etwas voranbringen zu können. Gleichzeitig können und sollten Sie auch versuchen, in der gesamten Organisation mehr Flexibilität herzustellen. Ein Schlüssel hierzu ist, den Mitarbeitern mehr Freiheit in Bezug auf die Ausgestaltung ihrer Rollen und Funktionen zu übertragen und Regelwerke zu verschlanken, indem stattdessen allgemeine Leitlinien definiert und Prozesse abgeschafft werden, die keinen klaren Mehrwert stiften.

Etablieren Sie eine offene Fehlerkultur

Damit Mitarbeiter tatsächlich offen mit Fehlern umgehen und so das Wiederholen bereits gemachter Fehler durch ihre Kollegen verhindern, müssen Sie als Unternehmen eine offene Fehlerkultur etablieren. Einige Punkte sind hierfür besonders wichtig:

- *Belohnen Sie Mitarbeiter, die offen über Fehler sprechen, anstatt sie zu bestrafen:* Kommunizieren Sie Wertschätzung, wenn Mitarbeiter Erfahrungen mit eigenen Fehlern teilen, und stellen Sie klar (und sicher), dass dies ihrer Karriere zuträglich und nicht schädlich ist.
- *Führen Sie Prozesse und Strukturen ein, die zum Teilen von Fehlererfahrungen anregen*: Da das Zugeben von Fehlern per se eine unangenehme Angelegenheit ist, sollten Sie als Unternehmen dieses durch Strukturmaßnahmen gezielt anstoßen und unterstützen. Denken Sie an die Fehler-E-Mail-Policy von Etsy oder die Wall of Fame von wooga. Manche Unternehmen setzen sogar auf »Fuck Up Nights«, bei denen Fehler vor großem Publikum persönlich öffentlich gemacht werden.
- *Regen Sie zur Reflexion von Fehlern an*: Dass im Unternehmen über Fehler gesprochen wird, ist ein Schritt hin zu einer offenen Fehlerkultur. Ein weiterer, ebenso wichtiger Schritt ist, zur konstruktiven Reflexion dieser Fehler anzuregen. Trainieren Sie daher Führungskräfte und Mitarbeiter darin, immer die Frage zu stellen, was man aus einem Fehler für die Zukunft konkret lernen kann.

Stellen Sie (neue Wege zu kontinuierlichem) Lernen sicher

Kontinuierliches Lernen ist ein, wenn nicht sogar *der* Schlüssel zum erfolgreichen Umgang mit der VUCA-Welt. Als Unternehmen sollten Sie daher genügend Zeit und Mühe auf die Förderung des Lernens Ihrer Mitarbeiter verwenden. Gehen Sie hierbei als Organisation mit gutem Beispiel voran, indem Sie durch ein umfassendes (und der VUCA-Welt Rechenschaft tragendes) Mitarbeiterentwicklungsprogramm den hohen Stellenwert kommunizieren, den Sie dem Lernen Ihrer Mitarbeiter zumessen. Integrieren Sie kontinuierliches Lernen in den Arbeitsalltag Ihrer Mitarbeiter. Stellen Sie sicher, dass Mitarbeiter aus ihren Erfahrungen lernen, indem Sie Feedback fördern. Setzen Sie Anreize für das Lernen, indem Sie beispielsweise diejenigen auszeichnen und belohnen, die anderen etwas beibringen und an vielen Lernangeboten teilnehmen. Experimentieren Sie mit neuen Lernformaten mittels Augmented Reality oder Simulationen und geben Sie Ihren Mitarbeitern die Möglichkeit, diese auszuprobieren.

2 Big Five #2
Keine Disruption ohne (neue Arten von) Teamarbeit

Innovative Ideen brauchen keine Teamarbeit. Diesen Punkt hat Susan Cain in ihrem mittlerweile von über 17 Millionen Menschen verfolgten TED Talk in einem flammenden Plädoyer für die Kraft von introvertierten Menschen, das heißt Menschen, die tendenziell eher sozial zurückhaltend und passiv sind, unterstrichen. Wie Susan Cain, und vielleicht auch Sie selbst, haben viele Menschen das Bedürfnis, sich zurückzuziehen, um ihre Gedanken zu sortieren und kreative Ideen zu entwickeln. Für sie ist es notwendig, sich von äußeren Einflüssen zu lösen, um in Ruhe mit neuen Gedanken zu spielen, verschiedene Kombinationen auszuprobieren und in neue Richtungen zu denken. Zudem benötigen Ideen häufig Inkubationszeit (Grant, 2016). Wir beschäftigen uns mit einem Problem und erkennen die Lösung scheinbar zufällig, wenn wir einer anderen Tätigkeit nachgehen.

Sollten Sie zu den Menschen gehören, die für Ideen Ruhe und einen Rückzugsort benötigen, können wir Sie beruhigen. Wir möchten Sie nicht davon überzeugen, Ihren persönlichen Arbeitsmodus zu ändern. Ein solcher Ansatz würde auch nicht durch die bestehende Forschung unterstützt werden. Denn die bestehende Forschung zeigt kein eindeutiges Bild dafür, dass es zwingend ein geselliges Wesen oder Menschenansammlungen benötigt, um gute Ideen zu generieren (Anderson, Potocnik & Zhou, 2014). So gibt es keine eindeutige Evidenz dafür, dass extrovertierte Menschen, das heißt Personen, die sich generell häufig mit anderen austauschen und aus sozialen Interaktionen Energie ziehen, innovativer sind. Eine Studie zeigt sogar, dass in anspruchsvollen, herausfordernden und komplexen Positionen introvertierte Menschen kreativer sind, während die Kreativität extrovertierter Personen gerade unter diesen Bedingungen leidet (Raja & Johns, 2010). Auch kann die Forschung nicht klar nachweisen, dass der Zusammenschluss von Personen in einer Gruppe zwingend mehr Ideen hervorbringt als die Summe der Ideen, die von den Personen im Einzelnen generiert werden.

Tatsächlich gibt es sogar Mechanismen, die verhindern, dass in Teams innovative Ideen überhaupt entstehen. Innovative Ideen sind per Definition neue Ideen, die es vorher noch nicht gab. Daher sind innovative Ideen immer auch mit Unsicherheit verbunden. Zum Zeitpunkt ihrer Entstehung ist noch nicht klar, ob sie am Ende tatsächlich nützlich und anwendbar sind. Da Menschen generell jedoch dazu tendieren, Unsicherheit zu reduzieren, werden neue Ideen häufig unbewusst abgelehnt (Mueller, Melwani & Goncalo, 2011). Wir sind uns zwar bewusst, dass Kreativität und innovative Ideen aufgrund ihrer Bedeutung für Entwicklung und positiven Wandel wichtig sind, lehnen kreative Ideen aber trotzdem unbewusst ab, weil wir die Unsicherheit, die diese Ideen in uns hervorrufen, reduzieren möchten.

Zudem zeigen Individuen in Gruppen konformes Verhalten (Bond & Smith, 1996). Bereits in den 50er-Jahren hat Solomon Asch gezeigt, dass Menschen sich lieber wider besseres Wissen einer Gruppenmeinung anschließen, anstatt als einzige Person in einer Gruppe an ihrer eigenen Meinung festzuhalten. Versuchspersonen wurden dafür eine Referenzlinie und Vergleichslinien, wie Sie sie in der Abbildung 4 sehen können, gezeigt. Die Versuchspersonen hatten die Aufgabe, die Vergleichslinie zu identifizieren, die genauso lang ist wie die Referenzlinie. Betrachten Sie bitte die Abbildung 4 für einen Moment. Welche der Vergleichslinien ist genauso lang wie die Referenzlinie?

Abbildung 4: Referenzlinie und Vergleichslinien

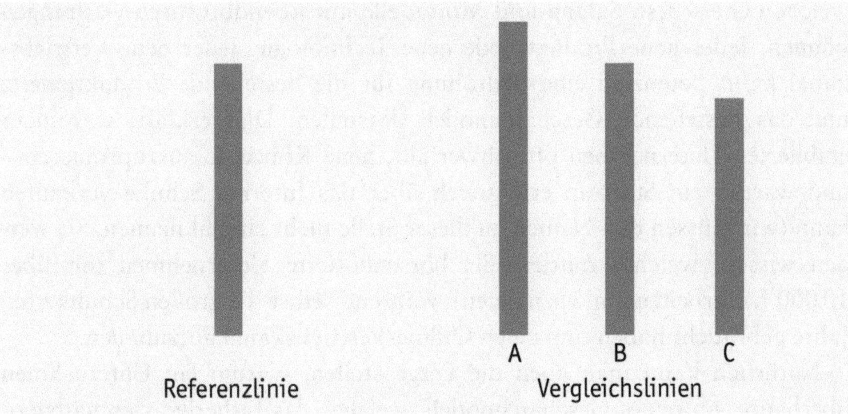

Es sollte Ihnen nicht schwerfallen, zu erkennen, dass die Vergleichslinie B gleich lang ist wie die Referenzlinie. Wenn jedoch vorher vermeintliche Gruppenmitglieder, die in Wahrheit eingeweihte Komplizen der Experimentleitung sind, konsistent Vergleichslinie A als Antwort nennen, steigt die Wahrscheinlichkeit, dass auch nicht eingeweihte Testpersonen Vergleichslinie A nennen – entgegen besseres Wissen. In ähnlicher Weise wurde gezeigt, dass Gruppenmitglieder am liebsten allseits bekannte Informationen »austauschen«, anstatt neue, den anderen Gruppenmitgliedern unbekannte Informationen zu teilen. Durch den Austausch von gemeinsamen Informationen entstehen Zuversicht und das Gefühl der Verbundenheit. Gleichzeitig werden jedoch Informationen, die nicht allen bekannt sind und welche daher zu besseren Ergebnissen führen könnten, verschwiegen (Haslam, 2004). Diese Beispiele zeigen, dass Teams innovative Ideen auch äußerst erfolgreich vernichten können. Um sich einem Team zugehörig zu fühlen und ein Gefühl der Verbundenheit im Team zu wahren, tendieren Menschen dazu, neue Ideen zu verschweigen und Innovation zu unterdrücken.

Dennoch oder gerade deshalb ist Big Five #2 im digitalen Zeitalter, dass es keine Disruption ohne neue Dimensionen der Teamarbeit geben kann. Für Unternehmen bedeutet Disruption nicht nur Innovation, sondern auch, dass sie neue Geschäftsmodelle ausprobieren, selbst wenn diese ihr bestehendes Geschäftsmodell obsolet machen können. Ein klassisches Beispiel sind neue Mobilitätskonzepte der Automobilindustrie, welche den Besitz eines eigenen Autos überflüssig machen und damit das bestehende Geschäftsmodell des Verkaufs von Neufahrzeugen angreifen. Ein weiteres, nicht digitales Beispiel finden Sie in Ihrem Kühlregal. Ein klassischer Anbieter von Wurstwaren, Rügenwalder Mühle, verkauft zunehmend vegane Produkte, welche Leberwurst, Salami und Mortadella am Abendbrottisch verdrängen können. Jedes neue Produkt, jede neue Technologie, jeder neue Vertriebskanal kann potenziell eine Bedrohung für die bestehende Produktpalette und das bestehende Geschäftsmodell darstellen. Dies erklärt, warum es etablierten Unternehmen oft schwerfällt, neue Konzepte auszuprobieren – und warum ein Start-up erfolgreich über das Internet Schuhe verkaufen kann (wir müssen den Namen an dieser Stelle nicht einmal nennen, Sie werden wissen, welches mittlerweile börsennotierte Unternehmen mit über 10 000 Mitarbeitenden wir meinen), während selbst die großen Schuhketten Jahre gebraucht haben, um einen Online-Vertriebskanal aufzubauen.

Natürlich kann man auch die Frage stellen, warum ein Unternehmen überhaupt ein neues Geschäftsmodell, welches das bisherige Geschäftsmodell verdrängen kann, einführen sollte. Tatsächlich ist eine wichtige Strategie für etablierte Unternehmen, Innovation und neue Geschäftsmodelle am Markt zu beobachten, um – wenn diese erfolgreich sind – zu adaptieren und zu akquirieren (Christensen, Raynor & McDonald, 2015). Die Strategie des Abwartens wird im digitalen Zeitalter jedoch riskanter, da, wie bereits beschrieben, informationsbasierte und plattformbasierte Geschäftsmodelle in einer Geschwindigkeit wachsen, die eine Reaktion von etablierten Unternehmen fast unmöglich macht. Gegründet im Jahr 2008 bietet Airbnb heute über 3 Millionen Unterkünfte in mehr als 191 Ländern an. Zum Vergleich: Die Marriott Gruppe, die größte Hotelkette der Welt, bietet knapp 800 000 Zimmer in 87 Ländern an. Solange Airbnb es schafft, für Anbieter und Konsumenten attraktiv zu sein, ist das Geschäftsmodell beliebig skalierbar und das Wachstum quasi unbegrenzt. Die resultierende hohe Geschwindigkeit von informationsbasierten und plattformbasierten Geschäftsmodellen zwingt existierende Anbieter zu schnelleren Reaktionen. Sie müssen selbst disruptiv agieren und neue Geschäftsmodelle ausprobieren, um nicht durch externe Anbieter verdrängt zu werden.

Damit Unternehmen disruptiv agieren, wird nicht nur eine initiale Idee benötigt. Diese ist wichtig. Jedoch besteht Innovation neben der initialen Zündung insbesondere aus der Ausarbeitung, Förderung und Implementierung von Ideen (Perry-Smith & Mannucci, 2017). Egozentrische Einzelgänger haben – solange sie nicht wie Steve Jobs volle Entscheidungsgewalt im Unternehmen besitzen – nur geringe Chancen, ihre Ideen im Unternehmen weiterzubringen. Mitarbeiter benötigen Kommunikations- und Vermittlungstalent, um andere von ihren Ideen zu überzeugen und für ihre Ideen zu begeistern (Baer, 2012). Um dies zu vereinfachen, sind Unternehmen gut beraten, konstruktive Teamarbeit zu fördern, welche die Talente und Ideen von Einzelnen nutzt und ungewöhnliche Ideen fördert – gerade weil Gruppen zur Unterdrückung von neuen Ideen neigen.

Ein weiterer Grund, warum Teamarbeit für disruptive Innovation notwendig ist, liegt in der Verteilung von Wissen in Unternehmen. Im 16. Jahrhundert war Galileo Galilei Philosoph, Mathematiker, Ingenieur, Physiker und Astronom. Sie werden heutzutage Schwierigkeiten haben, einen Forscher zu finden, der ein ähnlich breites Fächerspektrum abdecken kann. Tatsächlich wäre es eine Herausforderung, auch nur in einem der genannten Fächer in allen Unterdisziplinen auf dem neuesten Stand der Erkenntnis zu sein. Vom Beginn der Menschheit bis zum Jahr 2003 haben die Menschen circa 5 Exabyte an Daten produziert. Das sind eine Trillion Byte, eine Milliarde Gigabyte oder eine Million Terabyte, um die Zahl in gängigeren Größendimensionen auszudrücken. Heutzutage produziert die Menschheit alle zwei Tage 5 Exabyte und die Wahrscheinlichkeit ist hoch, dass diese Zahl bei Erscheinen dieses Buches bereits überholt ist. In ähnlicher Weise nimmt auch die Daten- und Informationsdichte in Unternehmen zu. Mitarbeiter müssen daher Wege finden, wie sie dezentrales Wissen zusammenfügen und integrieren können. Eine zentrale Lösung, um dies zu erreichen, sind Teams, die physische und organisationale Grenzen überspannen.

Dabei fördert gerade das Zusammenfügen von Informationen aus unterschiedlichen Bereichen zusätzlich die Kreativität von Mitarbeitenden. Kreativität wird in einem hohen Maße von neuen Kombinationen sowie der Neuordnung von Ideen, Technologien und Prozessen getragen (Fleming, Mingo & Chen, 2007). Dabei helfen insbesondere sogenannte schwache Verbindungen, neue Ideen und Kreativität anzustoßen (Baer, 2010). Schwache Verbindungen sind durch seltene Interaktionen, eine kurze gemeinsame Geschichte und begrenzte emotionale Nähe gekennzeichnet. Es sind also die bekannten Gesichter, die Sie ab und zu sehen und mit denen Sie ab und zu ein Wort wechseln oder vielleicht auch einen Kaffee trinken oder zum Mittagessen gehen.

Schwache Verbindungen erhöhen den Zufall (erinnern Sie sich an Serendipity in Big Five #1) beziehungsweise die Wahrscheinlichkeit, dass für Sie wichtige Informationen bei Ihnen ankommen (Tasselli, Kidluff & Menges, 2015). Sie erhalten neue Impulse nicht von Ihrem Zimmerkollegen oder langjährigen Mitarbeitern, sondern von Personen, die in anderen Abteilungen, an anderen Standorten oder sogar in anderen Unternehmen arbeiten. Die Forschung geht sogar davon aus, dass wiederholte Zusammenarbeit zu einer »kreativen Abnutzung« führen kann (Skilton & Dooley, 2010). Je häufiger Personen zusammenarbeiten, desto weniger kreative Ideen produzieren sie. Facebook verändert daher beispielsweise kontinuierlich die physische Arbeitsumgebung seiner Mitarbeiter. Tische und Möbel sind flexibel, damit Teams sich neu bilden und frische Ideen austauschen können.

Vor diesem Hintergrund ist es nicht überraschend, dass beispielsweise Tom Malone, Professor für Management an der MIT Sloan School of Management und Gründungsdirektor des MIT Center for Collective Intelligence, prognostiziert, dass einige der wichtigsten Innovationen nicht aus neuen Technologien, sondern aus neuen Wegen der Zusammenarbeit und Organisation von Arbeit entstehen werden. Die zentrale Aufgabe von Unternehmen besteht demnach darin, (Team-)Arbeit so zu organisieren, dass Personen sich tatsächlich austauschen und miteinander kollaborieren. Die Entstehung von Innovation ist dabei ein richtiges Ergebnis.

2.1 Innovationsfördernde Teamarbeit

Es gibt generell Voraussetzungen, welche die Innovation in Teams fördern können (Anderson et al., 2014; Hülsheger, Anderson & Salgado, 2009) und entsprechend in der Entwicklung und Umsetzung von Teamarbeit beachtet werden sollten. In Bezug auf die Teamstruktur zeigt sich, dass Teams, deren Mitglieder gemeinsame, voneinander abhängige Ziele haben, innovativer sind. Neben gemeinsamen Zielen ist es wichtig, dass Teams ziel- und aufgabenorientiert arbeiten. Die Arbeit von Teams sollte klar auf ein zu erreichendes Ziel ausgerichtet sein und der Fokus der Teams sollte auf der zu verrichtenden Aufgabe liegen – und nicht von persönlichen Befindlichkeiten und Beziehungen beeinflusst werden.

Diese Voraussetzung ist essenziell, da Innovation oftmals mit Konflikten einhergeht. Ein gewisses Maß an Aufgabenkonflikt – beispielsweise Uneinigkeit in Bezug auf den Inhalt der Aufgabe und die Art und Weise, wie die Aufgabe bearbeitet werden soll – erhöht sogar die Innovationsleistung von Teams (De Dreu, 2006; Farh, Farh & Lee, 2010). Denn Uneinigkeit in Bezug auf die Aufgabe regt die Diskussion über alternative Lösungen in Teams an, welche neue Lösungen hervorbringen kann. Aufgabenkonflikte können jedoch leicht auf die persönliche Ebene überspringen (Choi & Cho, 2011). Es fällt uns häufig schwer, Personen, mit denen wir einen Aufgabenkonflikt haben, zu mögen. Es ist zu leicht, diese Personen abzuwerten, anstatt in einem Aufgabenkonflikt die beste Lösung zu finden. Denn dieser Prozess benötigt von allen Seiten Anstrengungen. Teams müssen also bewusst ziel- und aufgabenorientiert arbeiten, um das Überspringen von Konflikten zu verhindern und Innovation zu maximieren.

In Bezug auf ein innovationsförderndes Teamklima ist darüber hinaus psychologische Sicherheit hervorzuheben. Psychologische Sicherheit bezieht sich darauf, ob Mitarbeiter bereit sind, zwischenmenschliche Risiken in einem Team einzugehen (Edmondson & Lei, 2014). Im Rahmen der von Isabell Welpe mitorganisierten Konferenz »Digitale Transformation – Gibt es einen eigenen Weg für Deutschland?« hat Dr. Frederik G. Pferdt, Chief Innovation Evangelist bei Google, mit den Teilnehmenden ein Experiment gemacht, um ihnen den Einfluss von psychologischer Sicherheit vor Augen zu führen. Dafür mussten sie die jeweils neben ihnen sitzende Person im Profil zeichnen und der Person anschließend das Bild zeigen. Beim Zeigen der Kunstwerke haben sich alle sofort für ihr nicht vorhandenes Zeichengeschick entschuldigt; das Schamgefühl und die soziale Angst waren im Audimax der Technischen Universität München geradezu greifbar.

Genau dies sind Empfindungen, die wir haben, wenn wir eine vielleicht noch unausgegorene Idee anderen zeigen. Wenn wir uns nicht sicher fühlen, fürchten wir, dass die Idee und wir gleich mit abgewiesen werden. Wenn Teammitglieder jedoch befürchten, nach dem Aussprechen einer unkonventionellen oder auch verrückten Idee negativ beurteilt zu werden, werden sie diese für sich behalten (Frazier et al., 2017). Disruption bedeutet jedoch gerade, den Status quo durch unkonventionelle Ideen infrage zu stellen. Je unkonventioneller eine Idee ist, desto höher ist das mit ihr verbundene soziale Risiko einer negativen Reaktion auf die Idee. Daher ist psychologische Sicherheit insbesondere für disruptive Innovation unbedingt notwendig.

Zudem ist psychologische Sicherheit für Verhaltensweisen wie das Suchen nach Hilfe, die Unterstützung von Kollegen, sowie die gemeinsame Reflexion von Problemen eine wichtige Voraussetzung (Hargadon & Bechky, 2006). Stellen Sie sich vor, dass ein Kollege auf der Suche nach der Lösung für ein Problem zu Ihnen kommt. In vielen Unternehmen ist dies undenkbar, weil es bereits ein Risiko darstellt, einzugestehen, dass man (noch) keine Lösung hat. Um mit hoher Geschwindigkeit innovativ zu sein, ist jedoch ein direkter und spontaner Austausch extrem wichtig.

Professionelle Dienstleistungsunternehmen wie McKinsey und der Design- und Innovationsexperte IDEO sind sich dessen bewusst (Hargadon & Bechky, 2006). In diesen Unternehmen wird um Hilfe bitten als eine erfolgskritische Verhaltensweise angesehen, die bewusst gefördert wird. Kollegen bei der Lösung eines Problems um Hilfe zu bitten bestimmt den Informationsaustausch in Unternehmen und führt zu einem konstruktiven Stil der Problemlösung – in einer Geschwindigkeit, die durch kein technisches System erreicht werden kann. Voraussetzung ist jedoch, dass Mitarbeitende sich im Unternehmen sicher genug fühlen, um wichtige Fragen zu stellen. Dies gilt auch oder gerade dann, wenn sie dadurch unter Umständen eine vermeintliche Wissenslücke offenbaren. Kein Mitarbeiter kann mehr wie Galileo Galilei einen Überblick über die gesamten Wissensgebiete der Philosophie, Mathematik, Ingenieurwesen, Physik und Astronomie haben.

Neben den vorgestellten Voraussetzungen für Innovation auf Teamebene gilt es darüber hinaus bestimmte Dimensionen der Teamarbeit zu fördern, die dazu beitragen können, dass Unternehmen innovativer sind und insbesondere erfolgreich disruptieren.

2.2 Innovation durch Diversität

Diversität kann Innovation fördern (Lorenzo et al., 2017). So bringen Menschen mit unterschiedlichen demografischen Merkmalen unterschiedliche Werte, Perspektiven und Herangehensweisen mit, deren Kombination für Innovation notwendig ist (Van der Vegt & Janssen, 2003). Da gerade die Kombination von Unterschieden wichtig ist, wird davon ausgegangen, dass der Mehrwert für Innovation, der aus Diversität entstehen kann, insbesondere in Teamarbeit realisiert wird. Jedoch ist der Weg von Diversität zu Innovation nicht selbstverständlich. Diverse Teams können – genauso wie nicht diverse Teams – zusammenarbeiten, ohne auch nur einen einzigen kreativen Gedanken zu entwickeln. Damit Innovation entsteht, gibt es neben den bereits beschriebenen Voraussetzungen für Innovation in Teamarbeit weitere Dimensionen, die insbesondere in diversen Teams vorhanden sein müssen. Lisa Nishii, Professorin an der Cornell University, hat diese Voraussetzungen für inklusive Organisationen, das heißt Organisationen, die erfolgreich heterogene Mitarbeiter integrieren und in Teams vereinen können, identifiziert und zusammengestellt (Nishii, 2013).

Diverse Talente einstellen

Um diverse Talente überhaupt ins Unternehmen und dann auf alle Ebenen des Unternehmens zu bekommen, werden gleichbehandelnde Arbeitgeberpraktiken benötigt. Gleichbehandlung bezieht sich dabei weniger auf offene Diskriminierung, sondern insbesondere auf sogenannte unbewusste Verzerrungen (Welpe, Brosi & Schwarzmüller, 2014). Stereotype oder auch Rollenerwartungen beeinflussen die Wahrnehmung von bestimmten Personen aufgrund ihrer Zugehörigkeit zu einer sozialen Gruppe genauso wie Reaktionen auf gezeigtes Verhalten. Nehmen wir Geschlechterstereotype als Beispiel. Männer werden in der Regel für durchsetzungsfähiger gehalten als Frauen, während Frauen als fürsorglicher gesehen werden als Männer (Heilman, 2012). Das männlich geprägte Merkmalsmuster von hoher Durchsetzungsfähigkeit und niedriger Fürsorge wird auch Führungskräften zugeschrieben. Aufgrund dieser unterschiedlichen Zuschreibungen werden Frauen häufig als weniger führungswillig und kompetent gesehen. Wenn sie jedoch Führungskompetenz beweisen oder in anderen eher männlich dominierten Bereichen erfolgreich sind, werden sie für kaltherzig, selbstsüchtig und verbittert gehalten (Rudman & Phelan, 2008). Diese Zuschreibungen können sich in gleicher Weise auf Einstellungs- und Beförderungsentscheidungen, Leistungsbeurteilungen und Entlohnungssysteme auswirken. Der erste Schritt, um Innovation in diversen Teams zu ermöglichen, ist also, diverse Teams überhaupt erst zustande kommen zu lassen.

Die Lösung sind gleichbehandelnde Prozesse, welche die Wirkung von Stereotypen systematisch reduzieren (Welpe, Brosi & Schwarzmüller, 2014). Um bei Einstellungsentscheidungen gleichbehandelnde Prozesse zu erreichen, kann beispielsweise das Instrument der Anonymität genutzt werden. Ein häufig referenziertes Beispiel ist das »blinde« Vorspielen in Orchestern, sodass Musiker unabhängig von demografischen Charakteristika beurteilt werden. Auf Unternehmen übertragen wird Anonymität beispielsweise durch die anonyme Beurteilung von Arbeitsproben ermöglicht. Arbeitsproben unterstützen auch die Eindeutigkeit von Bewertungskriterien. Anstatt Gespräche zu führen und nach dem Bauchgefühl zu entscheiden, sollten Unternehmen eindeutige Bewertungskriterien festlegen, Informationen zu diesen systematisch aufnehmen und Bewerber anhand von diesen möglichst ojektiv vergleichen.

Integration und Inklusion

Um diverse Talente nicht nur ins Team zu holen, sondern sie auch zu entfalten, ist es notwendig, Unterschiede zu integrieren. Wie beschrieben können unterschiedliche Werte, Perspektiven und Herangehensweisen auch zu Konflikten führen. Häufig fällt es uns schwer, Unterschiede anzunehmen und wertzuschätzen. Dies sehen wir auch immer wieder in unseren eigenen Studien. Wenn wir Berufstätige um ihre Einschätzung darüber bitten, wie ähnlich sie sich anderen Personen fühlen und wie sehr sie diese Personen mögen, finden wir im Anschluss einen hohen Zusammenhang zwischen diesen Einschätzungen. Je ähnlicher wir uns jemandem fühlen, desto mehr mögen wir diese Person. Wenn wir Ähnlichkeiten bei anderen, beispielsweise den gleichen Ausbildungshintergrund, feststellen, finden wir diese Personen meist spontan sympathisch, kommen ins Gespräch und finden, nicht überraschend, weitere Gemeinsamkeiten. Vor dem Hintergrund von Diversität ist dieser dem Menschen eigene Hang zu Ähnlichkeit und Konformität natürlich kritisch. Wenn wir am liebsten die gleichen Ideen haben, gibt es niemanden, der andere Ideen hat. Um also gerade in Bezug auf Diversität die menschliche Neigung zu Konformität zu überwinden, sind wertschätzendes Verhalten gegenüber anderen Mitarbeitenden, ein respektvoller Umgang mit Unterschieden sowie effektives Konfliktlösungsverhalten unbedingt notwendig.

Eine weitere Grundvoraussetzung ist die Inklusion in Entscheidungsprozesse. Damit die Vorteile von Diversität genutzt werden können, müssen Mitarbeitende ihre Ideen auch einbringen können. In Teams bedeutet dies, dass alle Mitarbeitenden gleichwertig die Möglichkeit haben müssen, Ideen vorzustellen. Ein wichtiger Bestandteil ist dabei, dass Mitarbeiter ihre Meinung unabhängig von ihrer Rolle, ihrem Rang, ihrer Funktion und natürlich ihrer Zugehörigkeit zu einer sozialen Gruppe aktikulieren können. Dadurch wird sichergestellt, dass alle Meinungen und insbesondere Meinungen, die den Status quo infrage stellen, gehört werden. Big Five #3 wird daher umfassend auf das Thema Demokratie und Partizipation in Unternehmen eingehen.

Diversität in allen Dimensionen

In Summe werden gleichbehandelnde Arbeitgeberpraktiken, die Integration von Unterschieden und die Inklusion in Entscheidungsprozesse als generell wichtig angesehen, um die Vorteile von Diversität produktiv umzusetzen. Generell bezieht sich hierbei auf die Diversitätsdimension. Wir haben in diesem Kapitel viel über Geschlechterdiversität diskutiert. Die vorgestellten Grundvoraussetzungen sind jedoch genauso für andere Diversitätsdimensionen wie ethnische Herkunft und Alter wichtig.

Insbesondere Alter ist vor dem Hintergrund des digitalen Zeitalters von zentraler Bedeutung. Ältere Mitarbeitende werden oft für weniger passend in dynamischen und innovativen Kontexten gehalten (Diekman & Hirnisey, 2007). Wie in Bezug auf Geschlechterstereotype ist diese Zuschreibung dabei unabhängig von der Innovationsstärke einer einzelnen Person. Sie resultiert aus der Zugehörigkeit zu einer sozialen Gruppe. In diesem Fall der sozialen Gruppe der älteren Mitarbeitenden. Vergleicht man Stereotyp und Wirklichkeit, gibt es nur wenig Evidenz dafür, dass Stereotype über ältere

Mitarbeiter der Wirklichkeit entsprechen. So können Meta-Analysen, das heißt Analysen, die alle bis zu ihrer Erscheinung vorhandene Forschung zusammenfassen und über all diese Studien eine Aussage treffen, weder zeigen, dass ältere Mitarbeiter sich stärker gegen Veränderungen wehren (Ng & Feldmann, 2012), noch, dass sie weniger kreativ sind (Ng & Feldmann, 2008). Gerade weil die Forschung zeigt, dass Stereotype häufig nicht der Wirklichkeit entsprechen, sind die Dimensionen zur Förderung von Zusammenarbeit in diversen Teams umso wichtiger.

Eine weitere Diversitätsdimension, die insbesondere vor dem Hintergrund des digitalen Zeitalters hervorzuheben ist, sind ethnische und kulturelle Unterschiede. Die Digitalisierung ermöglicht globale Zusammenarbeit, welche für Unternehmen kritisch ist, da sie zunehmend global agieren (müssen) und die Zusammenarbeit über Landesgrenzen hinweg somit für Unternehmen zu einem kritischen Wettbewerbsfaktor geworden ist. Wie in Bezug auf Geschlecht und Alter ist es dabei wichtig, dass Teams unterschiedliche Werte, Perspektiven und Herangehensweisen integrieren können. Bei globaler Zusammenarbeit ist dies umso wichtiger, da kulturelle Unterschiede die Arbeitsweise von Individuen beeinflussen. Geert Hofstede hat durch die Identifikation von Dimensionen, in denen sich nationale Kulturen unterscheiden, den Grundstein für die Untersuchung von Kulturunterschieden gelegt (Hofstede, 1983). Hervorzuheben sind dabei insbesondere die Dimensionen Machtdistanz sowie Kollektivismus versus Individualismus. Machtdistanz misst den Grad, zu dem weniger mächtige Mitglieder einer Gesellschaft akzeptieren und erwarten, dass Macht ungleich verteilt ist. Damit bestimmt die in einer Gesellschaft vorherrschende Machtdistanz, wie diese mit Ungleichheit umgeht. Kollektivismus versus Individualismus beschreiben die Pole einer Dimension, welche die Koordination in Gruppen bestimmt. Personen in durch Kollektivismus geprägten Gesellschaften präferieren ein enges Netzwerk, in dem Individuen von ihren Verwandten und anderen Mitgliedern ihrer spezifischen In-Group erwarten können, dass diese auf sie aufpassen und unbedingte Loyalität zeigen. Individualistische Gesellschaften sind hingegen durch lose geknüpfte soziale Netzwerke gekennzeichnet, die von ihren Mitgliedern erwarten, dass diese selbst auf sich und ihre engsten Verwandten aufpassen. Beide Dimensionen beeinflussen somit, wie Individuen in Teams miteinander umgehen. In Bezug auf Diversität ergibt sich, dass Teams, die global zusammenarbeiten, auch diese Unterschiede integrieren müssen. Daher gelten die genannten Voraussetzungen und Dimensionen mit besonderem Fokus auch für die Zusammenarbeit in globalen Teams.

2.3 Virtuelle Zusammenarbeit ermöglichen

Globale Teams müssen jedoch nicht nur die mit Diversität in Zusammenhang stehenden Herausforderungen überwinden (Gibson, Huang, Kirkman, & Shapiro, 2014). Globale Teams sind auch dadurch gekennzeichnet, dass sie über digitale Medien kommunizieren und interagieren müssen. Oder andersherum: Digitale Technologien ermöglichen erst die virtuelle Zusammenarbeit in Teams.

Dabei wird virtuelle Zusammenarbeit nicht nur durch die Globalisierung zunehmen. Digitale Technologien geben Mitarbeitern generell mehr Autonomie in Bezug auf den Ort und die Zeit, zu der sie arbeiten wollen (auf dieses Thema werden wir in Big Five#5, der Gesundheit, noch genauer eingehen). Wenn Daten und Software über die Cloud verfügbar sind, haben Mitarbeiter von jedem Ort und zu jeder Zeit Zugriff auf ihre Arbeitsmaterialien. Selbstverständlich gilt dies nicht für Mitarbeiter, die beispielsweise direkt an Maschinen oder in direkter Kundeninteraktion in Dienstleistungsprozessen arbeiten. Auch ist virtuelle Zusammenarbeit nicht zwingend besser als direkte Zusammenarbeit. Ganz im Gegenteil. Viele Lösungen lassen sich am schnellsten in direkter Interaktion zwischen Mitarbeitern lösen. Wenn Mitarbeiter die Möglichkeit haben, direkt zu interagieren, wird Information nicht nur über das gesprochene Wort, das heißt verbal, übertragen. Kommunikation wird zudem paraverbal, das heißt über die Stimme wie beispielsweise durch die Stimmlage und Lautstärke, sowie nonverbal, zum Beispiel durch Mimik und Körpersprache, übertragen. In gleicher Weise wie das gesprochene Wort werden auch über diese Kanäle wichtige Informationen übertragen.

Die unterschätzte Bedeutung von persönlicher Interaktion

Alex Pentland, Direktor des MIT Connection Science and Human Dynamics Lab, geht sogar so weit, dass nonverbale Signale wichtiger sind als verbale Signale. In seinem Buch »Honest Signals« beschreibt er, dass unabhängig vom Inhalt des gesprochenen Wortes die Sprach- und Interaktionsmuster von Mitarbeitern in Unternehmen die Produktivität signifikant beeinflussen. Erfolgreiche Teams zeichnen sich in direkten Interaktionen durch gleichberechtige Sprachanteile aus, welche nicht nur zwischen der Führungskraft und Teammitgliedern, sondern auch zwischen den Teammitgliedern stattfinden. In produktiven Teams ist Kommunikation dadurch gekennzeichnet, dass sich Teammitglieder zueinander hindrehen und Konversationen sowie Körperbewegungen energiegeladen sind (Pentland, 2012).

Direkte Interaktion hat also durchaus Vorteile im Vergleich zu virtueller Zusammenarbeit. Jedoch gibt es Situationen, wie die Zusammenarbeit in globalen Teams, in denen direkte Zusammenarbeit nicht möglich ist. Auch gibt es Bedürfnisse wie Betreuungs- und Pflegeverantwortung sowie eine individuelle Arbeitsgestaltung, welche durch virtuelle Zusammenarbeit erfüllt werden können. Pendeln – beziehungsweise im Stau stehen – reduziert die Lebenszufriedenheit von Berufstätigen signifikant (Kahnemann, Krueger, Schkade, Schwarz & Stone, 2004) und kann durch virtuelle Zusammenarbeit reduziert werden. Ein Grund mehr dafür, die Voraussetzungen für erfolgreiche virtuelle Zusammenarbeit zu betrachten.

Die Wahl des Kommunikationsmediums

Wie beschrieben unterscheiden sich virtuelle Teams von klassischen Teams in den ihnen zur Verfügung stehenden Kommunikationsmedien. Beim Vergleich und der Bewertung von (digitalen) Kommunikationsmedien hilft der Rückgriff auf eine überraschend früh von Robert H. Lengel und Richard L. Daft entwickelte Theorie: Die Media-Richness-Theorie (Lengel & Daft, 1998). Sie unterscheidet Kommunikationsmedien entsprechend ihrer Informationsdichte. Direkte und persönliche Kommunikation stellt, da bei dieser alle Kommunikationskanäle (verbal, paraverbal und nonverbal) zur Verfügung stehen, das dichteste Medium dar. Auf sie folgen interaktive und bidirektionale Medien wie Telefonate und andere elektronische Medien. Videokonferenzen sind aufgrund der zusätzlichen Informationsdichte, welche durch die Übertragung von Mimik und Gestik ermöglicht wird, zwischen persönlicher Kommunikation und Telefonaten anzusiedeln. Die Digitalisierung reduziert also nicht nur die Informationsdichte in Medien, was aufgrund der durch die Digitalisierung geförderten Kommunikationsmedien wie E-Mail und Messenger häufig angeführt wird, sie erhöht auch die Informationsdichte, wenn Mitarbeitende skypen, anstatt zu telefonieren.

Überlegungen zur Informationsdichte geben einen direkten Hinweis darauf, für welche Aufgaben virtuelle Kommunikation am besten geeignet ist. Die grundlegende Formel ist, dass die Informationsdichte des Kommunikationsmediums zur Komplexität der Aufgabe passen muss. Bei Routinetätigkeiten reicht eine niedrige Kommunikationsdichte. Für diese kann also problemlos über E-Mail kommuniziert werden. Bei komplexen Aufgaben, die nicht zur Routine gehören, werden Kommunikationsmedien mit einer hohen Informationsdichte benötigt. Es hilft also, kurz über die Komplexität der Inhalte nachzudenken, bevor man gewohnheitsmäßig eine E-Mail schreibt. In vielen Fällen ist es angebrachter, ein Telefonat zu führen oder sich kurz über Skype auszutauschen.

Der Aufbau von Vertrauen in virtuellen Teams

Manchmal und gerade in global agierenden Teams gibt es jedoch nicht die Möglichkeit, das Kommunikationsmedium frei zu wählen. Darüber hinaus fehlt bei vollständig virtuell arbeitenden Teams die alltägliche Interaktion. Eine daraus resultierende zentrale Herausforderung ist die Entstehung beziehungsweise die Absenz von Vertrauen zwischen Teammitgliedern (Gilson, Maynard, Young, Vartiainen & Hakonen, 2014). Vertrauen kann spontan entstehen oder auch durch alltägliche Interaktionen zwischen Teammitgliedern – beispielsweise in kurzen Gesprächen in der Kaffeeküche oder durch eine kurze Hilfestellung bei der Behebung eines Druckerproblems. Wenn Teammitglieder sich jeden Tag sehen und interagieren, wird die Entstehung von Vertrauen erleichtert, weil alltägliche Interaktionen ermöglicht und gefördert werden.

Virtuelle Teams, die diese Möglichkeiten zu spontanen Interaktionen nicht haben, müssen andere Wege finden, um effektiv zu arbeiten und Vertrauen zwischen Teammitgliedern aufzubauen:

- *Erstens*: Struktur hilft. Wenn virtuelle Teams zu Beginn ihrer Zusammenarbeit klare Regeln und Erwartungen festlegen, hilft dies, Missverständnissen und damit möglichen Vertrauensverlusten vorzubeugen (Berry, 2011). Stimmen Sie im Team also vorab die Nutzung von Technologie, die Definition von effektivem Arbeiten, Teamnormen sowie Projektplanung, Dokumentation und Controlling des Projektstatus ab.
- *Zweitens*: Kommunikation kann den Aufbau von Vertrauen unterstützen. Zeitnahe Antworten, offene Kommunikation und die Weitergabe von Feedback sind dafür wichtige Kommunikationsmuster (Gilson et al., 2014). Es ist in virtueller Zusammenarbeit also umso wichtiger, dass Anfragen zeitnah beantwortet werden. Sie sollten dabei offen und ehrlich

kommunizieren, denn Ihr Kommunikationspartner hat nicht die Möglichkeit, über einen kurzen Blickkontakt die Bedeutung der Worte klarzustellen. Geben Sie insbesondere positives Feedback weiter und zeigen Sie eine aktive Reaktion auf Feedback damit ihr Ansprechpartner weiß, dass das Feedback bei Ihnen angekommen ist.

- *Drittens*: Auch das Teilen von Verantwortung sowie Weisungsbefugnis innerhalb des Teams können den Aufbau von Vertrauen unterstützen (Drescher, Korsgaard, Welpe, Picot & Wigand, 2014). Gemäß der Wirkung von gemeinsamen Zielen kann das Teilen von Verantwortung die Einbindung von Teammitgliedern in das Erreichen des gemeinsamen Zieles fördern. Darüber hinaus können Teammitglieder sich gegenseitig Vertrauen signalisieren, wenn sie die Weisungen der anderen Teammitglieder befolgen und diese darin unterstützen, die unter deren Weisung befindlichen Ziele zu erreichen.

Zur Integration von Aufgaben und Abstimmung zwischen Teammitgliedern stehen Unternehmen im Rahmen der digitalen Transformation zunehmend noch weitere Medien zur Verfügung. Tabelle 2 gibt Beispiele von neuen Kommunikations- und Projekttools. Auffallend ist, dass dabei insbesondere Kommunikationsmedien eingesetzt werden, die nicht nur 1:1-Kommunikation unterstützen, sondern zunehmend 1:n-Kommunikation. Teammitglieder können also zunehmend gleichzeitig die Kommunikation mit allen Teammitgliedern anstoßen. Medien zur 1:n-Kommunikation unterstützen auch die offene Kommunikation zwischen Teammitgliedern, da Informationen frei verfügbar sind. Zudem ermöglichen sie, dass sich aus einem Kommunikationsstrang verschiedene Themenbereiche abkoppeln und diese zu einem späteren Zeitpunkt wieder integriert werden können. Gerade diese Parallelität und Integration von Themen ermöglicht die Synthese zu innovativen Ideen.

Durch die effiziente Kommunikation in Teams unterscheiden sich diese Medien insbesondere von E-Mails. Auch wenn bei E-Mails viele Personen in cc gesetzt werden können, zeigt die berufliche Praxis doch, dass diese Einbindung von Personen mitnichten zu einer gemeinschaftlichen und kollaborativen Diskussion führt. Vielmehr dient sie der Dokumentation und Absicherung von Entscheidungen. Tatsächlich stehen E-Mails mittlerweile als Symbol für Stress (Barley, Meyerson & Grodal, 2011). In den seltensten Fällen kann insbesondere im Falle eines Konflikts ein konstruktiver Austausch über E-Mail angestoßen werden.

Tabelle 2: Überblick über neue Kommunikations- und Projekttools

Tool	Funktionen
Evernote	Ein Tool zum Notizenmachen und Notizenteilen im Team. Inhalte können getaggt werden, damit sie schnell auffindbar sind. Eine Erweiterung für den Browser erlaubt zudem, interessante Internetinhalte direkt in die Notizen zu übertragen. Zusätzlich können auch unterwegs per App Notizen gemacht werden – sogar per Audioaufnahme.
Microsoft Teams	Ein Chat-Tool, das nicht nur die gleichzeitige Kommunikation mit vielen anderen Teammitgliedern ermöglicht, sondern in dem sich auch alle Office-Anwendungen integrieren lassen (Word, Excel, PowerPoint, etc.), um Teamarbeit noch effizienter zu machen.
Nuclino	Ein Wissensmanagement-Tool, in dem Dateien und Aufgaben einfach geteilt werden können. In Workspaces, die für ein Team (oder auch privat für einen selbst) angelegt werden, können Dokumente, Aufgaben und Termine gemeinsam gesichtet und bearbeitet werden. Inhalte können verlinkt werden – genauso, wie Aufgaben direkt an Personen verteilt werden können.
Slack	Ein Echtzeit-Chat-Tool, in dem verschiedene Kanäle für unterschiedliche Teams angelegt werden können (z. B. Marketing und Sales), damit jedes Teammitglied immer auf dem neuesten Stand ist. Dabei ist Kommunikation auch per Voicemail oder Video-Chat möglich. Slack analysiert Kommunikation auch durch maschinelles Lernen und macht so mit der Zeit passgenaue Vorschläge (z. B. dazu, welches aktuell die wichtigste Nachricht ist).
Trello	Ein Projektmanagement-Tool, in dem Projekte anhand von Kanban-Boards in ihre einzelnen Aufgaben heruntergebrochen werden können. Diese Aufgaben können im Team geteilt und bearbeitet werden, sodass jeder jederzeit sehen kann, woran die anderen Teammitglieder arbeiten und wie weit eine Aufgabe bereits erledigt wurde.
Yammer	Eines der ersten sozialen Netzwerke, die spezifisch für die Verwendung im Unternehmen konzipiert wurden. Auch hier können Instant Messages in verschiedenen Kanälen ausgetauscht werden und Updates für alle zugänglich geteilt werden.
Zoom	Ein HD-Video-Konferenzsystem, welche das Teilen des eigenen Bildschirms sowie verschiedenste Ansichten für Videokonferenzen ermöglicht. Auf einem geteilten Whiteboard können Ideen erarbeitet werden. Zusätzlich lassen sich Dateien und Audiofiles teilen.

2.4 Silos abbauen, schnittstellenübergreifend arbeiten

Die Kommunikation über E-Mails, in denen eine Vielzahl von Personen in cc gesetzt wird, wird besonders häufig in abteilungsübergreifender Kommunikation verwendet. Um sich in Bezug auf die eigene Informationspflicht abzusichern, werden alle feindlichen Lager, das heißt alle beteiligten Abteilungen, in den Verteiler aufgenommen. Will man sich darüber hinaus gegen kritische Antworten und Gegenvorschläge absichern, werden die jeweiligen Vorgesetzten ebenfalls in cc gesetzt. Es ist natürlich jedem selbst überlassen, ob er in einer solchen Runde einen schriftlich festgehaltenen Gegenvorschlag machen oder womöglich Kritik äußern möchte … kommt Ihnen das bekannt vor?

Nicht nur in E-Mails ist schnittstellenübergreifende Kommunikation oftmals durch ein niedriges Maß an Kooperation gekennzeichnet. In den meisten Fällen findet sie gar nicht erst statt. Je größer das Unternehmen, desto höher die Wahrscheinlichkeit, dass in Abteilungssilos gearbeitet wird. Wenn man sich die Kommunikationsmuster in Unternehmen anschaut, kann man feststellen, dass diese die Abteilungsgrenzen replizieren (Haslam, 2004). Innerhalb von Abteilungen findet in einem hohen Maße Austausch statt. Über Abteilungsgrenzen hinweg ist die Kommunikation eher begrenzt bis gar nicht existent.

Arbeiten andere Abteilungen an ähnlichen oder verwandten Themen, können Rivalitäten entstehen. Häufig haben unterschiedliche Abteilungen auch unterschiedliche und zum Teil gegenläufige Ziele, zum Beispiel wenn die Entwicklungsabteilung mit möglichst hohem Budget technikorientiert innovieren möchte, Marketing aus Kundensicht argumentiert und Controlling das Budget kürzen muss. Für das Unternehmen können zum Teil gegenläufige Ziele von Vorteil sein, damit eine Balance eingehalten und alle Ziele beachtet werden. Zwischen Abteilungen kann dies jedoch schnell zu einer Mentalität »der anderen« führen, die den eigenen Zielen im Wege stehen. Das Entgegenstehen der eigenen Zielerreichung ist übrigens einer der häufigsten Auslöser von Ärger (Carver & Harmon-Jones, 2009), welcher dazu führt, dass wir das Verhalten von Personen und Gruppen, die unsere Zielerreichung gefährden, aktiv und unter Umständen auch durch ein aggressives Einwirken ändern möchten.

Insbesondere vor dem Hintergrund von Innovation ist die begrenzte und, wenn vorhanden, oftmals eher feindselige Kommunikation über Abteilungsgrenzen hinweg problematisch. Zum einen verhindert sie, dass Mitarbeiter

Wissen aus unterschiedlichen Bereichen integrieren und dadurch neue Ideen entstehen können. Anstatt um die eigene Lösung zu rangeln, können gute Lösungen dadurch entstehen, dass man gemeinsam die beste Lösung erarbeitet. Zum anderen erschwert sie die Umsetzung von innovativen Konzepten. Dies ist umso kritischer, da gerade Innovationen im Kontext der Digitalisierung häufig eine abteilungsübergreifende Koordination erfordern.

Wenn Softwareunternehmen beispielsweise Cloud-Based-Services einführen, müssen sie ihre Produkte für das Angebot über die Cloud vereinheitlichen. Ein Beispiel dafür ist Autodesk (Seibert & Siegel, 2016). Vor der Einführung des Cloud-Based-Services wurde die Designsoftware industriespezifisch für jeden der unterschiedlichen Anwendungsfälle, zum Beispiel Architektur, technische Entwicklung und Medien, getrennt entwickelt und vertrieben. Die Software für die einzelnen Industrien war in einem hohen Maße individualisiert. Nach Einführung des Cloud-Based-Services mussten die unterschiedlichen Anwendungen homogenisiert werden, damit beispielsweise nicht jede Abteilung eine unterschiedliche Schnittstelle zur Cloud entwickelt. Das Unternehmen musste eine neue Kultur der Kollaboration schaffen.

Erhöhung des informellen Austausches in Unternehmen

Ein Weg, um schnittstellenübergreifende Kollaboration zu unterstützen, ist die Erhöhung des Austausches zwischen Mitarbeitern, damit sie implizites Wissen zu Aufgaben, Herangehensweisen und Herausforderungen über andere Abteilungen austauschen und aufbauen können. Es ist schwer, dieses Wissen explizit im Unternehmen zu teilen, wie beispielsweise durch den Aufbau von Wissensmanagementsystemen, da die Komplexität eines solchen Systems und das Volumen der benötigten Informationen mit der Unternehmensgröße in einem nicht mehr zu überblickenden Maß zunimmt. Aus diesem Grund versucht beispielsweise das Unternehmen Gore die Größe seiner Standorte auf 200 Mitarbeiter zu beschränken (Hamel, 2010). Die Idee ist, dass man bei 200 Mitarbeitern noch überblicken kann, wer für welche Aufgaben zuständig ist, wer wie arbeitet und wer zu welchen Sachverhalten Informationen zur Verfügung stellen kann. Durch die Größeneinschränkung wird die Komplexität also so weit reduziert, dass Mitarbeiter wieder die für sie relevante Organisation überblicken können. Die resultierende Übersicht soll es Mitarbeitern erleichtern, direkt miteinander in Kontakt zu kommen und die Kollaboration zu vereinfachen.

Jedoch erlaubt nicht jedes Geschäftsmodell eine maximale Standortgröße von 200 Mitarbeitern. Die Frage stellt sich also, wie insbesondere große Unternehmen Strukturen herstellen können, die Silodenken reduzieren und schnittstellenübergreifendes Arbeiten ermöglichen. Diese Frage haben sich auch zahlreiche Start-ups gestellt. Eine Antwort sind beispielsweise soziale Netzwerke auf Unternehmensebene (wie das Siemens Social Network, das Allianz Social Network oder connect.BASF), in denen Mitarbeitende ein Profil erstellen und sich miteinander austauschen können. Eine weitere Antwort sind zum Beispiel Plattformen, die Mitarbeitende anhand von Profilen zum Beispiel für Mittagessen vorschlagen (z. B. Lunchmates, Lunch Buddy, Lunchback oder LikeLunch). Diese Plattformen fördern also die Entstehung von schwachen Verbindungen in Unternehmen, welche wiederum den informellen Austausch und dadurch auch Innovation in Unternehmen fördern. In diesen Beispielen zeigt sich, dass die Digitalisierung nicht nur Herausforderungen, sondern auch Lösungen bereitstellt.

Jobrotation

Eine strukturelle Lösung auf individueller Ebene sind Jobrotation-Systeme. Durch die kurzfristige Mitarbeit in Nachbarabteilungen lernen Mitarbeiter, worauf es in der jeweils anderen Abteilung ankommt, deren Arbeitsweisen sowie insbesondere, was von ihrer angestammten Rolle im Unternehmen notwendig ist, damit die Schnittstelle zwischen den Abteilungen reibungslos funktionieren kann. Jobrotation kann auch zwischen sehr ungleichen Jobs erfolgreich sein. Southwest Airlines lässt beispielsweise Piloten für drei Wochen an der Rampe der Flugabfertigung mitarbeiten, damit Piloten lernen, welches Verhalten und welche Signale der Piloten den Rampenmitarbeitern helfen, die Flugzeuge schnell abzufertigen. Da eine kurze Umschlagzeit für Fluglinien erfolgskritisch ist, optimiert Southwest auf diese Weise seine Umschlagkosten – eine Kennzahl, die bei Southwest um 20 Prozent kleiner ist als beim Rest der amerikanischen Airline-Industrie (Gittell, 2003). In ähnlicher Weise kann Jobrotation auch zu mehr Innovation führen. Mitarbeiter erhalten ein besseres Bild über die Voraussetzungen und Notwendigkeiten in anderen Abteilungen, was die Entstehung von abteilungsübergreifender Innovation fördern kann.

Strukturelle Lösungen zur Erhöhung des Austausches in Unternehmen

Unternehmen stehen unterschiedliche strukturelle Lösungen zu Verfügung, wie sie den Austausch im Unternehmen fördern können. Die folgende Liste ist dabei definitiv nicht erschöpfend. Sie soll Ihnen primär Anregungen für individuelle Lösungen in Ihrem Unternehmen geben.

Formalisierte Netzwerke

Programme wie Jobrotation gehen immer noch von der klassischen Abteilungsstruktur in Unternehmen aus, das heißt Silos bleiben auch weiterhin bestehen – es wird lediglich versucht, diese durchlässiger zu gestalten. Die Frage ist, ob Unternehmen Silos tatsächlich auch abbauen können. Gibt es Unternehmensstrukturen, welche den Aufbau von Silos von vornherein ausschließen? In den 80er-Jahren wurde damit begonnen, Matrixorganisationen einzuführen. Diese resultieren aus der Überlappung von zwei Strukturprinzipien, wie beispielsweise der Unternehmensfunktion (z. B. Vertrieb) und Produkten (z. B. Software). Auf diese Weise sollte sichergestellt werden, dass Unternehmensfunktionen wie Vertrieb nicht für jedes Projekt separat aufgebaut werden und gleichzeitig produktorientiert gearbeitet wird. Die Erfahrung mit Matrixstrukturen zeigt jedoch, dass diese vor allem den Abstimmungsaufwand erhöhen und eine Organisation geradezu lahmlegen können, weshalb die Managementliteratur nach wie vor die Frage stellt, ob es auch Matrixstrukturen gibt, die tatsächlich effizient arbeiten können. Da die Antwort seit mehreren Jahrzehnten auf sich warten lässt, haben Forschung und Praxis begonnen, alternative Organisationsmodelle zu entwickeln.

Die Unternehmensberatung McKinsey hat beispielsweise formelle Netzwerke als Alternative zur Matrixstruktur und zur Reduzierung von Silodenken in Unternehmen vorgestellt (Bryan, Matson & Weiss, 2007). Die Idee basiert auf der Beobachtung, dass informelle Netzwerke, wie sie sich beispielsweise um Interessen- und Sportgruppen in Unternehmen bilden, einen äußerst positiven Effekt auf Informations- und Wissensflüsse haben können. Um diese Informations- und Wissensflüsse zu stärken, können formelle Netzwerke um unternehmensinhaltliche Themen gebildet werden, welche durch die Benennung eines Managers, der für das jeweilige Netzwerk verantwortlich ist, und die Bereitstellung von Ressourcen (beispielsweise Training sowie die Unterstützung von Kommunikation und Wissenstransfer) gefördert werden. Netzwerke können um persönliche Themen wie den Aufbau von Kompetenzen und Mentoring, operative Themen wie die effiziente Gestaltung von Geschäftsprozessen sowie strategische Themen wie die Identifikation von Zukunftsthemen und zukünftigen Herausforderungen gebildet werden (Ibarra & Hunter, 2007). Formelle Netzwerke bilden eine sekundäre Wissens- und Austauschstruktur, während die Entscheidungsstruktur in Form einer Linienstruktur bestehen bleibt (Bryan et al., 2007). Die Logik ist, dass Ideen in der Wissens- und Austauschstruktur entstehen können, die dann von den entsprechend Verantwortlichen in die Linienstruktur getragen werden.

Bei Spotify nennen sich diese formellen Netzwerke beispielsweise Guilds. Eine Guild (Gilde) ist eine Gemeinschaft aus Mitgliedern mit einem gemeinsamen Interesse, das heißt eine Gruppe von Personen, die Wissen, Codes oder Arbeitspraktiken miteinander austauschen wollen. Jede Guild hat einen Koordinator und ein spezifisches Überthema wie beispielsweise Webtechnologie oder Testautomatisierung. Der Übergang zu informellen Netzwerken ist dabei bewusst fließend; es gibt auch Guilds für Fotografie, Design oder andere gemeinsame Interessen.

Projektorganisationen

Ein weiteres Organisationsmodell, mit dem versucht wird, Abteilungssilos aufzubrechen, sind Projektorganisationen. Im Gegensatz zur Matrixstruktur werden Projektstrukturen kurzfristig aufgebaut. Sie beinhalten die abteilungsübergreifende Bündelung von Ressourcen für die Erreichung eines spezifischen Zieles. In der Projektorganisation werden also Vertreter aus allen wichtigen Abteilungen und Funktionen für einen bestimmten Zeitraum vereint.

Unternehmen im Bereich der professionellen Dienstleistungsanbieter wie Unternehmensberatungen und Ingenieursdienstleistungen sind aufgrund der Passung zum Businessmodell häufig vollständig in Projekten organisiert. In vielen klassischen Linienorganisationen werden Projektstrukturen zusätzlich als sekundäre Organisationsstruktur eingeführt. Dabei nimmt der Anteil der Arbeit in Projekten in Relation zur Linienarbeit aufgrund der beschriebenen Veränderungen im digitalen Zeitalter kontinuierlich zu. Viele Unternehmen entwickeln sich also organisch von Linienorganisationen hin zu Projektorganisationen und bauen damit auch sukzessive die Arbeit in Abteilungssilos ab.

Schwarm-Organisationen

Ein weiteres Beispiel für den Abbau von Abteilungsstrukturen liefert Daimler mit der Entscheidung, in Zukunft 20 Prozent der Mitarbeiter in einer sogenannten Schwarm-Organisation zu strukturieren. Diese Mitarbeiter sollen keiner Abteilung fest zugeordnet sein, sondern flexibel für Projekte eingesetzt werden können. Anstatt der Zuordnung zu einer Abteilung sollen sie mit bestimmten Themen verknüpft sein. Auf diese Weise soll die Organisation dynamischer werden, um schneller und flexibler auf Veränderungen reagieren und innovativer agieren zu können. (Schwarm-Organisationen können also auch eine Lösung in der Adressierung von VUCA für Big Five #1 sein.) Während in einer sekundären Projektorganisation die Projektstruktur also die Linienorganisation überlagert und Projektarbeit zu einem bestimmten Prozentsatz für alle oder zumindest viele der Mitarbeiter in der Organisation einführt, ergänzt die Schwarm-Organisation die Linienorganisation und führt Projektarbeit zu 100 Prozent für die zugehörigen Mitarbeiter ein, während sich die Arbeitsorganisation der Mitarbeiter der Linienorganisation nicht verändert.

Grenzen des Austausches und der Flexibilität

Spannend wird bei allen drei Modellen sein, bis zu welchem Grad sich diese insbesondere in großen Organisationen ausweiten lassen. Machen wir ein Gedankenexperiment. Stellen Sie sich vor, Ihre Organisation wäre ein Sardinenschwarm, der unterschiedliche Formen annehmen kann. Sie könnten jeden Morgen die aktuelle Organisationsstruktur im Intranet nachschauen, weil Mitarbeiter ständig ihre aktuelle Position eintragen können. Im digitalen Zeitalter sollte dies zumindest technisch möglich sein. Es besteht nicht mehr die Notwendigkeit, die Organisationsstruktur in einem aufwendigen PowerPoint zu horten und zu aktualisieren. Die Frage nach weiteren Hinderungsgründen stellt sich also. Eine einschränkende Nebenbedingung sind die Kompetenzen von Mitarbeitern, denn nicht jeder Mitarbeiter kann die gleichen Tätigkeiten und Aufgaben erfüllen. Die Flexibilität von Organisationen hängt also auch in einem hohen Maße von der Homogenität der Tätigkeiten und den Kompetenzen der Mitarbeiter ab. Diese Hürden zu überwinden und Organisationen flexibler auszugestalten wird einer der entscheidenden Wettbewerbsfaktoren für Unternehmen sein.

2.5 Organisationsgrenzen öffnen

Neben der Flexibilisierung und Öffnung innerhalb des Unternehmens ist ein weiterer wichtiger Punkt, Unternehmen auch über die Organisationsgrenzen hinweg zu öffnen. Unter Open Innovation wird die Einbindung von unternehmensexternen Personen und Gruppen in die Generierung von Innovationen, welche vom Unternehmen anschließend zu Gewinnzwecken umgesetzt werden, verstanden (West & Bogers, 2013). Open Innovation umfasst insbesondere drei Prozesse (Enkel, Gassmann & Chesbrough, 2009): Der *Outside-in Prozess* bezieht sich auf die Aufnahme von Wissen und Ideen von außen, zum Beispiel von Kunden, Zulieferern, Wettbewerbern, Universitäten und privaten Forschungsorganisationen. Der *Inside-out Prozess* bezieht sich auf den Transfer von Technologien und Ideen nach außen, was insbesondere durch den Verkauf von Lizenzen und durch Patente ermöglicht wird. Ziel ist, Ideen schneller an den Markt zu bringen, als es durch unternehmensinterne Ressourcen und Prozesse möglich wäre. Der *gekoppelte Prozess* bezieht sich auf gemeinsame Entwicklungsaktivitäten in Allianzen, Kooperationen und Joint Ventures.

Diese Prozesse können zwischen zwei Parteien stattfinden, wenn Unternehmen beispielsweise mit Zulieferern, Wettbewerbern und Universitäten zusammenarbeiten. Open Innovation kann auch in Netzwerken wie beispielsweise in existierenden Industrienetzwerken und öffentlichen Forschungsnetzwerken durchgeführt werden. Zudem wird unter Open Innovation die Einbindung von externen Individuen in Innovationsprozesse genannt. Unternehmen, die solche Individuen erfolgreich einsetzen, schaffen Communities, die freiwillig und häufig über einen längeren Zeitraum ihre Ideen zur Verfügung stellen. In Tabelle 3 sind einige Beispiele von Unternehmen dargestellt, die erfolgreich Innovationen über Crowdsourcing einführen konnten.

Der zentrale Gedanke hinter Crowdsourcing und Open Innovation über Communities ist, dass Gruppen ein höheres Maß an Innovation hervorbringen können als Einzelpersonen. Hintergrund dieser Aussage ist unter anderem eine von Woolley und Kollegen veröffentlichte Studie, die zeigt, dass Teams durch einen kollektiven Intelligenzquotienten gekennzeichnet sind, der nur einen geringfügigen Zusammenhang mit dem Durchschnitt oder dem maximalen Intelligenzquotienten des Teams zeigt (Woolley, Chabris, Pentland, Hashmi & Malone, 2010). Wenn Teams oder auch ganze Communities Ideen zusammenbringen und aufeinander aufbauen, können sie insge-

Tabelle 3: Beispiele für den Einsatz von Crowdsourcing und Open Innovation in Unternehmen

Unternehmen	Einsatzbereich
Tchibo	Auf der Tchibo-Ideas-Plattform können Nutzer ihre Produktideen und Alltagsprobleme einstellen und diese im Rahmen eines Ideenwettbewerbs von anderen Nutzern ausarbeiten lassen. So diskutiert die ganze Online-Community über spezifische Ideen oder Probleme, um Lösungen für diese zu erarbeiten. Die besten Ideen werden als »Idee des Monats« oder »Idee des Jahres« ausgezeichnet und finanziell entlohnt. Hat Tchibo selbst Interesse an einem Produkt, bietet es dem Erfinder einen Lizenzvertrag an.
BMW	Ziel der von BMW initiierten »Mobility Experience Challenge« war es, innovative neue Ideen für Auto-Apps zu finden. Zunächst konnten Entwickler(-Teams) eigene Ideen einreichen. Alle Ideen wurden dann der Community zum Voting vorgestellt. Die zehn Favoriten der Crowd wurden im Anschluss der internen BMW-App-Jury vorgestellt, die wiederum die drei besten Ideen auszeichnete und prämierte. Bei Interesse an einer Idee realisiert BMW diese gemeinsam mit den Entwicklern.
Local Motors	Beim US-amerikanischen Autohersteller Local Motors werden alle Ideen für das Design und die Technik der Fahrzeuge in einer Online-Community entworfen und zur Abstimmung gebracht. Jeder Entwicklungsschritt ist dabei in einem Wettbewerb organisiert. Bei Standardkomponenten wie Motoren und Lichtmaschinen wird auf etablierte Komponenten anderer Hersteller zurückgegriffen. Die in der Community entstehenden Fahrzeugideen werden unter offener Lizenz veröffentlicht. Kunden bauen diese in lokalen Werkstätten unter Anleitung von fachkundigen Angestellten selbst zusammen.
McDonald's	Im Rahmen des sogenannten »Burger Battle« können Interessierte anhand eines Online-Konfigurators ihren eigenen Burger kreieren. Vier der eingereichten Burger-Vorschläge werden auf den Markt gebracht und in den Filialen verkauft. Die Kunden stimmen vor Ort ab, wie gut ihnen die neuen Burger-Kreationen schmecken, um den Gesamtsieger zu küren.
SAP	Auch SAP macht sich das Wissen der Crowd strategisch zunutze. Auf dem sogenannten »Idea Place« können Mitglieder der Crowd eigene Ideen für noch nicht entwickelte Software einreichen. Andere Nutzer können diese Ideen kommentieren und für diese voten. Ein internes Expertenteam bei SAP bewertet die Ideen zusätzlich und bringt diejenigen, die extern wie intern am meisten Zustimmung finden, zur Umsetzung.

samt bessere Lösungen hervorbringen. Damit dies für Unternehmen gelingt und Unternehmen tatsächlich Innovation von außen in marktfähige Produkte verwandeln können, müssen sie jedoch mehrere Hürden überwinden (West & Bogers, 2013).

Zunächst einmal müssen sie externe Quellen (z. B. Kunden oder Experten) finden und diese dazu bringen, ihr Wissen und ihre Ideen zu teilen. Die Suche nach externen Quellen haben Informations- und Kommunikationstechnologien sowie das Internet bereits sehr grundlegend vereinfacht. Jedoch gilt nicht automatisch, dass mehr externe Quellen immer besser sind. Tatsächlich zeigt die Forschung eine Sättigung in Bezug auf Innovation bei circa zehn externen Quellen, da ab einem bestimmten Punkt keine neuen Informationen und Ansätze mehr hinzukommen (Laursen & Salter, 2006). Auch die Einbindung von Unternehmensexternen wie Zulieferer, Universitäten und insbesondere auch Individuen hat die Digitalisierung grundlegend vereinfacht. Über Internetplattformen können Nutzer teilweise direkt in Designprozesse eingebunden werden.

Es bleibt die Frage danach, warum Individuen sich überhaupt in den Innovationsprozess eines Unternehmens einbinden lassen. Manchmal kann das Innovationsziel bereits Grund genug für eine Einbringung sein. Als Elon Musk Studierende dazu aufgerufen hat, Ideen für sein Hyperloop-Projekt, in dem die Fahrzeit zwischen San Francisco und Los Angeles von 6 Stunden auf 30 Minuten reduziert werden soll, ausgerufen hat, haben sich weltweit fast 1000 Studierende dafür beworben, auf eigene Kosten eine eigene Idee zu entwickeln und in Kalifornien zu testen. Zudem sind Fragen und Aufgaben, die über Open-Innovation-Plattformen gestellt werden, meist herausfordernd und nicht einfach zu lösen. Herausforderungen sind intrinsisch motivierend – wir lösen Sudoku-Rätsel nicht, weil wir dafür bezahlt werden, sondern weil wir durch die gestellte Herausforderung motiviert sind. Zudem erhält derjenige, der die Lösung findet oder zündende Ideen beiträgt, häufig eine hohe Anerkennung in der Community. So erklären sich die vielen Hobby-Programmierer, die sich an Open-Source-Software beteiligen, nicht nur durch das gestellte Programmierrätsel, sondern auch durch die Anerkennung, die sie für die Lösung des Rätsels von anderen Hobby-Programmierern erhalten. Zusätzlich werden von vielen Plattformen extrinsische Rewards, das heißt monetäre Belohnungen oder Sachpreise, vergeben.

Sind externe Ideen und Lösungen gewonnen worden, stellt sich die Hürde der Integration von Innovation im Unternehmen. Das »Not Invented Here«-Phänomen ist vielfach dokumentiert (West & Gallagher, 2006). Es bringt zum Ausdruck, dass Unternehmen sich häufig schwer dabei tun, Ideen, die nicht im Unternehmen selbst entstanden sind, anzunehmen. Es ist also nicht selbstverständlich, dass von außen kommende Ideen auch umgesetzt werden. Dazu benötigt es eine offene Unternehmenskultur, die Ideen aufnimmt und weiterträgt, sowie eine Reihe von Kompetenzen innerhalb des Unternehmens. Erstens müssen Unternehmen in der Lage sein, den Wert von externen Ideen zu erkennen. Zweitens müssen sie neue Ideen integrieren, um diese nutzen zu können. Die Integration von Ideen geschieht zum einen über Assimilation, das heißt dadurch, dass eine Idee leicht an die Strukturen im Unternehmen angepasst wird. Zum anderen geschieht Integration über Transformation, wenn eine Idee nicht zum bestehenden Unternehmensumfeld passt und das Unternehmen selbst seine Strukturen ändern muss, um eine Idee umzusetzen (Todorova & Durisin, 2007). Transformation geht also über Assimilation hinaus und verlangt von Unternehmen und deren Mitarbeitenden Offenheit und Änderungsbereitschaft.

2.6 Evidenzbasierte Empfehlungen für Mitarbeiter, Führungskräfte und Organisationen

Wir haben in diesem Kapitel unterschiedliche Aspekte von Teamarbeit herausgearbeitet und dabei einen Fokus auf das Hervorbringen von Innovation gelegt. Angefangen bei den Voraussetzungen für innovatives Arbeiten in Teams, haben wir diskutiert, wie 1) diverse Teams, 2) virtuelle Teams, 3) schnittstellenübergreifende Teams und 4) unternehmensübergreifende Teams besser zusammenarbeiten können, um gemeinsam insbesondere disruptive Innovationen hervorbringen zu können. Im digitalen Zeitalter werden die meisten Mitarbeiter nicht nur mit einer dieser Teamdimensionen konfrontiert sein. Ganz im Gegenteil. Mit hoher Wahrscheinlichkeit werden sie in einem diversen Team arbeiten, immer wieder mit Kollegen auf der ganzen Welt interagieren, selbstverständlich schnittstellenübergreifend und häufig in enger Kooperation mit unternehmensexternen Partnern arbeiten. Aus diesem Grund möchten wir im Folgenden die Essenz dieses Kapitels für Mitarbeiter, Führungskräfte und Organisationen zusammenfassen.

Mitarbeiter: Effektiv arbeiten in Teams

Damit Teamarbeit funktioniert, kommt es auf jedes einzelne Teammitglied an. Seien Sie offen für Ideen und Menschen, kommunizieren Sie insbesondere in virtuellen Teamsettings bewusst, indem Sie das Kommunikationsmedium dem jeweiligen Inhalt der Kommunikation anpassen, und hinterfragen Sie Teamprozesse.

Seien Sie offen

Wie beschrieben tendieren wir dazu, innovative Ideen abzulehnen, weil sie Unsicherheit erzeugen und wir den Status quo wahren möchten. Um dem entgegenzuwirken, müssen wir offen für Neues, die Ideen anderer und andere Menschen sein. Personen, die durch Offenheit gekennzeichnet sind, möchten Dinge verstehen, haben eine hohe Bandbreite an unterschiedlichen Interessen und möchten Dinge entdecken und herausfinden (Hodson & Sorrentino, 1999). Offenheit hilft in der Lösung von Konflikten, in der Wahrung von psychologischer Sicherheit, im direkten und spontanen Austausch von Ideen mit Kollegen, in der Integration von Unterschieden und im Verständnis für andere Herangehensweisen. Offenheit erhöht die Teamleistung insbesondere dann, wenn Mitarbeiter in diversen, virtuellen, schnittstellenübergreifenden und unternehmensübergreifenden Teams arbeiten (Homan et al., 2008).

Aus diesen Gründen sollten Sie Ihre Offenheit pflegen. Offenheit ist zwar als Persönlichkeitsfaktor bis zu einem gewissen Grad stabil, dennoch kann sie auch gefördert werden. Kognitive Herausforderungen erhöhen beispielsweise die Offenheit (Jackson, Hill, Payne, Roberts & Stine-Morrow, 2012); ein Grund mehr, sich über die in Big Five #1 beschriebenen Herausforderungen der VUCA-Welt zu freuen.

Kommunizieren Sie bewusst

Vor dem Hintergrund des digitalen Zeitalters ist es eventuell überraschend, dass die zweite evidenzbasierte Empfehlung für Mitarbeiter sich auf Kommunikation bezieht. Wie beschrieben erhöhen die Kommunikations- und Informationstechnologien die Informationsvielfalt. Wir generieren mehr Inhalte und kommunizieren immer mehr. Wie beschrieben, ist es jedoch umso wichtiger, richtig zu kommunizieren. Richtig bezieht sich dabei auf die Wahl der Kommunikationsmedien und die Dosierung der Informationen – abhängig von der jeweils zugrunde liegenden Aufgabe.

Ist die Aufgabe komplex, wird ein Kommunikationsmedium mit einer höheren Informationsdichte wie beispielsweise persönliche Kommunikation oder Videokonferenz benötigt. Problemlösung kann zum Beispiel komplex sein und insbesondere die Klärung von zwischenmenschlichen Konflikten ist komplex. Es hilft also, kurz über die Komplexität eines Sachverhaltes und ob dieser auch zwischenmenschlich sensitiv sein kann, nachzudenken, bevor die Diskussion in einer Flut von E-Mails endet, die niemand mehr überblicken kann. Im Zweifel sollten Sie lieber ein Kommunikationsmedium mit einer höheren Informationsdichte heranziehen.

Hinterfragen Sie Teamprozesse

Die beschriebenen Teamprozesse wie das Übernehmen der Meinung von anderen Teammitgliedern sowie das Unterdrücken von neuen Informationen sind uns meist nicht bewusst. Wir nehmen uns nicht morgens vor, die Idee einer anderen Person zu unterdrücken. Es passiert im Gespräch, in der Hitze des Gefechts und in der alltäglichen Interaktion.

Deshalb sollten Sie, insbesondere wenn es um Innovation geht, Teamprozesse hinterfragen. Innovation besteht aus der Generierung, Unterstützung und Implementierung von Ideen. Sie sollten daher immer, wenn Sie einer Idee in einem dieser Prozessschritte beim Sterben zusehen, hellhörig werden. Stellen Sie sich dazu in Interaktionen die folgenden Fragen:

- *Ideengenerierung*: Aus welchem Grund sprechen Sie eine Idee, die Sie haben, nicht aus? Können Sie einen Kontext herstellen, zum Beispiel im Gespräch mit einem vertrauten Kollegen, in welchem Sie die Idee aussprechen und gemeinsam durchspielen können? Benötigen Sie zusätzliche Informationen, um die Idee testen oder besser präsentieren zu können?
- *Ideenunterstützung*: Warum unterstützen Sie eine Idee nicht? Gibt es einen von der Idee unabhängigen Grund, wie zum Beispiel persönliche Differenzen, der es Ihnen erschwert, die Idee zu unterstützen? Stellen Sie die Gegenfrage – warum sollten Sie die Idee denn ablehnen? Was könnte schlimmstenfalls passieren, wenn die Idee sich als nicht praktikabel herausstellt? Was können Sie allein aus dem Testen der Idee lernen?
- *Ideenimplementierung*: Warum wird eine Idee nicht implementiert? Gibt es einen von der Idee unabhängigen Grund wie persönliche Differenzen,

der es Ihnen erschwert, die Idee in der Implementierung zu unterstützen? Was wird durch die Implementierung der Idee verbessert? Welche Voraussetzungen müssten erfüllt sein, damit die Idee implementiert werden kann? Wie können Sie diese Voraussetzungen herstellen?

Führungskräfte: Teams erfolgreich zusammenstellen

Die evidenzbasierten Empfehlungen für Mitarbeiter gelten in ähnlicher Weise oder umso mehr auch für Führungskräfte. So ist Offenheit insbesondere für Führungskräfte eine kritische Verhaltensweise, da sie sich nicht nur positiv auf offene, lösungsorientierte und konstruktive Teamverhaltensweisen auswirkt, sondern auch direkt die Innovation in Unternehmen erhöht (Aronson, Reilly & Lynn, 2006). Kommunikation wird häufig von Führungskräften gesteuert, wenn diese beispielsweise primär auf E-Mails als präferiertes Kommunikationsmittel zurückgreifen. Aufgrund ihrer Vorbildfunktion ist es insbesondere für Führungskräfte wichtig, Ideen nicht vorschnell in der Entstehungsphase zu behindern und die Ideengenerierung von Mitarbeitern zu fördern. Zusätzlich zu diesen evidenzbasierten Empfehlungen lassen sich die folgenden drei spezifischen Empfehlungen für Führungskräfte ableiten.

Stellen Sie diverse Teams zusammen

Führungskräfte sollten darauf achten, Teams divers zusammenzustellen. Sie sollten Diversität dabei in allen Dimensionen denken und sowohl demografische Diversität, zum Beispiel Alter und Geschlecht, als auch funktionale Diversität, zum Beispiel Ausbildungshintergrund und Funktionszugehörigkeit, beachten. In der Zusammenstellung von Teams sollte keine Gruppe dominant hervortreten. Wenn Sie beispielsweise im Marketingbereich eine Person aus dem Controlling hinzufügen, ist das noch kein diverses Team. Es ist auch kein diverses Team, wenn Sie in ein Team von Personen um die 30 einen Mitarbeiter um die 50 mischen. Wenn nur eine oder wenige Personen einer anderen sozialen Gruppen angehören, es also eine dominante soziale Gruppe gibt, führt dies eher dazu, dass diese Dimension (in unseren Beispielen also die Funktion im Unternehmen oder das Alter) umso salienter ist. Sie sollten also entlang mehrerer Dimensionen von Diversität denken und, soweit möglich, für ein ausgeglichenes Verhältnis sorgen. Auch sollten Sie die Aufgabenzuteilung nicht gemäß dem jeweiligen Stereotyp durchführen. Achten Sie darauf, stereotype Muster aufzubrechen.

Sorgen Sie für innovationsfördernde Rahmenbedingungen

Damit diverse und auch homogene Teams innovativ arbeiten, sollten Sie bestimmte Rahmenbedingungen für die Teamarbeit herstellen und auf das Arbeitsklima im Team achten:

- Implementieren Sie eine klare Zielorientierung im Team. Alle Teammitglieder sollten die Projektziele insgesamt sowie heruntergebrochen auf einzelne Teammitglieder kennen. Nur wenn die unterschiedlichen Zielfunktionen der Teammitglieder bekannt sind, können diese effektiv miteinander arbeiten und im Sinne wirklicher Teamarbeit miteinander interagieren. Dabei ist es besonders wichtig, dass Teammitglieder sich auch über inhärente Zielkonflikte sowie – wenn es welche gibt – den Nutzen dieser Zielkonflikte bewusst sind. Dies kann verhindern, dass Aufgabenkonflikte wie beschrieben auf die persönliche Ebene überspringen, anstatt zu kreativen Lösungen im Team zu führen.
- Unterstützen Sie die psychologische Sicherheit im Team. Dies bedeutet zum einen, dass Sie in Ihrer Vorbildfunktion als Führungskraft dafür sorgen sollten, selbst nicht aus Versehen vor anderen Teammitgliedern negativ auf einen Vorschlag zu reagieren, sondern Ideen generell offen und wertschätzend zu begegnen. In gleicher Weise sollten Sie sensitiv reagieren, wenn Sie feststellen, dass in Ihrem Team bestimmte Ideen aus Gründen, die nicht inhaltlich sind, favorisiert werden.
- Fördern Sie die Integration von Unterschieden. Das ist leichter gesagt als getan. Auch Führungskräfte sind Menschen, die sich aufgrund von Ähnlichkeit zu anderen Menschen hingezogen fühlen und ähnliche Personen sympathischer finden. Sie müssen sich darüber im Klaren sein, dass Sie selbst am meisten von Unterschieden im Team profitieren, wenn Sie durch Ihre eigene Wertschätzung dieser Unterschiede das Team in der Integration dieser unterstützen. Leistung ist mehrdimensional, auch wenn wir häufig die Leistung in Unternehmen auf eine oder maximal eine Handvoll Leistungsdimensionen reduzieren. Je besser Sie in der Lage sind, unterschiedliche Leistungsdimensionen zu erkennen und Mitarbeiter dafür anzuerkennen, desto besser können Ihre Mitarbeiter diese gewinnbringend in das Team einbringen.

Ziehen Sie sich selbst zurück

Wie beschrieben kommt Führungskräften in Teams eine wichtige Rolle zu, da sie alle Teammitglieder beeinflussen. Führung bedeutet Einflussnahme (Yukl, 2013) und Führungskräfte müssen sich dessen bewusst sein, dass sie nicht nur verbal, sondern auch durch ihr Verhalten und ihre Körpersprache das gesamte Team in hohem Maße beeinflussen. In Bezug auf Innovation bedeutet dies nicht nur, dass Führungskräfte mehr als andere Teammitglieder für ein innovationsförderndes Teamklima sorgen können, sondern auch, dass sie die Entstehung von Innovation umso stärker behindern können, wenn sie sich gegen eine Idee aussprechen. In gleicher Weise sollten Führungskräfte damit vorsichtig sein, bei einem Brainstorming den Anker für weitere Ideen zu setzen. Sollten Mitarbeiter anschließend nur noch ähnliche Ideen äußern, liegt dies unter Umständen weniger daran, dass die Idee so gut war, sondern daran, dass Ideen von Personen in hohen hierarchischen Positionen schneller aufgenommen werden. Mitarbeiter richten sich bewusst oder unbewusst nach von ihren Führungskräften geäußerten Ideen. Durch die Äußerung einer Idee durch eine Führungskraft kann der Optionenraum für weitere Ideen also unwillentlich eingeschränkt werden. Führungskräfte sollten demnach die Voraussetzung für Innovation schaffen, sich gleichzeitig aber auch herausnehmen, um Innovationen Platz zu geben.

Organisationen: Siloübergreifendes Arbeiten ermöglichen

Auch auf Ebene der Organisation gibt es evidenzbasierte Handlungsempfehlungen, um Teamarbeit im Unternehmen zu unterstützen.

Erhöhen Sie den persönlichen Austausch zwischen Mitarbeitern

Nutzen Sie alle Möglichkeiten, um den persönlichen Austausch zwischen Mitarbeitern zu erhöhen. Wenn es möglich ist, bringen Sie Mitarbeiter gerade auch dann, wenn diese sonst nur virtuell zusammenarbeiten können, zu Beginn eines Projektes in einen Raum, damit sie sich persönlich austauschen können. Investieren Sie in Informations- und Kommunikationstechnologie, wenn kein persönlicher Austausch möglich ist. Soziale Medien, Plattformen zur Förderung des Austausches sowie Projekt- und Kommunikationstools können unternehmensweit implementiert werden, um den Austausch zu erhöhen. Ermöglichen Sie dabei insbesondere die Nutzung von informationsreichen Kommunikationsmedien. Während es in unserem Privatleben bereits selbstverständlich ist, über Facetime und Skype zu kommunizieren, schreiben wir in Unternehmen immer noch E-Mails oder greifen zum Telefonhörer, weil wir uns ja nur inhaltlich austauschen müssen und es uns nicht bewusst ist, wie viel Inhalt in nonverbaler Kommunikation übertragen wird. Greifen Sie daher im Zweifel immer zum informationsreicheren Kommunikationsinstrument – insbesondere dann, wenn eine Angelegenheit zwischenmenschlich sensitiv ist.

Erhöhen Sie den strukturellen Austausch zwischen Mitarbeitern

Um Silodenken aufzubrechen und bereichsübergreifende Kooperation zu stärken, muss der strukturelle Austausch in Unternehmen gefördert werden. Auf individueller Ebene kann dies durch Jobrotation-Programme geschehen. Denken Sie darüber nach, zwischen welchen Abteilungen ein stärkerer Austausch hilfreich sein könnte, und bringen Sie anhand von Jobrotation Mitarbeiter temporär in andere Bereiche. (Sie fördern so auch die vorher beschriebene, sehr wichtige Offenheit Ihrer Mitarbeiter für andere Themen.) Auf Unternehmensebene können Sie den Austausch strukturell durch die Einführung von formellen Netzwerken, einer sekundären Projektstruktur oder parallel aufgebauter Schwarm-Strukturen erhöhen. Machen Sie sich dabei Gedanken, anhand welcher Themenkreise (z.B. Erhöhung der Kundenzufriedenheit, Verbesserung der HR-Prozesse) Sie Mitarbeiter verschiedenster Bereiche in einem formellen Netzwerk oder einem zeitlich begrenzten Projekt zusammenbringen können, um Silos abzubauen. Ersetzen Sie (wenn Sie mutig genug sind) klassische Abteilungsstrukturen durch einen flexiblen Schwarm an Mitarbeitern, der bedarfsgerecht eingesetzt werden kann. Einige Anregungen hierzu kann Ihnen auch das in Big Five #3 beschriebene Holokratie-Konzept geben.

Öffnen Sie Unternehmensgrenzen (ja, tatsächlich!)

Auch zur Öffnung der Unternehmensgrenzen können evidenzbasierte Handlungsempfehlungen gegeben werden. Diese beinhalten zum einen die Aufnahme von Ideen. Zum anderen die Integration von Ideen.

Hinsichtlich der Aufnahme von Ideen sollten Sie gezielt überlegen, an welcher Stelle Input von außen wertvoll sein kann. Denken Sie hierbei vor allem an Ihre Kunden, denn wir haben in diesem Buch schon mehrfach betont, wie wichtig es im digitalen Zeitalter ist, Kundenbedürfnisse bestmöglich zu adressieren. Lassen Sie Kunden im Rahmen von Ideenwettbewerben aktiv Vorschläge zu neuen Produkten und Dienstleistungen geben oder nutzen Sie Ihre Kunden-Community, um intern entwickelte Produkte weiter zu verbessern (im Sinne der in Big Five #1 beschriebenen Experimente und des Rapid Prototyping). Achten Sie darauf, dass die Aufgaben, die Sie geben, spannend, herausfordernd und intrinsisch motivierend sind, und denken Sie über attraktive Anreize nach, um eine hohe Teilnahmerate zu erzielen. Schließen Sie sich aber auch mit Zulieferern, Wettbewerbern und Universitäten zusammen, um Ideen für radikal neue Produkte und Dienstleistungen zu entwickeln (auch wenn diese Ihr eigentliches Geschäftsmodell korrumpieren könnten).

Wenn Sie Ideen ins Unternehmen geholt haben, sollten Sie sich im Hinblick auf deren Integration Gedanken zum »Not Invented Here«-Phänomen machen. Stellen Sie dazu sicher, dass der Wert der von außen kommenden Ideen für alle internen Entscheidungsträger und auch die operativ Beteiligten klar wird. Passen Sie die Idee so an, dass sie für Ihr Unternehmen nutzbar ist, oder passen Sie sogar Ihre Unternehmensstrukturen und Prozesse an die Idee an, wenn dies zu einem höheren Mehrwert der Idee für das Unternehmen führen kann.

3 Big Five #3 Organisationen müssen demokratischer werden

Kommen wir zu Big Five #3: Organisationen müssen demokratischer werden. Wir haben bereits diskutiert, dass die Daten- und Informationsdichte bei der Arbeit immer stärker zunimmt (George, Haas & Pentland, 2014), sodass viele Mitarbeiter inzwischen mit einer sehr hohen Komplexität umgehen (müssen). An einem typischen Arbeitstag kommen kontinuierlich per Telefon, Mail, Skype, Instant Message und über soziale Netzwerke Informationen von Kollegen, Mitarbeitern und Führungskräften herein. Gleichzeitig kommuniziert man über diverse Kanäle mit Kunden oder Klienten, bekommt Meldungen von verschiedensten Software- und Big-Data-Anwendungen und soll, während man seine eigentlichen Aufgaben erledigt, das relevante Tagesgeschehen verfolgen (Cascio & Montealegre, 2016).

Schon für Mitarbeiter selbst ist es eine Herausforderung, in dieser Informationsflut die Oberhand zu behalten (Van Knippenberg, Dahlander, Haas & George, 2015). Wie aber sollen Führungskräfte in solchen Arbeitsumgebungen den Überblick über all die Themen behalten, mit denen ihre Mitarbeiter sich beschäftigen, und ihre Mitarbeiter im Detail anleiten? Die Antwort: Sie können und sollten es in der Regel nicht. Führungskräfte müssen zunehmend Verantwortung und Entscheidungsgewalt dorthin übertragen, wo am meisten Wissen vorhanden ist – auf ihre Mitarbeiter.

Partizipation von Mitarbeitern ist auch deshalb wichtig, weil es für Unternehmen in Zukunft noch entscheidender ist, Trends, Möglichkeiten und Risiken frühzeitig zu erkennen. Wir haben darüber gesprochen, dass disruptive Innovationen vor allem dann entstehen können, wenn alle Mitarbeiter unabhängig von ihrem Rang Ideen einbringen können (Nishii, 2013). Tatsächlich ist das aktive Scannen der Unternehmensumwelt und die Weitergabe von Informationen über wichtige Trends, Entwicklungen und Ereignisse erfolgskritisches Mitarbeiterverhalten (Parker & Collins, 2010). Gerade strategisch relevante Informationen sollten nicht nur Top-down von der Unternehmensleitung zu Mitarbeitern fließen, sondern auch Bottom-up von den Mitarbeitern zur Unternehmensleitung (Raes, Heijltjes, Glunk & Roe, 2011). Anstatt ihre Mitarbeiter als Erfüllungsgehilfen einer festgelegten Unternehmensstrategie zu betrachten, sollten Unternehmen lernen, das im Unternehmen vorhandene Potenzial an Trendscouts tatsächlich zu nutzen.

Ständig drängen junge Start-ups mit disruptiven Produkten auf den Markt und setzen etablierte Unternehmen und sogar ganze Industrien unter massiven Druck: Hätten Sie vor ein paar Jahren gedacht, dass Hotels zunehmend überflüssig werden, weil man sich über eine Plattform einfach in Privatwohnungen einmieten kann, oder dass es mit Uber oder Lyft eine gleichzeitig komfortable und darüber hinaus günstigere Alternative zum Taxifahren geben könnte? Hätten Sie sich vorstellen können, dass man irgendwann keine Banken mehr braucht, weil Plattformen wie SocietyOne private Kreditsuchende und Investoren direkt zusammenbringen und Gründer über Crowdfunding-Plattformen wie Kickstarter und Startnext Geld für ihre kreativen Projekte organisieren können? Wenn Sie diese Fragen mit »Nein« beantwortet haben, müssen Sie sich jetzt nicht schlecht fühlen. Es ist schwierig, disruptive Innovationen vorherzusehen – umso wichtiger ist es, potenziell vorhandene Frühwarnsysteme, die durch engagierte und empowerte Mitarbeiter in Unternehmen entstehen können, zu nutzen.

Neben dem Erkennen von Trends ist für Innovation in Unternehmen entscheidend, dass originäre Ideen von Mitarbeitern aufgenommen werden. In Big Five #2 haben wir schon beschrieben, wie wichtig es ist, dass Mitarbeiter Ideen generieren und im Team einbringen können. Natürlich sollten diese Ideen nicht im Team bleiben. Der nächste Schritt ist, dass Ideen ihren Weg durch das Unternehmen und vor allem über Unternehmensebenen hinweg finden. Da kreative Ideen von Mitarbeitern die Innovationskraft von Unternehmen maßgeblich beeinflussen (Amabile, 1996; Zhang & Bartol, 2010), wird es für Unternehmen immer wichtiger, Mitarbeiter partizipieren zu lassen und sie mit ihren Ideen gerade auch bei strategischen Entscheidungen zu beteiligen.

Neben der Aufnahme von Trends und Ideen müssen Unternehmen vor dem Hintergrund von VUCA auch, wie in Big Five #1 beschrieben, agiler und in ihren Organisationsstrukturen flexibler werden. Dezentrale Entscheidungsprozesse und die Übertragung von Entscheidungsverantwortung an

Mitarbeiter sind wichtige Instrumente, um Organisationsstrukturen flexibler zu machen (Breu, Hemingway, Strathern & Bridger, 2002). Partizipation bedeutet also nicht nur, die Meinung von Mitarbeitern aufzunehmen, sondern sie zu eigenen Entscheidungen zu befähigen, um als Unternehmen insgesamt schneller (re-)agieren zu können.

In diesem Kontext ist das Beispiel von Valve, einem amerikanischen Softwarehersteller, interessant. Das Geschäftsmodell des Unternehmens basierte lange Zeit vollständig und sehr erfolgreich auf der Entwicklung und dem Verkauf von PC-Spielen. Doch die Mitarbeiter von Valves Kundenservice stellten fest, dass sie immer mehr Anfragen von Kunden erreichten, welche Valves PC-Spiele auch gemütlich auf ihrem Wohnzimmersofa am Fernseher spielen wollten. Unterstützt durch eine agile und ermächtigende Organisationsstruktur taten einige Mitarbeiter sich daher zusammen, um eine Lösung für dieses veränderte Kundenbedürfnis zu erarbeiten – und brachten nur wenige Monate später eine eigens hierfür entwickelte Hardware auf den Markt. Die Mitarbeiter von Valve hatten also nicht nur einen besseren Zugang zu marktkritischen Informationen als die Geschäftsführung – die demokratischen Strukturen haben sie auch dazu befähigt, auf diese Informationen zu reagieren.

Eine demokratische Unternehmenskultur ist aber nicht nur nötig, um mit der erhöhten Informationsdichte, dem stärkeren Wettbewerbsdruck und gestiegenen Agilitätsanforderungen umzugehen. Sie ist auch von entscheidender Bedeutung, um einer anderen Herausforderung des digitalen Zeitalters zu begegnen: dem vorherrschenden Talentmangel. Auch wenn viel darüber diskutiert wird, ob es tatsächlich einen Talentmangel (oder, wie im Deutschen geläufiger, einen Fachkräftemangel) gibt, spricht doch einiges dafür, dass es für Unternehmen oft schwierig ist, Arbeitnehmer mit den für eine Position relevanten Kompetenzen zu finden (Bessen, 2014). Ein wichtiger Treiber dafür ist, dass wir uns durch die Digitalisierung immer mehr zu einer Wissensgesellschaft entwickeln, in der auf Basis von Informationen und Know-how (im Gegensatz zu, wie in früheren Zeiten, physischen Produkten) Wert für den Kunden generiert wird (Stone & Deadrick, 2015). Die Manpower Gruppe, eine Unternehmensberatung mit Fokus auf Human Resources, befragt jedes Jahr mehr als 42 000 Arbeitgeber in 43 verschiedenen Ländern. Im Jahr 2016 gaben 40 Prozent der befragten Unternehmen an, dass sie Schwierigkeiten hätten, offene Stellen mit geeigneten Kandidaten zu besetzen, vor allem im Bereich der Informationstechnologie, in den Ingenieurswissenschaften und allgemein technischen Berufen. In Deutschland lag dieser Wert sogar noch höher – 50 Prozent der Unternehmen klagten über einen Talentmangel. Viele Unternehmen haben erkannt, dass sie talentierte Mitarbeiter in Zukunft nur anziehen können, wenn sie attraktive Arbeitsbedingungen bieten. Demokratische Strukturen, flache Hierarchien und Möglichkeiten zur Partizipation gehören für viele Arbeitnehmer unbedingt zu einem attraktiven Arbeitsumfeld: In einer repräsentativen Studie des Zukunftsinstituts mit 500 High Potentials zwischen 20 und 35 Jahren (Huber & Rauch, 2013) betonten etwa 70 Prozent der Teilnehmer, dass es ihnen bei ihrer beruflichen Tätigkeit wichtig ist, in flachen Hierarchien zu arbeiten. Kreativ sein, sich einbringen und mitgestalten zu können sind wichtige Voraussetzungen für viele Arbeitnehmer. In einer eigenen Studie mit 1000 deutschen Arbeitnehmern (Boes, Sattelberger & Welpe, 2015) konnten wir zeigen, dass sowohl die Mitbestimmung der Unternehmensstrategie als auch die Wahl der eigenen Führungskraft als sehr attraktiv gesehen werden. Auch andere Facetten organisationaler Partizipation, wie beispielsweise die Mitgestaltung betrieblicher Rahmenbedingungen durch Ausschüsse oder eine hohe Freiheit in der Arbeitsgestaltung, wurden von Arbeitnehmern überaus positiv bewertet. Im Umkehrschluss heißt dies, dass Unternehmen die Partizipation gezielt vorantreiben sollten, um in Zukunft ausreichend Talente anziehen zu können.

Einige von Ihnen werden nun vielleicht aufschreien und aus unserer bisherigen Argumentation schlussfolgern, dass Hierarchien in einem demokratischen Unternehmen, in dem Mitarbeiter an Entscheidungen partizipieren und mehr Verantwortung übernehmen, überflüssig werden. Dem ist in unseren Augen und denen vieler anderer Forscher (Maynard, Gilson & Mathieu, 2012) jedoch nicht so. Tatsächlich zeigt die Forschung, dass Hierarchien ein zentrales Merkmal menschlicher Gesellschaften sind (Magee & Galinsky, 2008). Bringt man Menschen in einer Gruppe zusammen, um gemeinsam eine Aufgabe zu lösen, bilden sich innerhalb kürzester Zeit informelle Hierarchien aus (Anderson & Kilduff, 2009). Warum ist das so? Hierarchie hilft dabei, Ordnung und Stabilität herzustellen. In hierarchischen Strukturen weiß jeder genau, was er oder sie zu tun hat. Die Koordination im Team wird einfacher und schneller, Konflikte werden reduziert. Hierarchien können also durchaus zur Effektivität von Gruppen beitragen, vor allem dann, wenn enger Abstimmungsbedarf zwischen den Gruppenmitgliedern herrscht. Zudem werden Führungsfunktionen wie das Coachen von Mitarbeitern und die Unterstützung von eigenverantwortlichem Agieren und Entscheiden immer wichtiger. Hierarchien und die Führungsfunktion werden also mit sehr hoher Wahrscheinlichkeit weiterhin ein zentraler Bestandteil von Organisationen bleiben.

3.1 Empowerment – Mitarbeiter an die Macht!

Wenn wir von Demokratie sprechen, liegt ein besonderer Fokus auf dem Empowerment von Mitarbeitern. Immer diese Anglizismen, werden Sie jetzt möglicherweisen denken. Es ist nicht ganz einfach, den Begriff »Empowerment« so ins Deutsche zu übersetzen, dass er seine ursprüngliche Bedeutung aus dem Englischen beibehält. Am ehesten kann man ihn wohl mit »Ermächtigung« oder »Bevollmächtigung« umschreiben, also mit der Übertragung von Verantwortung von Führungskräften auf Mitarbeiter. Dabei ist zwischen zwei verschiedenen Arten von Empowerment zu unterscheiden: Die erste ist das *strukturelle Empowerment*, also formal vom Unternehmen eingesetzte Strukturen, Praktiken und Strategien, durch die Macht und Autorität in der Organisation von der Führungsebene ausgehend über alle Mitarbeiter hinweg verteilt werden (Seibert, Wang & Courtright, 2011). Im Gegensatz dazu geht es bei der zweiten Art um *psychologisches Empowerment* – also um das subjektive Gefühl von Mitarbeitern, dass sie Kontrolle über ihre eigene Arbeit haben (Conger & Kanungo, 1988). Hierbei spielt es also weniger eine Rolle, wie viel Macht und Einfluss Mitarbeiter in ihrer Organisation tatsächlich übertragen bekommen, sondern inwiefern sie sich ermächtigt *fühlen*.

Wie Sie sich vielleicht vorstellen können, fühlen Mitarbeiter sich nicht zwangsläufig ermächtigt, wenn beispielsweise Mitbestimmungsinitiativen im Unternehmen gestartet werden. Häufig werden diese Maßnahmen als »Alibi« oder »Augenwischerei« gesehen. So werden in Unternehmen Strukturen geschaffen, um Mitarbeiter zu ermächtigen, die dann aber von den Mitarbeitern nicht genutzt werden – das Ergebnis ist ein enttäuschtes Management, das den fälschlichen Rückschluss zieht, dass die Mitarbeiter gar nicht daran interessiert sind, im Unternehmen zu partizipieren, und Mitarbeiter, die sich darin bestätigt fühlen, dass das Management niemals an ihrer Meinung interessiert war. Mitarbeiter werden jedoch nur dann an Maßnahmen partizipieren, wenn sie auch ein Gefühl der Ermächtigung erleben. Dieses Gefühl wiederum lässt sich nicht durch die Einführung von neuen Instrumenten verändern, sondern muss spezifisch adressiert werden.

Allgemein gesprochen ist strukturelles Empowerment wichtig, damit Mitarbeiter überhaupt psychologisches Empowerment empfinden können. Die Vorteile von strukturellem Empowerment kommen jedoch nur dann zustande, wenn Mitarbeiter sich auch ermächtigt fühlen. Entsprechend sind beide Arten von Empowerment nötig, wenn Unternehmen im digitalen Zeitalter demokratischer werden wollen. Beide müssen Hand in Hand gehen.

Bitte nehmen Sie sich einen Augenblick Zeit, um über Ihre eigene Arbeit nachzudenken. Ist Ihre Arbeit für Sie persönlich sinnvoll und relevant? Haben Sie das Gefühl, dass Sie alle nötigen Fähigkeiten und Kenntnisse besitzen, um Ihre Arbeit gut erledigen zu können? Können Sie Ihre Aufgaben autonom und eigenständig bearbeiten? Haben Sie Einfluss darauf, was in Ihrem Team oder in Ihrer Abteilung passiert? Je mehr dieser Fragen Sie mit »Ja« beantworten können, desto höher sollte Ihr psychologisches Empowerment sein. Laut Gretchen Spreitzer von der Universität Michigan müssen die folgenden vier zentralen Faktoren gegeben sein, damit Mitarbeiter Empowerment bei der Arbeit erleben (Spreitzer, 1995):

- Eine hohe empfundene *Sinnhaftigkeit* der eigenen Aufgaben, die in der Regel daraus resultiert, dass die Anforderungen der beruflichen Rolle mit eigenen Werten und Normen übereinstimmen.
- Ein hohes *Kompetenzerleben* bei der Arbeit, welches dann auftritt, wenn man daran glaubt, die eigenen Aufgaben gut erfüllen zu können.
- Ein hoher Grad an *Selbstbestimmung*, also selbst entscheiden zu können, wie man seine Arbeit angeht.
- Ein hohes Maß an *Einfluss* auf strategische und organisatorische Themen im Team und in der Abteilung.

Treffen all diese Faktoren zu, erleben Mitarbeiter ein hohes Ausmaß an Kontrolle über ihre Arbeit und sind aus sich selbst heraus motiviert, gute Arbeit zu leisten und sich aktiv einzubringen. Es ist kein Wunder, dass Scott Seibert und seine Kollegen von der Universität Iowa in einer großen Meta-Analyse, in der sie die Ergebnisse von mehr als 140 Einzelstudien zusammenfassen, feststellen, dass psychologisches Empowerment durchweg positiv für Mitarbeiter und die Organisationen, in denen sie arbeiten, ist (Seibert et al., 2011). Es führt zu höherer Arbeitszufriedenheit, einer stärkeren Bindung an die eigene Organisation sowie zu besserer Leistung. Besonders hervorzuheben ist gerade vor dem Hintergrund der Digitalisierung, dass Empowerment tatsächlich das kreative und innovative Verhalten von Mitarbeitern fördert. Zudem gehen Mitarbeiter, die ein hohes Maß an Empowerment empfinden, eher über die vertraglich vereinbarten Aufgaben ihrer Arbeitsrolle hinaus, indem sie beispielsweise ihre Kollegen unterstützen, wenn Not am Mann ist, freiwillig zusätzliche Aufgaben übernehmen und guten Mutes bleiben, auch wenn die Arbeit gerade anstrengend ist. Sie zeigen mehr proaktives Verhalten am Arbeitsplatz, indem sie in die Zukunft schauen, Initiative zeigen und Veränderungsprozesse anstoßen. Psychologisches Empowerment ist somit die Basis für viele Verhaltensweisen, die im digitalen Zeitalter erfolgskritisch sind.

Was kann man nun als Organisation tun, um das psychologische Empowerment von Mitarbeitern zu fördern? Bevor wir darauf eingehen eine Randbemerkung: Natürlich gibt es auch Mitarbeitereigenschaften, welche Empowerment erhöhen, auf die Organisationen jedoch nur bedingt einwirken können. So fühlen sich zum Beispiel Mitarbeiter mit einem positiven Selbstbild generell eher ermächtigt als solche, die weniger selbstsicher sind – bestimmt fallen Ihnen Kollegen ein, die weniger von sich selbst überzeugt sind und stärker ermutigt werden müssen. Zudem steigt mit dem Alter und der Berufserfahrung das eigene empfundene Empowerment bei der Arbeit an. Dies bedeutet aber nicht, dass manche Mitarbeiter in Bezug auf Empowerment hoffnungslose Fälle sind oder dass es ausreichend ist, so lange zu warten, bis sich Empowerment bei Mitarbeitern einstellt.

Es gibt eine Vielzahl von spezifischen Maßnahmen, mit denen Organisationen das Gesamtlevel an Empowerment ihrer Mitarbeiter erhöhen können – und Studien zeigen, dass die Effekte dieser Maßnahmen deutlich größer sind als die Effekte von individuellen Unterschieden wie dem Selbstbild (Seibert et al., 2011). Es lohnt sich also, Empowerment in Unternehmen gezielt zu adressieren. Die Maßnahmen für Empowerment können dabei, allgemein gesprochen, auf vier verschiedenen Ebenen ansetzen: auf der Arbeitsebene, der Führungsebene, der Teamebene und der Organisationsebene. Im Folgenden werden wir diese Ebenen genauer betrachten.

3.2 Empowerment auf Arbeitsebene – ermächtigende und motivierende Arbeit gestalten

Wenn man Empowerment vorantreiben möchte, muss man sich zuerst den Arbeitsalltag von Mitarbeitern ansehen. Werfen wir dazu einen Blick auf die Arbeit von Jonas, einem 35-jährigen Projektkaufmann. Jonas hat in seinem Unternehmen die Aufgabe, große Bauprojekte aus einer wirtschaftlichen Perspektive zu begleiten – er kümmert sich vorwiegend um die Angebotserstellung und die Dokumentation eventueller finanzieller Mehraufwände. Dabei kann er in der Regel nicht entscheiden, wann er sich um welches Projekt kümmert, da seine Arbeit stark von externen Angebotsfristen abhängt. Auch die Art und Weise, in der er arbeitet, ist streng standardisiert; es gibt Vorlagen und Prozesse, die eingehalten werden müssen. Größere Entscheidungen, zum Beispiel das Gewähren von Rabatten, kann er nur nach Rücksprache mit seiner Chefin treffen. Oft ist die Aufgabenübergabe durch seine Chefin mangelhaft – er weiß nicht genau, welche Themen in seinem Aufgabenbereich liegen und welche in dem anderer Projektbeteiligter. Auch muss er des Öfteren feststellen, dass ihm projektkritische Informationen, wie beispielsweise Besonderheiten des Geländes, auf dem gebaut werden soll, oder Details zur späteren Nutzung, nicht vorliegen. Im Normalfall begleitet Jonas nur einen Teil der Angebotserstellung – nach Einreichung des Angebots bekommt er von dem von ihm kalkulierten Projekt nur noch wenig mit. Rückmeldung darüber, wie gut seine Angebotskalkulation tatsächlich war und ob sich diese während der Bauzeit tatsächlich bewährt hat, bekommt er nur selten – wenn, dann in Form von Beschwerden, wenn etwas nicht gut kalkuliert war.

Was meinen Sie: Fühlt Jonas sich bei seiner Arbeit empowert? Die Grundvoraussetzungen für Empowerment (Spreitzer, 1995) scheinen in seinem Fall erst einmal nicht gegeben zu sein. Die empfundene *Sinnhaftigkeit* seiner Arbeit dürfte nicht allzu hoch ausgeprägt sein, da er nur kleine Teilbereiche eines kompletten Projektes bearbeitet. Zudem fehlt ihm oft der Gesamtüberblick über die von ihm bearbeiteten Projekte, was es zusätzlich schwer macht, die Sinnhaftigkeit der eigenen Arbeit zu erkennen. Die Tatsache, dass Jonas nur wenig (und falls doch, überwiegend negatives) Feedback auf seine Arbeit bekommt, schmälert sein *Kompetenzerleben* bei der Arbeit. Darüber hinaus hat Jonas insgesamt betrachtet einen geringen Grad an *Autonomie und Selbstbestimmung*. Er kann kaum selbst darüber entscheiden, wann und wie er seine Aufgaben bearbeitet. Er hat auch nicht die Möglichkeit, eigenverantwortlich Entscheidungen im eigenen Kompetenzbereich zu treffen, ohne sich mit der Führungskraft abzustimmen. Jonas hat zudem einen geringen *Einfluss* auf strategische und organisatorische Themen im Team und in der Abteilung. Zusammengefasst dürfte es Jonas also schwerfallen, sich empowert zu fühlen.

Wie für Jonas ist Empowerment für viele Mitarbeiter nicht selbstverständlich: Seit dem Jahr 2001 misst Gallup in Deutschland in einer für deutsche Arbeitnehmer repräsentativen Befragung das sogenannte Engagement der Beschäftigten. Dabei verwenden sie Fragen, die sehr stark auf das empfundene Empowerment bei der Arbeit abzielen, zum Beispiel nach dem eigenen Einfluss bei der Arbeit oder dem Zugang zu Ressourcen. Rund 70 Prozent der deutschen Arbeitnehmer sind laut den Ergebnissen von Gallup nur wenig empowert. In vielen anderen Ländern, wie Großbritannien, Frankreich oder den USA, ist die Empowerment-Bilanz ähnlich ernüchternd.

Jedoch beschäftigen Forscher sich bereits seit Jahrzehnten mit der Frage, wie Arbeit gestaltet werden sollte, damit Mitarbeiter sich ermächtigt fühlen, motiviert bei der Sache sind, ihre Arbeit proaktiv angehen und eigene Ideen einbringen (Humphrey, Nahrgang & Morgeson, 2007; Grant & Parker, 2009). Wir möchten Ihnen daher einige spannende Ansätze vorstellen, mit denen das Empowerment von Mitarbeitern gefördert werden kann.

Selbstbestimmung und Autonomie durch ungewöhnliche Wege fördern

Wir haben darüber gesprochen, dass Selbstbestimmung sowie Autonomieerleben bei der Arbeit kritische Voraussetzungen für das psychologische Empowerment von Mitarbeitern sind (Spreitzer, 1995). Weniger klar ist jedoch, wie diese in der Praxis erreicht werden können. Aufschlussreich ist daher der Weg, den beispielsweise die österreichische Leobersdorfer Maschinenfabrik GmbH (LMF) eingeschlagen hat, um die Autonomie ihrer Mitarbeiter zu fördern. Als Technik-Unternehmen ist LMF darauf angewiesen, gute Auszubildende zu finden. Nun war dies für LMF lange nicht so einfach, denn die Bewerberlage war schlecht und die Bewerbungen, die hereinkamen, qualitativ nicht auf dem gewünschten Niveau. LMF wählte in Reaktion darauf einen ungewöhnlichen Ansatz und betraute seine Auszubildenden im Rahmen der Initiative »Azubis suchen ihre Nachfolger« mit der Aufgabe, die komplette Verantwortung für das Recruiting neuer Azubis zu übernehmen. Seit 2009 betreuen die Auszubildenden den gesamten Auswahlprozess: Sie beginnen beim Employer Branding – im Rahmen von Marketing- und Messeauftritten stehen sie interessierten Kandidaten Rede und Antwort und machen so Werbung für ihr Unternehmen. Die Auszubildenden entwerfen aber auch selber Tests für Bewerber und werten diese aus, führen die Vorstellungsgespräche und treffen im Team die Entscheidung, wem ein Ausbildungsangebot unterbreitet werden soll und wem nicht. LMF überträgt somit die Verantwortung für die Personalauswahl, die ansonsten bei Führungskräften liegt, auf die unterste Organisationsebene und reichert so das Aufgabenprofil seiner Auszubildenden an. Neben technischen und kaufmännischen Skills werden so auch die sozialen Kompetenzen, die Entscheidungsfähigkeit und die Teamfähigkeit der Auszubildenden gefördert. Gleichzeitig zeigt das Beispiel von LMF, dass in Bezug auf Empowerment nicht das Matthäus-Prinzip »Denn wer da hat, dem wird gegeben« gilt – entgegen der vorherrschenden Meinung profitieren gerade auch Mitarbeiter mit wenig Erfahrung von höherer Autonomie. So zeigt eine spannende Studie der amerikanischen Forscher Michael Ahearne, John Mathieu und Adam Rapp beispielsweise für den Bereich des Kundenservice, dass Mitarbeiter mit wenig Erfahrung und Wissen durch Empowerment besonders in ihrer Selbstwirksamkeit gestärkt werden, was sich wiederum in höherer Leistung niederschlägt.

Einen anderen Ansatz, um die Autonomie der Mitarbeiter zu fördern, wählen alpha-board, Adobe und Synaxon. Ihnen gemein ist dabei, dass es vor allem darum geht, durch Autonomie Innovation und Proaktivität der Mitarbeiter zu adressieren. Beim Berliner Hardwaredesign-Dienstleister alpha-board arbeiten die Mitarbeiter an einem Freitag im Monat eigenverantwortlich an der Zukunft ihres Unternehmens. Das Tagesgeschäft bleibt an diesen »Future Fridays« außen vor. Die Mitarbeiter erhalten die Möglichkeit, eigene Ideen und Projekte zu verfolgen, beispielsweise das Programmieren neuer Makros oder die Verbesserung interner Prozesse. Am Nachmittag kommen alle Mitarbeiter zusammen und stellen einander vor, woran sie gearbeitet haben. (Sie werden vielleicht erkennen, dass dies die Gelegenheit für rasches Feedback zu eigenen Ideen bietet, was das psychologische Empowerment weiter fördern sollte.) Damit die Mitarbeiter bestens für den Future Friday, aber auch für das reguläre Tagesgeschäft vorbereitet sind, ergänzt alpha-board diesen Ansatz durch die »Slack Time« – an jedem zweiten Freitag im Monat widmen die Mitarbeiter sich gezielt ihrer eigenen Weiterbildung. Sie bringen sich Themen bei, die für ihre Arbeit relevant sind, für die aber ansonsten die Zeit fehlt. Zusammengefasst paart alpha-board somit das Gewähren von Autonomie mit dem Bereitstellen von zeitlichen Ressourcen, um Empowerment voranzutreiben.

Auch Software-Gigant Adobe setzt auf diese spezifische Kombination. Um das eigenverantwortliche Verfolgen innovativer Ideen zu unterstützen, verteilt Adobe die rote »Kickbox« an seine Mitarbeiter. Diese Kickbox enthält eine Vielzahl von Tools: Neben Innovationstools wie Post-its zum Brainstormen, Übungen und Checklisten beinhaltet sie auch eine Anleitung für einen sechsstufigen Innovationsentwicklungsplan, der Mitarbeiter von ihrer ersten Idee zu einem wertvollen Produkt für Adobe begleitet. Zentral hierbei ist, dass Mitarbeiter in diesem Innovationsprozess völlig frei sind – es gibt keinerlei Vorgaben, wie sie vorzugehen haben oder was sie erreichen sollen. Sie müssen niemandem Rechenschaft ablegen. Auch den sechsstufigen Innovationsprozess können sie frei anpassen. Im Sinne des von Eric Riess geprägten »Lean Start-up«-Prinzips werden Mitarbeiter dann ermutigt, vorhandene Ideen schnell zu testen, sich Rückmeldung von Kollegen einzuholen und direkt mit Kunden in Kontakt zu treten. Dies kann beispielsweise erfolgen, indem sie ihre Idee auf eine Webseite stellen, sich Feedback von potenziellen Kunden einholen und testen, wie viel Geld diese dafür ausgeben würden. So bekommen sie rasch ein Gefühl (und vor allem eine belastbare Datenbasis) dafür, wie ihre Idee ankommt und was sie noch verbessern können. Ermöglicht wird dies auch dadurch, dass jeder Mitarbeiter in der Kickbox eine mit 1000$ aufgeladene Kreditkarte zur Verfügung gestellt bekommt. Dies ermöglicht Experimente, ohne erst die Zustimmung der eigenen Führungskraft einholen zu müssen (welche das Projekt möglicherweise stoppen könnte, bevor es überhaupt begonnen hat). Wichtig zudem: Mitarbeiter können diese Kreditkarte benutzen, ohne sich für die getätigten Ausgaben zu rechtfertigen. Sie müssen keinerlei Belege einreichen – Adobe vertraut darauf, dass sie das Geld im Sinne des Unternehmens verwenden. Am Ende des Prozesses haben die Mitarbeiter dann schließlich die Gelegenheit, ihre ausgearbeitete und bereits durch Kunden validierte Idee vor einer von 600 Führungskräften zu pitchen. Die Bilanz ist gut – rund 50 Prozent der bisher gepitchten Ideen wurden von Adobe im Anschluss an diese Experimentierphase weitergefördert. Haben Sie inzwischen Lust bekommen, die Adobe Kickbox auch selbst einmal in Ihrem Unternehmen auszuprobieren? Kein Problem – Adobe teilt seine Erfahrungen kostenfrei mit anderen und stellt auf seiner Webseite alle nötigen Informationen zum Nachmachen bereit. Worauf warten Sie noch?

Beim Bielefelder IT-Unternehmen Synaxon wird Autonomie ebenfalls großgeschrieben. Das Unternehmen pflegt das Prinzip »Radikale Selbstorganisation«, denn jeder Mitarbeiter kann seine Arbeit vom ersten Tag an selbstständig organisieren. Ist ein Mitarbeiter der Meinung, dass seine Aufgabenbeschreibung so keinen Sinn macht oder Arbeitsabläufe anders effizienter organisiert werden könnten, kann er diese einfach ändern. Er dokumentiert diese Änderung im unternehmenseigenen Wiki, also dem internen Wissensmanagementsystem – insofern keiner der Kollegen widerspricht, wird die Änderung beibehalten. Zudem brauchen Mitarbeiter nur in den wenigsten Fällen eine Freigabe durch ihre Führungskraft. Außer in kritischen Situationen, zum Beispiel dann, wenn ein Budget überschritten werden soll, können Mitarbeiter alle Entscheidungen in ihrem Aufgabengebiet selbst treffen.

Kompetenzerleben durch kontinuierliches Feedback fördern

Neben der Förderung der Autonomie von Mitarbeitern spielt das Kompetenzerleben der Mitarbeiter eine entscheidende Rolle für deren Empowerment. Für dieses wiederum ist es entscheidend, dass Mitarbeiter regelmäßig Feedback zu ihrer Leistung erhalten, damit sie einschätzen können, wo sie stehen, und erzielte Erfolge auch auf ihre eigene Kompetenz zurückführen können. Nicht umsonst zeigen die eingangs erwähnten Gallup-Studien, dass ein Mangel an Feedback durch die Führungskraft ein zentraler Treiber für das geringe empfundene Empowerment von Mitarbeitern ist. Gerade in Zeiten der Digitalisierung, in denen das externe Umfeld von Unternehmen sich sehr schnell verändert, Agilität gefragt ist und oft nicht mehr klar ist, ob das eigene Handeln der korrekte Ansatz ist, ist eine regelmäßige, kurzfristige Leistungsrückmeldung entscheidend. Nur durch regelmäßiges Feedback können Mitarbeiter sich entwickeln, an ihren Aufgaben wachsen, wissen, ob sie in die richtige Richtung steuern, und sich letztlich kompetent fühlen. Einige Unternehmen haben dies bereits erkannt und ersetzen beziehungsweise erweitern das bisher etablierte jährliche Feedback durch kontinuierliches Feedback. Dazu nutzen sie – wie passend – gerade auch die Digitalisierung: Der amerikanische Traditionskonzern General Electric behält zwar seine jährlichen Feedback-Gespräche bei, ergänzt diese aber um kontinuierliches Feedback via App. In der App »PD@GE« («performance development at GE«) werden zwei Feedback-Prozesse miteinander vereint. Einerseits gibt es den Top-down-Prozess: Führungskräfte vereinbaren in einem partizipativen Prozess eine Reihe kurzfristiger Ziele mit ihren Mitarbeitern. Über die App geben sie dann regelmäßig Feedback zum Fortschritt bei der Zielerreichung, beispielsweise per Notiz oder Sprachnachricht. Der Fokus liegt hierbei auf den Entwicklungspotenzialen – was kann der Mitarbeiter verbessern? Führungskräfte werden somit ermutigt, beim Geben von Feedback eine coachende Rolle einzunehmen. Um dies sicherzustellen, »zwingt« die App sie, ihr Feedback entweder als »weiter so« oder als »du könntest darüber nachdenken, das hier zu verändern« zu kategorisieren. Gleichzeitig enthält die App aber auch die Möglichkeit für Bottom-up-Feedback: Über die App können auch Mitarbeiter selbst sich jederzeit aktiv Feedback einholen, und das nicht nur von ihrer eigenen Führungskraft, sondern von ihrer gesamten Abteilung.

Facebook geht in Bezug auf Feedback einen vergleichbaren Weg: Per App holen die Mitarbeiter sich regelmäßig Feedback von drei bis fünf Kollegen sowie von ihrer Führungskraft ein. Zudem bewerten sie auch selbst ihre Leistung, um ein tatsächliches 360°-Feedback zu erhalten. In Summe führt dieses Feedback, das als Basis für die halbjährlichen formalen Feedback-Runden genutzt wird, dazu, dass Mitarbeiter immer wissen, wo sie stehen. Sie können kurzfristige Ziele setzen und deren Erreichung prüfen, indem sie kontinuierlich im Austausch mit Führungskräften und Kollegium sind. Umso besser, denn die Wissenschaft zeigt, dass das Erreichen von Zielen eines der wichtigsten positiven Ereignisse bei der Arbeit ist (Bono, Glomb, Shen, Kim, & Koch, 2013). Flexible Feedback-Systeme können somit nicht nur für Empowerment, sondern auch als positives und motivierendes Führungsinstrument eingesetzt werden.

Ähnliche Feedback-Ansätze sind übrigens auch bei anderen Unternehmen zu finden: Die Strategieberatung Accenture, das Softwareunternehmen Adobe, Online-Händler Amazon sowie die Transport-Plattform Lyft – sie alle setzen ebenfalls auf kontinuierliches Feedback, um das Empowerment ihrer Mitarbeiter zu fördern.

Sinnerleben und Einfluss von Mitarbeitern im Unternehmen durch Informationstransparenz stärken

Sinnerleben und Einfluss auf Unternehmensentscheidungen sind die letzten beiden Dimensionen, die Unternehmen adressieren müssen, damit Mitarbeiter sich empowert fühlen. Informationen im Unternehmen transparent zu machen ist eine wichtige Voraussetzung dafür, dass Mitarbeiter die Sinnhaftigkeit ihrer Arbeit begreifen, denn sie hilft ihnen dabei, Fragen wie »Wie trägt meine Aufgabe zu den Unternehmenszielen bei?« und »Warum ist meine Arbeit wichtig?« zu beantworten. Informationstransparenz erlaubt Mitarbeitern darüber hinaus, mehr Einfluss auf ihr Unternehmen zu nehmen. Denn wie Harvard-Professorin Rosabeth Moss Kanter sagt: »Solange Menschen nicht wissen, in welche Richtung sie insgesamt betrachtet steuern, so lange sind sie nicht fähig, die Initiative zu ergreifen und ein Problem zu lösen.«

Unternehmen wie Synaxon, Boost, New Belgium Brewing Company und Front setzen daher bereits auf eine absolut offene Kommunikation aller (auch finanzieller und strategischer) Informationen im Unternehmen. Synaxon wählt dabei ein zweigleisiges Vorgehen: Einerseits werden alle Informationen transparent für die Belegschaft gemacht. Dazu wird wieder das bereits zuvor erwähnte Wiki genutzt. Anstatt also umständliche Anfragen an andere Abteilungen stellen zu müssen, können Mitarbeiter auf die im Wiki hinterlegte ausführliche und aktuelle Dokumentation zurückgreifen. Andererseits haben Mitarbeiter das Recht und werden sogar explizit dazu aufgefordert, nahezu alle Informationen über das Unternehmen frei in der Öffentlichkeit zu kommunizieren, beispielsweise über Social Media und Blogs. Synaxon empowert seine Mitarbeiter, Botschafter für das Unternehmen zu werden, im festen Glauben, dass offener Informationsaustausch zu besseren Ergebnissen führt. Nur 1 Prozent der unternehmensinternen Informationen ist als Betriebsgeheimnis und somit als vertraulich klassifiziert.

Das neuseeländische Medienunternehmen Boost ist ebenfalls davon überzeugt, dass mit wichtigen Informationen offen umgegangen werden muss. Es setzt aber eher auf physische Medien, wie Post-its, Poster und Charts, in denen täglich die wichtigsten neuen Informationen und Themen öffentlich im sogenannten Datenraum ausgestellt werden. So wird in diesem Datenraum beispielsweise die Leistung jedes einzelnen Teammitglieds, die Anzahl von Kundenanrufen oder vierteljährliche Leistungsziele ausgehängt. Darüber hinaus findet sich dort ein schwarzes Brett, das alle laufenden Projekte, in nächster Zeit kommende Projekte und Projekte in der Angebotsphase darstellt. In einem wöchentlichen Stehmeeting werden all diese Informationen im Team durchgegangen, damit alle Mitarbeiter stets auf dem neuesten Stand sind.

Die belgische Brauerei New Belgium Brewing pflegt das »Open-Book-Management«, legt also alle Finanzdaten für seine Mitarbeiter offen in der Überzeugung, dass diese dann informierter und eher im Sinne des Unternehmens handeln können. So wissen selbst die Mitarbeiter im Lager genau, wie viel Prozent eines jeden erwirtschafteten Euro tatsächlich Gewinn sind oder wie die Werbeabteilung ihr Geld ausgibt. Damit die Mitarbeiter diese Werte auch wirklich verstehen, wird ihnen zu Beginn ihrer Tätigkeit zunächst beigebracht, wie man eine Gewinn- und Verlustrechnung liest. Beim Softwareunternehmen Front sind alle E-Mail-Postfächer sowie die SMS-Kommunikation und Twitter-Accounts frei für andere zugänglich. Das Online-Unternehmen Reddit ermutigt seine Mitarbeiter, anstatt eins zu eins via Telefon oder E-Mail über allgemein zugängliche Kanäle zu kommunizieren. Kommunikation wird so völlig transparent und alle Mitarbeiter verfügen stets über alle aktuellen Informationen, um informiert handeln zu können.

3.3 Empowerment auf Führungsebene – das Ende hierarchischer Führung?!

Führungskräfte haben eine entscheidende Rolle in Bezug auf Empowerment: Die Forschung zeigt ganz eindeutig, dass strukturelles Empowerment sich nur dann in psychologischem Empowerment niederschlagen kann, wenn Mitarbeiter sich von ihrer Führungskraft unterstützt fühlen. Dabei ist es entscheidend, dass Mitarbeiter sich auf ihre Führungskraft verlassen können und dass die Führungskraft ansprechbar und bereit ist, Mitarbeiter beim Umgang mit Herausforderungen zu unterstützen (Logan & Ganster, 2007). Gleichzeitig sollten Mitarbeiter auch das Gefühl haben, dass ihre Führungskraft autonomes und eigenverantwortliches Handeln unterstützt. Stellen Sie sich vor, eine Organisation würde Empowerment fördern, die Führungskräfte würden ihre Mitarbeiter jedoch sehr stark kontrollieren und Mikromanagement betreiben. Es ist nachvollziehbar, dass Mitarbeiter in solchen Konstellationen nicht wirklich autonom arbeiten werden.

Mitarbeiter ermächtigen – Empowering Leadership

Selbstverständlich haben Führungskräfte Einfluss darauf, wie die Arbeit ihrer Mitarbeiter gestaltet ist. Entsprechend gelten viele der zuvor besprochenen Punkte auch für Führungskräfte. Sie können Informationstransparenz herstellen, Ressourcen übergeben, ihren Mitarbeitern Verantwortung für Aufgaben übertragen, für komplexe und vielfältige Projekte sorgen etc. Darüber hinaus zeigt die Forschung, dass es vier zentrale Verhaltensweisen gibt, die Führungskräfte zeigen sollten, um ihre Mitarbeiter zu empowern (Ahearne, Mathieu & Rapp, 2005).

Mitarbeiter an Entscheidungsprozessen beteiligen

Das Treffen von Entscheidungen gehört zu den Kernaufgaben von Führungskräften. Welche Projekte angenommen werden, wie viel Personal und Ressourcen dafür veranschlagt werden, bis wann und wie diese umgesetzt werden – auf all diese und viele weitere Fragen müssen Führungskräfte Antworten finden. Idealerweise tun sie dies jedoch nicht alleine, sondern gemeinsam mit denjenigen, die diese Entscheidungen letztlich auch mittragen müssen, also den Mitarbeitern. Hierfür gibt es gute Gründe: Einerseits können Mitarbeiter relevantes Wissen in den Entscheidungsprozess einbringen. Andererseits erleben sie mehr Kontrolle und sind motivierter, wenn sie über Themen mitbestimmen können, welche die Organisation und somit auch sie selbst betreffen.

Autonomie gewähren und Bürokratie abbauen

Über die Beteiligung von Mitarbeitern an Entscheidungsprozessen hinaus sollten Führungskräfte dafür sorgen, dass Mitarbeiter ihre Arbeit autonom und eigenverantwortlich erledigen können. Dazu gehört auch der Abbau von Bürokratie und die Vereinfachung von Entscheidungsprozessen. Das Prinzip von Synaxon, dass Mitarbeiter nur in den seltensten Fällen eine Freigabe durch ihre Führungskraft benötigen, fällt beispielsweise unter diesen Punkt. Auch Netflix ist mit der Regelung von Reisekosten über den Grundsatz »Act in Netflix's best interest« (McCord, 2014) ein gutes Beispiel dafür, wie bürokratische Regeln niedrig gehalten werden können. Wichtig hierbei ist, dass Führungskräfte ihre Mitarbeiter auch für Ergebnisse und Resultate verantwortlich machen, denn nur dann wird die höhere Autonomie von Mitarbeitern sich auch in höherer Leistung niederschlagen.

Zuversicht in die Kompetenzen der Mitarbeiter ausdrücken

Haben Sie sich beim Lesen dieses Kapitels schon einmal gefragt, ob man Mitarbeiter durch Empowerment auch überfordern kann? In diesem Fall hat die Wissenschaft gute Nachrichten für Sie: Selbst weniger erfahrene Mitarbeiter profitieren von Empowerment durch ihre Führungskraft. Auch wenn man Mitarbeiter durch das Übertragen eines angemessenen Maßes an Verantwortung also in der Regel nicht überfordert, schadet es nicht, dabei gleichzeitig die Selbstwirksamkeit der Mitarbeiter zu stärken. Dies gilt vor allem für diejenigen Mitarbeiter, die von sich aus eher zögerlich Verantwortung übernehmen und entsprechend mehr ermutigt werden müssen. Diesen kann man beispielsweise kommunizieren, dass man an sie glaubt und zuversichtlich ist, dass sie herausfordernde und anspruchsvolle Aufgaben souverän lösen können. Dazu gehört aber auch ein konstruktiver Umgang mit Fehlern, bei dem Führungskräfte gemeinsam mit ihren Mitarbeitern aus Fehlern lernen und ihnen auch weiterhin Vertrauen schenken – denn, wie in Big Five #1 besprochen, gehören Fehler dazu, wenn man sich weiterentwickeln will.

Die Sinnhaftigkeit der Arbeit unterstreichen

Mitarbeiter dabei zu unterstützen, Sinnhaftigkeit in ihrer Arbeit zu finden, ist ein weiterer wichtiger Beitrag, den Führungskräfte zum Empowerment ihrer Mitarbeiter leisten können. Wenn Mitarbeiter sehen, wie ihre eigenen Aufgaben und Ziele mit denen des Unternehmens zusammenhängen und warum ihre eigene Arbeit wichtig ist, erleben sie mehr Kontrolle und sind eher bereit, sich einzubringen. Dabei gibt es verschiedene Aspekte sinnhafter Arbeit, die Führungskräfte betonen können:

Tabelle 4: Dimensionen sinnhafter Arbeit nach Lips-Wiersma und Wright (2012)

Entwicklung der eigenen Person	Möglichkeit, sich bei der Arbeit weiterzuentwickeln, z. B. im Bereich Verhandlungsfähigkeit oder öffentliches Sprechen
Eigenes Potenzial zum Einsatz bringen	Möglichkeit, bereits vorhandene Talente und Potenziale in die Arbeit einzubringen, z. B. gute Social Skills oder Überzeugungsstärke
Gemeinschaft mit anderen	Möglichkeit, bei der Arbeit ein wertvolles Teammitglied zu sein, z. B. indem man derjenige ist, der die anderen zum Lachen bringt
Anderen helfen	Möglichkeit, mit der eigenen Arbeit einen positiven Beitrag zum Leben anderer zu leisten, z. B. durch gute Produkte oder guten Service anderen einen schönen Tag bereiten
Lösen gesellschaftlicher Probleme	Möglichkeit, durch die eigene Arbeit einen größeren Beitrag zu leisten, z. B. durch das Adressieren gesellschaftlicher Probleme wie Armut, Ungleichheit oder mangelnde Bildung

Eine unserer eigenen Studien mit knapp 1000 Berufstätigen aus verschiedensten Branchen zeigt, dass es für Mitarbeiter ungemein wichtig ist, Sinnhaftigkeit bei ihrer Arbeit zu erleben. So fühlen sich Mitarbeiter beispielsweise weniger gestresst von ihrer Arbeit, wenn sie diese als sinnvoll empfinden. Und dieser Effekt hält mindestens einen Monat lang an.

Ein kleiner Exkurs zum Thema Visionen – Mitarbeiter inspirieren

Wenn wir darüber sprechen, dass Führungskräfte ihre Mitarbeiter darin unterstützen sollten, die Sinnhaftigkeit ihrer Arbeit zu erkennen, dann sind wir bereits ganz nah beim Thema Inspiration und Visionen. Studien zeigen, dass visionäre und inspirierende Führung maßgeblich zum Empowerment von Mitarbeitern beiträgt (Avolio, Zhu, Koh & Bhatia, 2004). Vielleicht kennen Sie den TED-Talk des Autors Simon Sinek über inspirierende Führungspersönlichkeiten: Laut Sinek sprechen die meisten Führungskräfte vorwiegend darüber, *was* ihr Team oder ihre Abteilung tut. (Beispiel: »Wir liefern erstklassige Produkte für unsere Kunden.«) Manche gehen ein Level weiter und beschreiben, *wie* sie es tun. (Beispiel: »Wir liefern erstklassige Produkte für unsere Kunden, indem wir ihre Bedürfnisse genauestens analysieren und in den Fokus unseres Arbeitens rücken.«) Nur die wenigsten bringen auf den Punkt, *warum* sie tun, was sie tun. (Beispiel: »Bei allem, was wir tun, fordern wir den Status quo heraus. Alles, was wir tun, ist genau das, was unsere Kunden schon immer haben wollten, aber bisher nicht haben konnten.«) Die Forschung zeigt dabei ganz klar, dass diejenigen Visionen am inspirierendsten sind, die sowohl das »Warum« (den zugrundeliegenden Sinn und Zweck) als auch das »Was« (den angestrebten Endzustand) beinhalten (Conger & Kanungo, 1998). Führungskräfte sollten somit Prinzipien und Werte aufzeigen, die ihr Team oder ihre Organisation antreiben – idealerweise so formuliert, dass sie Mitarbeiter zum Beitragen ermutigen.

Erfolgreiche Visionen sind einerseits leicht nachvollziehbar, zeichnen andererseits aber auch eine herausfordernde Zukunft für die Mitarbeiter. In Bezug auf eine herausfordernde Zukunft haben wir bereits den Massive Transformative Purpose in Big Five #1 vorgestellt. Nachvollziehbarkeit kann man beispielsweise durch das Verwenden von bildhafter Sprache und Metaphern erzielen. Die »I have a dream«-Rede von Martin Luther King hat dies meisterhaft umgesetzt. Dabei sollten Führungskräfte jedoch darauf achten, kein allzu hohes Abstraktionsniveau zu wählen (Berson, Halevy, Shamir & Erez, 2014). Eine recht globale Vision wie Googles »Organize the world's information« sollten Teamleiter entsprechend auf die Arbeit ihres spezifischen Teams herunterbrechen. So können sie beispielsweise an den Stolz der Mitarbeiter appellieren, am nächsten Meilensteinprojekt des Unternehmens mitzuwirken oder durch ihre Arbeit an einem neuen Algorithmus die Kunden glücklich zu machen. Visionen müssen Menschen bei ihren Emotionen packen.

Generell ist zudem »Passung« ein wichtiges Schlagwort beim Thema Visionen: Wie die Arbeit des Niederländers Daan Stam (Stam, Van Knippenberg & Wisse, 2010) zeigt, hängt der Erfolg einer Vision maßgeblich davon ab, ob sie zur Persönlichkeit und zur Unternehmenssituation passt. Visionen können so formuliert sein, dass sie eine aktive Vorwärtsbewegung implizieren – dies wird in der Regel mit Schlagwörtern wie »enthusiastisch«, »Entwicklung«, »Fortschritt« oder »Wachstum« kommuniziert; sie können sich aber auch auf die Verhinderung von negativen Ereignissen oder Zuständen (z. B. feindliche Übernahme, Verlust der Vormachtstellung im Markt) konzentrieren, was sich in Wörtern wie »verhindern«, »Bedrohung«, »Gefahr«, »Pflicht« oder »Angst« widerspiegelt. Weder die eine noch die andere Formulierung ist pauschal erfolgreicher. Sind die eigenen Mitarbeiter eher vorwärtsgewandt, bietet sich die erste Formulierung an, sind sie eher vorsichtig und veränderungsunwillig, die zweite. Letztere ist zudem der geeignete Kommunikationsmodus in Krisenzeiten, da sie die dann vorherrschende Gemütslage der Mitarbeiter besser bedient.

3.4 Empowerment auf Teamebene – Teams an die Macht

Bislang haben wir vor allem darüber gesprochen, wie individuelle Mitarbeiter bei ihrer Arbeit empowert werden können. Sie erinnern sich jedoch wahrscheinlich daran, dass wir in Big Five #2 die zentrale Rolle von Teams im digitalen Zeitalter betont haben. Die nächste Ebene von Empowerment ist daher die Teamebene. Hier gelten zunächst einmal ähnliche Dinge wie die, die wir bereits bei individuellem Empowerment angeführt haben. Wenn Teams intrinsisch motivierende und sinnhafte Aufgaben bearbeiten, wenn sie viele Wahlmöglichkeiten und Entscheidungsfreiheiten in Bezug auf ihre Aufgaben haben, sich sicher sind, dass sie ihre Projekte zusammen gut hinbekommen werden, und zugleich denken, dass das, was sie als Team gemeinsam auf die Beine stellen, einen wichtigen Beitrag zu ihrer Organisation leistet, dann sollten Teams sich empowert fühlen (Seibert et al., 2011).

Dies kann beispielsweise dadurch gefördert werden, dass Führungskräfte Ideen und Vorschläge von ihrem Team einholen und dem Team die Möglichkeit geben, Leistungsziele, Aufgabenaufteilungen und Zeitpläne selbst festzulegen. Auch die Übertragung von Verantwortung für Verbesserungsinitiativen und Weiterbildungsprogramme (»In welchen Bereichen können unsere Teammitglieder sich noch verbessern und wie können wir sie dabei unterstützen?«) trägt maßgeblich zum Empowerment von Teams bei.

Von Empowerment profitieren Teams auch dann, wenn Performance-Management und HR-Systeme auf die Teamebene gehoben werden (d.h., wenn der Fokus weniger auf individuellen Mitarbeitern als auf der Teamebene liegt). Unternehmen können beispielsweise finanzielle Anreize und Boni für gute Teamleistung vergeben, die komplette Verantwortung für die Auswahl neuer Teammitglieder an das Team übergeben und sogar die Leistungsbewertung anderer Teammitglieder voll und ganz in die Hände des Teams legen. Wenn Teams gleichzeitig auf Ressourcen zurückgreifen können, sich also beispielsweise das Know-how anderer Teams herbeiholen können, sind schon viele Voraussetzungen für Empowerment gegeben (Kirkman & Rosen, 1999). Wie individuelles Empowerment führt auch Teamempowerment zu besserer Leistung und zu mehr proaktivem Verhalten aufseiten der Teammitglieder. Interessant ist vor dem Hintergrund der Digitalisierung, dass dies umso stärker gilt, je mehr Teams virtuell zusammenarbeiten – also dann, wenn sie nicht einfach kurz persönlich miteinander interagieren können (Kirkman, Rosen, Tesluk & Gibson, 2004).

Zwei spannende Beispiele für das Empowerment von Teams sind bei Buurtzorg und Applied Energy Services zu beobachten. Buurtzorg ist ein rasch expandierender ambulanter Krankenpflegedienst aus den Niederlanden. Trotz der aktuell rund 10 000 Mitarbeiter arbeiten in der Firmenzentrale nur 50 Personen. Einen Finanzvorstand oder Personalvorstand gibt es bei Buurtzorg nicht. Wie das funktioniert? Durch 800 Teams von maximal 12 Mitarbeitern, die sich komplett selbst organisieren. Die Einstellung neuer Mitarbeiter, Finanzplanung, Einsatzplanung, Tourengestaltung, Patientenakquise – all das ist in der Verantwortung der lokalen Teams. Um sicherzustellen, dass die Teams dieser Verantwortung gerecht werden, durchlaufen sie anfangs einen Trainingsprozess, der sie auf die Selbstorganisation vorbereiten soll. Dabei lernen sie beispielsweise Methoden zur effektiven Gestaltung von Besprechungen und zur Entscheidungsfindung im Team. Auch im weiteren Verlauf werden die Teams von externen Coaches begleitet. Deren Hilfe können sie auch explizit anfragen, beispielsweise in Konfliktsituationen, die das Team nicht selbst gelöst bekommt. Der Erfolg gibt dem Empowerment-Konzept von Buurtzorg recht: Das Unternehmen wurde bereits mehrfach als bester Arbeitgeber ausgezeichnet. Entsprechend wandern immer mehr Mitarbeiter von anderen Unternehmen zu Buurtzorg ab. Auch die Patientenzufriedenheit ist enorm. Die Organisation deckt nur zehn Jahre nach ihrer Gründung 40 Prozent des niederländischen Marktes ab.

Auch das Fortune 200 Energieunternehmen Applied Energy Services setzt auf maximales Empowerment von Teams bei minimaler Bürokratie. Das auf mehreren Kontinenten agierende, 20000 Mitarbeiter starke Unternehmen kommt ebenfalls mit einer sehr schlanken Unternehmenszentrale aus. Kleine dezentrale Organisationseinheiten von maximal 400 Mitarbeitern, bestehend aus etwa 20 Teams, sind verantwortlich für das komplette Tagesgeschäft des Unternehmens, beispielsweise Budgetfestlegung, Sicherheit, Wartung, Einstellungen und Entlassungen, Arbeitszeiten, Weiterbildung, Vergütung, Kreditaufnahme, Einkauf und Qualitätsmanagement. Darüber hinaus legen die lokalen Organisationseinheiten ihre Langzeitstrategie fest und kümmern sich um Beziehungen zu Gemeinden vor Ort, beispielsweise durch Wohltätigkeitsmaßnahmen. Dabei empowert Applied Energy Services seine Mitarbeiter nicht nur in den Bereichen, in denen sie Expertise mitbringen, sondern geht einen Schritt weiter: Kohlearbeiter verhandeln Bankkredite, Wartungstechniker managen das Investmentportfolio, und Installateure führen Verbesserungen in allen Fabriken von Applied Energy Services ein. Damit dies funktioniert, haben die Mitarbeiter die Möglichkeit, interne Experten auf dem jeweiligen Themengebiet hinzuzuholen. 80 Prozent ihrer Arbeitszeit verbringen die Mitarbeiter mit ihren Kernaufgaben, 20 Prozent der Zeit lösen sie in interdisziplinären, freiwilligen und selbstorganisierten Teams übergreifende Aufgaben für ihr Unternehmen. So haben sie die Möglichkeit, Talente einzubringen, die in ihrem eigentlichen Job nicht gefragt sind, sich in vielerlei Hinsicht weiterzuentwickeln und ihr Unternehmen mitzugestalten.

Zwei weitere grundsätzliche Ansätze zum Thema Empowerment in Teams möchten wir ihnen darüber hinaus noch genauer vorstellen: Geteilte Führung und Holokratie. Was sich dahinter verbirgt, sehen wir uns nun gemeinsam an.

Im Team geteilte Führung – Shared Leadership

Was verstehen Sie persönlich unter dem Begriff »Führung«? Verstehen Sie darunter eine Person, der formal die Verantwortung für eine Gruppe von Mitarbeitern übertragen wurde? Verstehen Sie darunter, dass es die Aufgabe dieser Person ist, die Mitarbeiter so zu koordinieren, dass diese zu den Zielen der Organisation beitragen? Verstehen Sie darunter, dass diese eine Person über Ressourcen und Macht verfügt, Budgets plant und Gehälter festlegt? Falls ja dann haben Sie, wie die meisten Menschen, ein klassisches Führungsverständnis.

Führungsverantwortung kann jedoch auch von mehreren Teammitgliedern gemeinsam übernommen werden. Dabei wird Führungsverantwortung basierend auf Expertise und Wissen verteilt, sodass jedes Teammitglied in dem Bereich Führung übernimmt, in dem es am meisten beizutragen hat – ob dies nun Marketing, Prozessoptimierung oder Kundenzufriedenheit ist. Daraus ergibt sich, dass jedes Teammitglied in einem bestimmten Bereich führt und in anderen Bereichen anderen Teammitgliedern folgt. Dabei entwickelt Führung sich dynamisch über Projekte und die Zeit hinweg. In jedem Moment führt die Person, die gerade am meisten relevante Kenntnisse hat. Während zu Beginn eines Projektes möglicherweise derjenige führt, der am besten über Kundenbedürfnisse Bescheid weiß, wird in späteren Phasen Führung durch diejenigen wichtiger, welche Finanzexpertise und Prozesskompetenzen besitzen. Abbildung 5 stellt klassische hierarchische Führung und im Team geteilte Führung noch einmal gegenüber.

Abbildung 5: Vergleich von hierarchischer und geteilter Führung (nach Denis, Langley & Sergi, 2012)

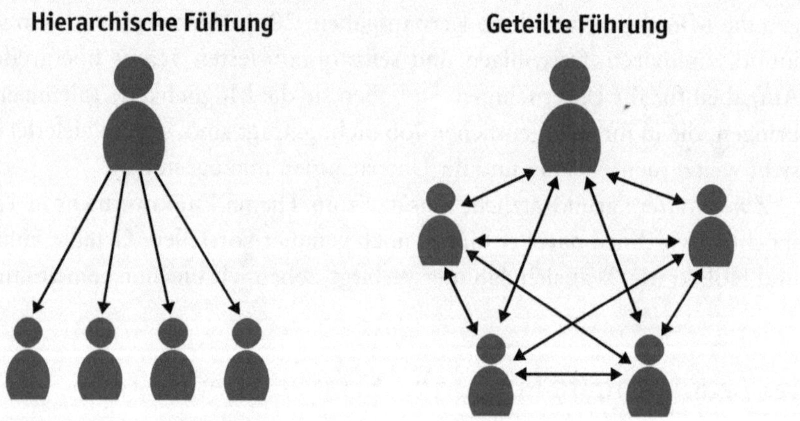

Während die Einflussnahme in klassischen Führungsstrukturen größtenteils von der Führungskraft auf die Mitarbeiter erfolgt, beeinflussen sich bei geteilter Führung alle Teammitglieder gegenseitig. Wir sehen also horizontale genauso wie vertikale Einflussnahme. Wundern Sie sich, warum in unserer Abbildung zu geteilter Führung nach wie vor eine formale Führungskraft eingezeichnet ist? Geteilte Führung heißt nicht zwangsläufig, dass es gar keine formalen Führungskräfte mehr gibt. Bei geteilter Führung haben einige Führungskräfte formale Verantwortung für ein Team. Im Unterschied zu klassischen Führungssituationen konzentrieren sie sich jedoch darauf, die richtigen Rahmenbedingungen für das Team zu bieten, und folgen selbst den Vorschlägen ihrer Teammitglieder.

Dass geteilte Führung effektiv ist, wird von der Forschung unterstützt. So zeigt sich beispielsweise, dass funktionsübergreifende Teams kreativer sind, wenn sie situativ die Macht an die Person, welche die größte Expertise und die meisten Informationen für eine bestimmte Aufgabe hat, abgeben können, anstatt an starre Machtstrukturen gebunden zu sein (Aime, Humphrey, DeRue & Paul, 2014). Auch generell gesehen sind Arbeitsteams effizienter, wenn sie Macht teilen, anstatt sie auf einige wenige Personen zu zentrieren (D'Innocenzo, Mathieu & Kukenberger, 2016). Dies gilt besonders in wissensintensiven, komplexen und dynamischen Arbeitsumgebungen. Eine unserer eigenen Studien mit virtuellen Teams (Drescher, Korsgaard, Welpe, Picot & Wigand, 2014) zeigt, dass dies daran liegt, dass geteilte Führung das Vertrauen von Teammitgliedern untereinander fördert, was sich wiederum positiv auf die Leistung auswirkt.

Damit geteilte Führung überhaupt entstehen kann, müssen laut den Teamforschern Jay Carson, Paul Tesluk und Jennifer Marrone verschiedene Faktoren gegeben sein (Carson Tesluk & Marrone, 2007):

1. Eine *geteilte Vision*, das heißt ein gemeinsames Verständnis über den Sinn und Zweck des Teams, aufzubauen, beispielsweise über aktive Diskussion und das Festlegen von Zielen und Handlungsplänen
2. *Gegenseitige Unterstützung*, das heißt einander helfen, sich gegenseitig ermutigen und die Beiträge der anderen anerkennen und wertschätzen
3. Die *Möglichkeit zu freier Meinungsäußerung*, das heißt ein Klima, das alle Teammitglieder ermutigt, ihre Perspektive einzubringen.

Formale Führungskräfte hingegen müssen zudem, wie oben erwähnt, für bestimmte Rahmenbedingungen sorgen. Am wichtigsten ist hierbei, dass sie ihrem Team beratend zur Seite stehen, ihm also helfen, autonom zu agieren, Vertrauen in das Team ausdrücken, es motivieren und dabei unterstützen, die Fähigkeiten der einzelnen Teammitglieder bestmöglich zu koordinieren. Führungskräfte werden daher eher als Koordinator, Coach oder Moderator bezeichnet.

W. L. Gore, das Technologieunternehmen, das der Öffentlichkeit vor allem für wasserdichte Textilien bekannt ist, ist Vorreiter hinsichtlich der praktischen Umsetzung von geteilter Führung. Getreu dem Unternehmensmotto »No ranks, no titles« gibt es bei Gore kein Organigramm und kaum formale Führungskräfte. Stattdessen baut das Unternehmen auf die individuellen Beiträge seiner Mitarbeiter, denn diese führen jeweils auf Zeit und in dem Bereich, in dem sie die größte fachliche Expertise haben. Wie Terri Kelly, Vorstandsvorsitzende von Gore, sagt, werden Entscheidungen von der Person mit dem meisten Wissen getroffen, nicht von der Person, welche die offizielle Verantwortung innehat. Ziele werden von denjenigen festgelegt, die sie später auch erfüllen müssen. Dabei gibt es bei W. L. Gore drei Arten von Rollen, die Mitarbeiter einnehmen können:

- Associate: Alle Mitarbeiter von Gore sind automatisch Teilhaber des Unternehmens. Elf Prozent des Bruttogehalts werden in Aktien von Gore angelegt – ein Anreiz, auch tatsächlich zum Unternehmenserfolg beizutragen. Und dies wird bei Gore auch erwartet. Die Entlohnung ist entsprechend leistungsbasiert: Alle Kollegen, mit denen ein Associate in einem Team arbeitet, bestimmen durch Beurteilung des Beitrags eines Associates über sein oder ihr Jahresgehalt. Neben ihrer primären Rolle können Associates weitere Rollen übernehmen, für die sie sich interessieren. Für diese wird ihnen volle Verantwortung übertragen, und das Unternehmen fordert, dass sie diese auch ausfüllen.
- Leader: Führungsverantwortung wird bei Gore nicht formal zugewiesen. Stattdessen werden diejenigen Associates zur Führungskraft, die über relevantes Wissen, Erfahrung und eine ansprechende Erfolgsbilanz verfügen. Leader kann man nur dann werden, wenn man genügend Associates findet, die einem und dem eigenen Ansatz folgen.
- Sponsor: Jedem Associate wird ein erfahrener Mitarbeiter – ein sogenannter Sponsor – zur Seite gestellt, der ihn unterstützt. Der Fokus liegt dabei auf konstruktivem Feedback zu Stärken und Entwicklungsmöglichkeiten sowie auf der Vernetzung des Associates im Unternehmen. Um dies bestmöglich gewährleisten zu können, können Associates ihren Sponsor nach einiger Zeit auch selbst wählen.

Damit alle Mitarbeiter von Gore unabhängig von ihrer Rolle ihre Verantwortung für das Unternehmen wahrnehmen können, setzt das Unternehmen auf partizipative Strukturen und Prozesse. Kommunikation erfolgt ohne Zwischenmänner immer direkt mit dem relevanten Ansprechpartner, beispielsweise über den internen Instant Messaging-Service Gorecom. Statussymbole wie reservierte Parkplätze für Führungskräfte gibt es nicht. Netzwerken wird großgeschrieben – kleine Organisationseinheiten, zentrale Kantinen und Cafeterien sorgen dafür, dass möglichst alle Mitarbeiter miteinander in Kontakt kommen. Weiterbildung wird bei Gore als zentraler

Erfolgsfaktor gesehen. Schon bei Unternehmenseintritt durchlaufen die Mitarbeiter ein umfassendes Programm, in dem ihnen die Ziele und die Arbeitsweise von Gore vermittelt werden. Innerhalb der ersten sechs Monate ihrer Tätigkeit sollen Mitarbeiter vornehmlich an ihrem Netzwerk arbeiten, um eine Basis für eigenverantwortliches Handeln aufzubauen.

Gore scheint als Großkonzern mit geteilter Führung Erfolg zu haben. 2017 wurde Gore vom Fortune-Magazin als »Great Place to Work Legend« ausgezeichnet, nachdem das Unternehmen über Jahre hinweg durchgängig unter die besten Arbeitgeber gewählt wurde. W. L. Gore zählt zu den 200 größten US-Privatfirmen und hat seit seiner Gründung im Jahr 1958 noch nie Verlust gemacht. Diese Bilanz ist beeindruckend. Man sollte jedoch nicht vergessen, dass Gore überwiegend hoch qualifizierte Mitarbeiter beschäftigt und sich seine Associates sehr genau aussuchen kann: Auf einen Job bei Gore bewerben sich oft rund 125 Kandidaten.

Organisationale Demokratie auf die Spitze getrieben – Holokratie in Teams

Der zweite grundsätzliche Empowerment-Ansatz auf Teamebene, den wir Ihnen nach der geteilten Führung noch vorstellen möchten, ist Holokratie (im Englischen auch Holacracy). Man könnte sagen, dass der von Unternehmer Brian Robertson entwickelte Holokratie-Ansatz organisationale Partizipation und geteilte Führung auf die Spitze treibt. Das Basisprinzip der Holokratie ist die Übertragung von Verantwortung auf sich selbst organisierende Teams, die in der Regel als *Kreise* bezeichnet werden. Jeder Kreis hat einen festen Zweck (beispielsweise digitales Anzeigenwesen) und ist wiederum Teil von übergeordneten *Super-Kreisen* (beispielsweise Marketing). Übergeordnete Kreise legen den Zweck untergeordneter Kreise je nach Bedarf fest, sodass eine Art natürliche funktionale Hierarchie entsteht.

Innerhalb seines Zwecks und Aufgabengebiets kann jeder Kreis autonom agieren. Innerhalb jedes Kreises gibt es wiederum verschiedene *Rollen* (z. B. den Beauftragten für soziale Medien). Rollen sind, im Gegensatz zu klassischen Jobbeschreibungen, nicht fest an eine Person gebunden, weshalb Mitarbeiter relativ einfach zwischen verschiedenen Rollen wechseln können. Jeder Mitarbeiter hat zudem verschiedene Rollen inne, die oft auch verschiedenen Kreisen angehören. Rollendefinitionen werden von Kreisen kontinuierlich aktualisiert, sodass die Aufgaben des Rolleninhabers möglichst effektiv erledigt werden können und gleichzeitig Agilität entsteht. Sind bestimmte Rollen für ihren Kreis nicht mehr nötig, so entfallen sie. Jeder Mitarbeiter führt in seiner eigenen Rolle und folgt dabei gleichzeitig anderen Rollen. Verantwortung wird in der Holokratie auf die Kreise (und darüber auf die Rollen) verteilt, sodass jeder Kreis eigenständig und ohne formale Freigabe entscheiden kann, wie er seine Ziele erreicht. Nachdem jeder Kreis im Rahmen von Strukturtreffen seine Rollenbeschreibungen ständig aktualisiert und selbst über seine Arbeit bestimmt, ist die Organisation kontinuierlich in Veränderung. Traditionelle Transformationsprozesse, in denen die Organisationsstruktur alle paar Jahre völlig umgeworfen wird, entfallen. Damit Kreise eigenverantwortlich handeln können, werden im Rahmen einer für alle Mitarbeiter zugänglichen »Holokratie-Verfassung« klare Regeln für die Organisation festgelegt, die für alle Mitarbeiter einschließlich des Geschäftsführers gelten. Darin steht beispielsweise auch, unter welchen Voraussetzungen neue Kreise geschaffen und existierende Kreise abgeschafft werden können, wie Rollen innerhalb eines Kreises definiert werden und wie verschiedene Zirkel miteinander interagieren sollten. Damit diese Interaktion gelingt, gibt es Verbindungen zwischen den Kreisen, also Kreismitglieder, die in die Meetings hierarchisch höher- beziehungsweise niedriger- (und zum Teil auch gleich-) gestellter Kreise entsendet werden (man nennt dies das Prinzip der doppelten Verbindungen). Die Aufgabe dieser Vertreter ist, kontinuierlichen Informationsaustausch zwischen den Kreisen zu gewährleisten und die eigene Position in anderen Kreisen zu vertreten. Ihre Stimme ist in Abstimmungen gleichberechtigt mit denen der regulären Kreismitglieder. Abbildung 6 stellt das Holokratie-Prinzip noch einmal zusammenfassend dar.

Mehr als 300 Unternehmen aus verschiedensten Branchen hatten im Jahr 2017 bereits irgendeine Art des Holokratie-Organisationsprinzips umgesetzt. Dazu zählen beispielsweise Morning Star, ein Hersteller von Tomatenprodukten, das Trainings- und Beratungsunternehmen David Allen Company sowie das Ernährungs- und Fitness-Unternehmen Precision Nutrition. Rund 80 Prozent dieser Unternehmen behielten Holokratie auch nach einem Jahr noch bei. Das wohl größte Holokratie-geführte Unternehmen ist aktuell Online-Schuhhändler Zappos. »Dies ist eine lange Mail, nehmt euch also 30 Minuten Zeit, um sie komplett zu lesen.« Mit diesen Worten kündigte Zappos-Geschäftsführer Tony Hsieh die Umstellung der Unternehmensstruktur auf Holokratie an. Anstelle von bisher

Abbildung 6: Holokratie im beispielhaften Überblick

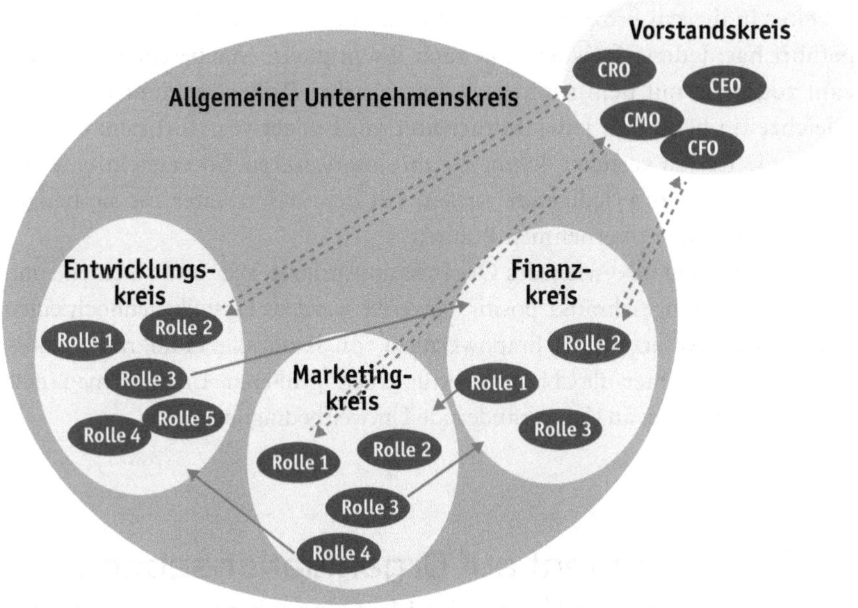

150 Abteilungen gab es von diesem Zeitpunkt an 500 sich selbst organisierende Kreise. Formale Managementpositionen wurden abgeschafft, mit entsprechenden Gehaltseinbußen für ehemalige Manager. Wohl damit rechnend, dass nicht jeder Mitarbeiter diesen Strukturwandel mitgehen würde, bot Tony Hsieh denjenigen, die gehen wollten, eine Abfindung an. Rund 15 Prozent der Zappos-Belegschaft verabschiedeten sich daraufhin. Während diejenigen, die blieben, durchaus Vorteile im neuen System fanden, wie beispielsweise mehr Einfluss auf das Unternehmen und die Möglichkeit, eigene Talente einzubringen, sahen die Mitarbeiter, die gingen, durchaus auch Nachteile, die wir Ihnen nicht vorenthalten möchten. Obwohl Holokratie für klar definierte Rollen sorgen möchte, tragen wohl deren häufige Neudefinitionen dazu bei, dass Mitarbeiter sich verunsichert fühlen, was in ihren Aufgabenbereich fällt und was nicht. Das Fehlen klassischer Führungsrollen, der intendierte Wechsel von Rolle zu Rolle und die Übernahme verschiedenster Rollen führen zudem zu unklaren Karrierepfaden und machen es schwierig, das Gehalt von Mitarbeitern festzulegen. Gleichzeitig haben Zappos-Mitarbeiter im Schnitt 7,4 Rollen inne – jede davon beinhaltet etwa 3,5 verschiedene Verantwortlichkeiten. Mitarbeiter

müssen somit konstant zwischen verschiedensten Aufgaben jonglieren und festlegen, welcher ihrer Kreise aktuell Priorität hat. Zappos versucht, Mitarbeiter in diesem Prozess zu unterstützen, indem es ein Punktesystem eingeführt hat: Jedem Kreis wird, je nach Wichtigkeit, eine bestimmte Punktzahl zugeteilt, mit dem sie Mitarbeiter für ihre Rollen gewinnen können. Gleichzeitig bekommt jeder Mitarbeiter ein Budget von 100 Punkten, die er auf die Rollen verteilen kann, die ihn interessieren. So entsteht eine Art Marktplatz für zu erledigende Arbeit, bei dem Mitarbeiter für sie bedeutungsvolle Rollen übernehmen können.

Holokratie hat also wie jedes Organisationsprinzip Vor- und Nachteile und kann nicht uneingeschränkt positiv bewertet werden. Es stellt dennoch einen interessanten Ansatz für das Empowerment von Teams dar. Holokratie ermöglicht aufgrund ihrer flexiblen Struktur auch größeren Unternehmen eine schnelle Anpassung an sich verändernde Umweltbedingungen.

3.5 Empowerment auf Organisationsebene – eine ermächtigende Unternehmenskultur etablieren

Wir haben vorher betont, wie wichtig es ist, dass Empowerment auch auf Organisationsebene gelebt wird. Und tatsächlich betonen wissenschaftliche Untersuchungen (Tesluk, Vance & Mathieu, 1999) die zentrale Rolle einer ermächtigenden Unternehmenskultur. Hierbei steht vor allem das Topmanagement im Fokus. Die obere Führungsebene mitsamt den Entscheidungen, die sie trifft, und den Prozessen, die sie festlegt, hat eine starke Signal- und Vorbildwirkung für den Rest des Unternehmens. Nur dann, wenn sie offensichtlich Empowerment unterstützt und vorlebt, wird Empowerment sich im Unternehmen tatsächlich entfalten können. Nun gibt es für das Etablieren einer ermächtigenden Unternehmenskultur viele Mittel und Wege. Drei davon sind in unseren Augen besonders vielversprechend: das Minimieren von Statusunterschieden, das Herstellen von Transparenz über strategische Entscheidungen und das Einbinden der Mitarbeiter in Entscheidungen, welche die Unternehmensstrategie betreffen.

Statusunterschiede minimieren – gleich unter Gleichen

Unsere Umgebung beeinflusst ganz maßgeblich, wie machtvoll und selbstbewusst wir uns fühlen. Vielleicht kennen Sie die folgende Situation: Sie befinden sich im Urlaub und besuchen eine bekannte Kathedrale. Während Sie sich in dem gewaltigen Bauwerk mit seinen unzähligen gen Himmel laufenden Streben umsehen, fühlen Sie sich in Anbetracht seiner imposanten Größe auf einmal ganz klein und unbedeutend. Mit solchen und ähnlichen Situationen sind wir in unserem Leben nahezu laufend konfrontiert: Personen, Gegenstände und Symbole, die Macht und Status verkörpern, können dazu führen, dass wir selbst uns als weniger mächtig, stark oder kraftvoll empfinden. Achten Sie einmal in Ihrem Alltag ganz bewusst auf Machtsignale. Diese Machtsignale können sich Organisationen jedoch auch zunutze machen, wenn sie eine ermächtigende Unternehmenskultur schaffen wollen.

Eine Untersuchung der Organisationsforscher Steffen Giessner und Thomas Schubert (Giessner & Schubert, 2007) zeigt beispielsweise, dass selbst die grafische Gestaltung des Organigramms die wahrgenommene Machtverteilung in Unternehmen beeinflussen kann. Organigramme, in denen die verschiedenen Organisationsebenen als sehr weit voneinander getrennt dargestellt sind, kommunizieren eine hierarchischere Unternehmenskultur als Organigramme, in denen alle Ebenen sehr nahe beieinanderliegen. Wie Unternehmen und ihre Führungskräfte sich selbst darstellen, kann somit eine starke Botschaft an ihre Mitarbeiter senden.

Einige Unternehmen haben dies erkannt und gehen Titeln und Statussymbolen an den Kragen: Bei Philips Lighting wurde die Verwendung von Titeln wie »Senior« oder »Director« intern abgeschafft. In Adressbüchern oder E-Mail-Signaturen werden diese nicht mehr angezeigt, um Barrieren zwischen Mitarbeitern mit und ohne Führungsverantwortung abzubauen und einen offeneren Umgang zu ermöglichen. Beim Beratungsunternehmen Accenture duzen sich in diesem Sinne alle Mitarbeiter – vom Praktikanten bis zum Geschäftsführer. Andere Unternehmen setzen auf das Abschaffen klassischer Statussymbole, um Machtdistanz zu reduzieren: Der CEO des Online-Bezahldienstes Stripe hat beispielsweise kein eigenes Büro und noch nicht mal mehr einen eigenen Schreibtisch. Er wechselt diesen täglich, um die Chance zu haben, mit allen Mitarbeitenden in Kontakt zu kommen. Beim Softwarehersteller Evernote übernimmt jedes Mitglied des Managements eine Stunde pro Woche den Kaffee-Ausschank in der Kantine. Führungskräfte werden so nah- und ansprechbar für jeden im Unternehmen.

Transparenz über strategische Entscheidungen

Der Abbau von Status- und Machtdistanz im Unternehmen ist ein erster Schritt hin zu einer ermächtigenden Unternehmenskultur. Unternehmen können und sollten jedoch noch weitergehen, um wirklich für Empowerment zu sorgen. In Bezug auf ermächtigende Arbeitsgestaltung haben wir die zentrale Rolle von Informationstransparenz betont und darauf hingewiesen, dass gerade auch strategische Informationen von der obersten Führungsebene an die Mitarbeiter weitergegeben werden sollen. Der Softwarehersteller Salesforce, der sowohl als innovativstes Unternehmen als auch mit dem »Great Place to Work«-Label ausgezeichnet wurde, setzt auf absolute Offenheit. Treffen der Führungskräfte finden an offenen, für alle zugänglichen Plätzen statt, damit jeder direkt mitbekommt, worüber die Geschäftsführung aktuell diskutiert. Der Finanzdienstleister Square setzt auf »verantwortliche Transparenz« und sorgt dafür, dass die zentralen Inhalte eines jeden Meetings für alle Mitarbeiter zugänglich sind. So werden beispielsweise auch die PowerPoint-Präsentationen der Vorstandssitzungen an die Mitarbeiter weitergeleitet – eine Transparenzoffensive, die Google ebenfalls bereits angewendet hat. BlueJeans, ein Anbieter von Videokonferenzsoftware, ging sogar noch einen Schritt weiter und ließ alle Mitarbeiter des Unternehmens per Livestream an einer Vorstandssitzung teilhaben. Aufsichtsrat Jon Sakoda bewertet dieses Experiment als überaus positiv und kommt zu dem Schluss, dass »die große Mehrheit der Themen, die in Vorstandstreffen diskutiert werden, offen und verantwortlich mit dem gesamten Unternehmen geteilt werden können und dass diese klare Art der Kommunikation machtvoll und von den meisten Vorständen unterschätzt ist«.

Partizipation von Mitarbeitern an strategischen Entscheidungen

Strategische Entscheidungen offen kommunizieren ist eine Sache – Mitarbeiter in das Treffen strategischer Entscheidungen einzubeziehen führt deutlich weiter. Red Hat, der Weltmarktführer im Bereich Open Source, orchestrierte beispielsweise einen solchen partizipativen Strategieprozess, indem das Unternehmen von allen Mitarbeitern aktiv Feedback zu seinen strategischen Entscheidungen einholte. Aber von vorne: 2008 beschloss Jim Whitehurst, der CEO von Red Hat, dass die Unternehmensstrategie in einigen Bereichen neu aufgesetzt werden sollte. Anstatt diesen Prozess jedoch im Topmanagement-Team durchzuführen, wie in den meisten Unternehmen gängig, wollte Jim Whitehurst möglichst viele Mitarbeiter miteinbeziehen – vor allem auch diejenigen, welche die neue Strategie am Ende umsetzen sollten, also die Mitarbeiter im operativen Geschäft. Zunächst einmal wurden in der Führungsriege Themenbereiche abgesteckt, die gemeinsam näher betrachtet werden sollten, beispielsweise das Geschäftsmodell und die technische Vision. Jedem dieser Themenbereiche wurde für den nun beginnenden Strategieprozess ein Mitglied des Topmanagements als Lead zugewiesen. Dabei wurde darauf geachtet, dass dieser Lead sozusagen »fachfremd« war, um neuartige Denkweisen zu ermöglichen. So war der Personalvorstand plötzlich damit betraut, mit seinem Team an einem neuen finanziellen Erlösmodell zu arbeiten. In die Teams wurden im nächsten Schritt gezielt Mitarbeiter aus dem operativen Bereich geholt. Die von den Teams erarbeiteten Vorschläge wurden im unternehmenseigenen Wiki offengelegt, sodass sie von allen Mitarbeitern kommentiert und verbessert werden konnten. Zugleich wurden alle Vorschläge auch bei Personalversammlungen und per E-Mail an die Mitarbeiter weitergetragen. Jim Whitehurst diskutierte in einem unternehmensweiten Live-Chat mit seinen Mitarbeitern über den Strategieprozess. Fünf Monate lang wurde in diesem iterativen Dialogprozess an der neuen Strategie gearbeitet, um Kernthemen zu identifizieren, auf die im Weiteren der Fokus gelegt werden sollte. Diese wurden dann im Dialog mit Red Hats großer Open-Source-Gemeinde validiert. Diejenigen Mitarbeiter, die bislang die besten Ideen eingebracht hatten, wurden anschließend damit betraut, Umsetzungsstrategien zu entwickeln und die neue Strategie tatsächlich zu implementieren. Drei Jahre nahm Red Hat sich insgesamt Zeit für diesen partizipativen Strategieprozess – drei Jahre, in denen sich der Aktienpreis verdoppelt hat und die Einnahmen von 400 Millionen auf eine Milliarde Dollar gestiegen sind.

Das Beispiel von Red Hat zeigt, wie Mitarbeiter in einen »von oben« angestoßenen Strategieprozess involviert werden können. Synaxon, das Bielefelder IT-Unternehmen, zeigt zusätzlich auf, wie Unternehmen es ermöglichen können, dass strategische Entscheidungen »von unten« initiiert werden. Über die Software Liquid Feedback können Mitarbeiter anonym Vorschläge einbringen, über die dann wiederum von der kompletten Belegschaft abgestimmt wird. Dies bietet die Möglichkeit, auch heikle Themen anzusprechen, und macht gleichzeitig frei von politischen Entscheidungen, bei denen zum Beispiel Vorschläge des Teamleiters angenommen, solche von Mitarbeitern jedoch abgelehnt werden. Stimmt die Mehrheit der Mitarbeiter für einen Vorschlag, so wird dieser von der Unternehmensleitung auch umgesetzt – nur in Extremfällen kann sie von ihrem Vetorecht Gebrauch machen. Ein erfolgreicher Vorschlag war beispielsweise, den Kündigungsschutz für neue Mitarbeiter in der Probezeit durch die Einführung von Feedback-Gesprächen, in denen die neuen Mitarbeiter ihre Leistung reflektieren konnten, zu erhöhen. Der Vorschlag, zum Schutz der Mittagspause die Telefone durchklingeln zu lassen, wurde durch einen Gegenvorschlag für eine intelligente Rufumleitung abgelöst.

Zu guter Letzt gibt es auch Unternehmen, die nicht nur ihre Strategie, sondern sogar ihre Geschäftsführung durch die Mitarbeiter bestimmen lassen. Das Schweizer Softwareunternehmen Haufe-umantis geht diesen radikal demokratischen Weg. Führungskräfte werden hier grundsätzlich nicht ernannt, sondern von den Mitarbeitern gewählt, die später auch von ihnen geführt werden. Dies betrifft selbst den Geschäftsführer. Haufe ist der Überzeugung, dass so immer diejenigen Personen in eine Führungsrolle kommen, deren Kompetenzen gerade am dringendsten gebraucht werden. Gleichzeitig haben sie hohen Rückhalt im Team, was eine effiziente Arbeitsweise gewährleistet.

Nachdem wir nun einige interessante Ansätze zur Etablierung einer partizipativen Unternehmenskultur gesehen haben, noch ein wichtiger abschließender Hinweis: Damit eigene Initiativen so erfolgreich sind wie in den geschilderten Beispielen, ist es von entscheidender Bedeutung, dass Mitarbeiter sich von ihrem Unternehmen unterstützt fühlen. Nur dann, wenn Mitarbeiter das Gefühl haben, dass ihr Unternehmen sich aufrichtig um ihr Wohlergehen sorgt und ihre Beiträge schätzt, werden Empowerment-Initiativen wirklich erfolgreich sein können. In diesem Fall greift das psychologische Prinzip der Reziprozität und Mitarbeiter haben das Bedürfnis, ihrem Arbeitgeber etwas zurückzugeben, indem sie sich ins Unternehmen einbringen (Mathieu, Gilson, & Ruddy, 2006).

3.6 Evidenzbasierte Empfehlungen für Mitarbeiter, Führungskräfte und Organisationen

In diesem Kapitel haben wir über viele verschiedene Möglichkeiten von strukturellem und psychologischem Empowerment gesprochen, durch die Organisationen demokratischer werden können. Wir haben diskutiert, wie wichtig es ist, Arbeit so zu gestalten, dass Mitarbeiter sich einbringen können und wollen. Wir haben über die zentrale Bedeutung sich selbst organisierender Teams gesprochen und die wichtige Rolle von Führungskräften beim Empowerment ihrer Mitarbeiter betont. Zuletzt haben wir auch demokratische Unternehmenskulturen näher unter die Lupe genommen. Darauf basierend haben wir für Mitarbeiter, Führungskräfte und Organisationen Handlungsempfehlungen abgeleitet.

Mitarbeiter: Die eigene Arbeit proaktiv in die Hand nehmen

Als Mitarbeiter ist es wichtig, sich selbst zu empowern. Denn darauf zu warten, dass andere einen empowern, ist eigentlich ein Widerspruch in sich. Zwei spezifische Ansätze, die wir dabei hervorheben möchten, sind Job Crafting, das heißt die selbstbestimmte Entwicklung und Gestaltung der eigenen Arbeit, sowie die Bedeutung von Feedback, um Kompetenzerleben nicht nur für sich, sondern auch für andere zu steigern.

Empowern Sie sich selbst

Psychologisches Empowerment beinhaltet Sinnhaftigkeit, Kompetenzerleben, Selbstbestimmung und Einfluss. Insbesondere bei der Sinnhaftigkeit der Arbeit geht es jedoch auch darum, diese überhaupt erkennen zu können. Denn die positiven Aspekte unserer Arbeit können im Alltag auch schnell untergehen. Daher hilft es, zwischendurch ganz bewusst über die folgenden Fragen nachzudenken:

- Welches ist der gesamtgesellschaftliche Beitrag, den Ihr Unternehmen leistet? Wie trägt Ihre spezifische Arbeit dazu bei, diesen Beitrag zu erreichen?
- Inwiefern unterstützt Ihre Arbeit Ihre eigene Entwicklung?
- Bei welchen Aufgaben können Sie Ihr Potenzial voll einbringen?
- Welchen Beitrag leisten Sie in Ihrem Arbeitsteam?
- Bei welchen Aufgaben können Sie anderen Personen helfen?

Machen Sie sich diese Punkte bewusst, denn was Sie persönlich in Ihrer Arbeit sehen, mag sich beispielsweise mit persönlichen Umständen wandeln. Machen Sie sich in ähnlicher Weise auch Ihr eigenes Kompetenzerleben sowie das Ausmaß an Selbstbestimmung und Einfluss bewusst.

Betreiben Sie Job Crafting – oder: Seien Sie Ihrer eigenen Arbeit Schmied

Bei der oben vorgeschlagenen Reflexion sollte Ihnen auffallen, welche Aufgaben für Sie persönlich besonders wertvoll sind. Natürlich haben wir alle bei der Arbeit bestimmte vorgegebene Aufgaben, um die wir uns kümmern müssen. Dennoch sollte uns bewusst sein, dass wir unsere Arbeit auch selbst gestalten können. Wir können unsere Aufgaben und unsere Beziehungen bei der Arbeit so anpassen, dass sie unseren Neigungen besser entsprechen und wir unsere Talente optimal einbringen können – ein Vorgehen, welches Yale-Professorin Amy Wrzesniewski als »Job Crafting« bezeichnet (Wrzesniewski & Dutton, 2001). Es gibt dabei verschiedene Strategien, mit denen wir unsere Autonomie am Arbeitsplatz stärken können (Berg, Dutton, & Wrzesniewski, 2008):

- Verändern Sie die Reichweite Ihres Jobs, indem Sie mehr oder weniger Aufgaben annehmen, den Umfang von Aufgaben verändern oder auch die Art und Weise, in der Sie bestimmte Aufgaben erledigen.
  Beispiel: Ein Office Manager, der aktiv die Organisation verschiedenster Veranstaltungen an sich nimmt, um sein Aufgabenspektrum zu erweitern.
- Verändern Sie Ihre sozialen Beziehungen bei der Arbeit, indem Sie deren Art und Umfang gestalten.
  Beispiel: Ein Techniker, der anbietet, Kollegen beim Umgang mit einer neuen Technologie zu helfen und neue Kollegen insgesamt beim Einstieg ins Unternehmen zu unterstützen, und so seine sozialen Beziehungen weiterentwickelt.
- Verändern Sie Ihre eigene Wahrnehmung Ihrer Aufgaben oder denken Sie bei Ihrer Arbeit an ein großes Ganzes anstatt an einzelne Aufgaben.
  Beispiel: Eine Versicherungsberaterin, die es als ihre Aufgabe sieht, »Kunden nach einem Unfall wieder auf die richtige Spur zu bringen« anstatt »Versicherungsansprüche zu bearbeiten«.

Dabei zeigen Studien, dass Job Crafting selbst in Berufen möglich ist, die grundsätzlich mit relativ geringer Autonomie ausgestattet sind, wie beispielsweise die Arbeit im Call Center oder am Fließband einer Fabrik. Denken Sie einmal darüber nach, wie Sie Ihren Job umgestalten könnten, wenn Sie das nächste Mal von Ihrer Arbeit genervt sind.

Holen Sie aktiv Feedback ein – und geben Sie aktiv Feedback an andere

Wie eingangs erwähnt, empfinden Mitarbeiter Empowerment besonders dann, wenn sie regelmäßig konstruktives Feedback zu ihrer Leistung erhalten. Nur ist es leider nicht so, dass jede Arbeit automatisch Feedback beinhaltet. Nehmen Sie als Mitarbeiter den Feedback-Prozess daher selbst in die Hand. Wie kann das aussehen? Wenn Sie beispielsweise die Vorarbeit für ein komplexeres Projekt liefern, bitten Sie die von Ihnen übernehmenden Kollegen darum, Sie auf dem Laufenden zu halten: Was war besonders positiv an Ihrer Vorarbeit? Was könnten Sie beim nächsten Projekt verbessern, damit die Kollegen noch besser auf Ihre Arbeit aufbauen können? Holen Sie auch Feedback von »oben« und »unten« ein. Fragen Sie Ihre Führungskraft genauso wie Mitarbeiter oder Praktikanten, was Sie besser machen können. Wenn Sie Ihre Frage direkt auf Verbesserungspotenziale lenken, können Sie dafür sorgen, dass die Rückmeldung der anderen hilfreich und konstruktiv ausfällt.

Bringen Sie sich gleichzeitig aktiv in die Verbesserung der Organisation ein, indem Sie selbst Feedback anbieten. Damit dieses Feedback gehört wird, helfen die folgenden Grundregeln:

- Bleiben Sie bei Ihrer persönlichen Wahrnehmung: »Ich habe den Eindruck, dass …«
- Seien Sie konkret und nachvollziehbar, indem Sie Beobachtungen schildern: »In der folgenden Situation hat sich dies in folgender Weise geäußert: …«
- Machen Sie konstruktive Verbesserungsvorschläge: »Ich denke, so könnten wir dieses Thema in Zukunft noch besser angehen: …«

Führungskräfte: Empowering Leadership in der Praxis

Nicht überraschend, können und müssen Führungskräfte ihre Mitarbeiter empowern. Partizipation kann auf Organisationsebene nur dann funktionieren, wenn Führungskräfte auch ihr Führungsverhalten danach ausrichten. Dafür sollten sie Mitarbeiter an Entscheidungsprozessen beteiligen, Autonomie und Entscheidungsspielraum gewähren und die Selbstwirksamkeit ihrer Mitarbeiter stärken.

Beteiligen Sie Mitarbeiter an Entscheidungsprozessen

Als Führungskraft können Sie viel dafür tun, dass Organisationen demokratischer werden. Fangen Sie damit an, Ihre Mitarbeiter an Entscheidungen zu beteiligen, die sie betreffen. Holen Sie die Vorschläge Ihrer Mitarbeiter ein, wenn es beispielsweise um die Verbesserung von Prozessen geht. Geben Sie Ihren Mitarbeitern darüber hinaus die Gelegenheit, selbst Ideen und Anregungen einzubringen, indem Sie Wertschätzung hierfür vermitteln und gegebenenfalls auch Tools und Strukturen einführen, die Mitarbeiter dabei unterstützen. So könnten Vorschläge beispielsweise auf einem Ideenboard notiert und von den Kollegen kommentiert und ergänzt werden. Wichtig: Mitarbeiter müssen sehen, dass ihre Vorschläge gehört werden – wenn sie keine Reaktion auf diese bekommen, werden demokratische Entscheidungs- und Vorschlagsprozesse schnell wieder im Sande verlaufen. Das bedeutet nicht, dass Sie alle Vorschläge annehmen müssen. Sie müssen lediglich Ihre Entscheidung mit der Abwägung der Vor- und Nachteile kommunizieren.

Gewähren Sie Autonomie und Entscheidungsspielraum

Gewähren Sie Ihren Mitarbeitern darüber hinaus die Autonomie, ihren Aufgabenbereich eigenverantwortlich auszufüllen. Denken Sie beispielsweise an den Ansatz von Synaxon, dass Mitarbeiter ihre Rollen verändern können, wenn ihre Kollegen zustimmen, oder daran, dass diese eine Vorabfreigabe haben, Entscheidungen in ihrem Bereich selbst zu treffen. Auch die Einführung von Formaten wie dem »Future Friday« bei alpha-board, also von Zeitslots, die spezifisch dafür gedacht sind, dass Mitarbeiter eigene Ideen vorstellen und ausarbeiten, ist einen Versuch wert. Sie können darüber hinaus auch Teams von Mitarbeitern komplett mit der Umgestaltung von Prozessen oder dem Finden kreativer Lösungen betrauen. Damit das Gewähren von Autonomie für Mitarbeiter und Organisationen gut funktioniert, hat die Empowerment-Forscherin Gretchen Spreitzer (Spreitzer, 2008) einige wichtige Tipps gesammelt:

- Setzen Sie klare Grenzen dafür, welcher Grad an Autonomie angemessen ist, damit Mitarbeiter wissen, welche Entscheidungen sie selbst treffen können und welche sie besser abstimmen sollten.
- Bauen Sie vertrauensvolle und wertschätzende Beziehungen mit Ihren Mitarbeitern auf, damit Sie darauf zählen können, dass die Mitarbeiter auch bei hoher Autonomie im Sinne des Unternehmens handeln.

- Messen und belohnen Sie die Erreichung von (gemeinschaftlich) festgelegten Leistungszielen, um sicherzustellen, dass die Ziele Ihrer Mitarbeiter und Ihres Unternehmens miteinander im Einklang stehen.

Stärken Sie die Selbstwirksamkeit Ihrer Mitarbeiter

Wer von seinen Mitarbeitern eigenverantwortliches Handeln erwartet, sollte ihre Selbstwirksamkeit dahingehend stärken, dass sie die ihnen übertragenen Projekte und Aufgaben gut erledigen können. Kommunizieren Sie Ihren Mitarbeitern beispielsweise, dass Sie ihnen aufgrund ihrer einschlägigen Expertise Verantwortung übertragen und dass Sie sicher sind, dass Ihre Mitarbeiter einen positiven Beitrag leisten werden. Nutzen Sie eventuelle Fehler und Rückschläge als Lerngelegenheiten für sich selbst und Ihre Mitarbeiter und leiten Sie daraus entwicklungsorientierte Lessons Learned für die Zukunft ab. Entwickeln Sie, im Sinne eines Coachings, gemeinsam Lösungen mit Ihren Mitarbeitern, anstatt bei Fragen klare Lösungen vorzugeben, damit Ihre Mitarbeiter sehen, dass sie Antworten auf die meisten Herausforderungen tatsächlich selbst finden können.

Organisationen: Partizipation auf Organisationsebene verankern

In einem viel beachteten Artikel diskutierten Jeffrey Pfeffer und John Veiga, zwei angesehene Organisationsforscher, schon vor geraumer Zeit die zentrale Bedeutung menschlicher Ressourcen für den Erfolg von Organisation (Pfeffer & Veiga, 1999). Dabei fassen sie die zentralen Komponenten einer ermächtigenden Organisationskultur in den folgenden drei Handlungsempfehlungen zusammen.

Teilen Sie Informationen offen im Unternehmen

Das offene Teilen von Informationen ist für Empowerment in Organisationen entscheidend. Ohne Zugang zu Informationen können Mitarbeiter nicht verantwortlich handeln, selbst wenn sie es möchten. Dazu gehört eine offene Informationspolitik mit finanziellen genauso wie mit strategischen Themen. Um diese Informationstransparenz herzustellen, haben wir Ihnen in diesem Kapitel eine Vielzahl an Möglichkeiten vorgestellt. Hängen Sie maßgebliche

Kennzahlen, aktuelle Projektinformationen, wichtige Entwicklungen und Ähnliches an einem Informationsboard im Unternehmen aus. Stellen Sie alle relevanten Informationen im Intranet ein und halten Sie diese aktuell. Regen Sie Ihre Mitarbeiter an, das Gleiche zu tun. Informieren Sie Ihre Mitarbeiter zusätzlich per Mail über die wichtigsten Entwicklungen. Entsenden Sie, wie in der Holokratie üblich, Mitarbeiter aus Bereich A in die Meetings aus Bereich B, damit Informationen auch bereichsübergreifend ausgetauscht werden. Beauftragen Sie bei jedem Meeting einen der Teilnehmer, die ausgetauschten Informationen an andere weiterzutragen. Kommunizieren Sie anstatt per E-Mail über offene Tools wie Slack und etablieren Sie geteilte Postfächer. Streamen Sie Meetings Ihrer Führungskräfte live, sodass alle Mitarbeiter teilhaben können.

Schaffen Sie Autonomie, indem Sie klare Regeln aufstellen

Eine spannende Studie zeigt, dass Empowerment dann besonders gut funktioniert, wenn Organisationen durch dezentrale Strukturen Autonomie an ihre Mitarbeiter geben und gleichzeitig klare Regeln formulieren (Hempel, Zhang & Han, 2012). Dahinter steckt ein wichtiger Gedanke, nämlich dass Autonomie nicht bedeutet, dass Mitarbeiter tun und lassen können, was sie möchten. Stattdessen braucht es gewisse grundlegende Regeln in der Organisation, die dazu führen, dass Mitarbeiter ihren Handlungsrahmen sowie die groben Verantwortlichkeiten ihrer Rolle, ihres Teams und ihres Bereichs kennen und wissen, was insgesamt von ihnen erwartet wird. Regeln haben in diesem Kontext eine steuernde Wirkung. Wenn Sie als Organisation somit Informationen, zum Beispiel zur strategischen Entwicklung des Unternehmens, mit Ihren Mitarbeitern teilen und klare Prozesse definieren, wie beispielsweise Entscheidungen im Unternehmen getroffen und Veränderungen umgesetzt werden, geben Sie Ihren Mitarbeitern die Freiheit, eigenverantwortlich zu handeln, und sorgen gleichzeitig dafür, dass sie auf Kurs bleiben.

Ersetzen Sie Hierarchie durch sich selbst organisierende Teams

Zu guter Letzt plädieren Pfeffer und Veiga, wie auch wir in diesem Kapitel, für den Abbau vorherrschender starrer Hierarchien. Ersetzen Sie diese durch agile, selbstorganisierte Teams, welche die Verantwortung für ihren Kompetenzbereich komplett übernehmen, von der Budgetplanung bis zur Personalauswahl. Pflegen Sie das Prinzip der geteilten Führung, bei dem immer die Person führt, die in einem bestimmten Bereich am meisten Know-how besitzt. Weisen Sie Führungsverantwortung nicht mehr offiziell zu, sondern lassen Sie diese im Sinne des Followership-Prinzips von W. L. Gore natürlich und kompetenzbasiert entstehen. Geben Sie Ihren Teams, wie in der Holokratie angelegt, die Möglichkeit, zu bestimmen, welche Rollen aktuell am meisten Mehrwert für ihre Projekte schaffen können, und ermöglichen Sie es Mitarbeitern, bei Interesse die Rollen zu wechseln. Stellen Sie Ihren Teams erfahrene Mentoren zur Seite, die bei Bedarf Unterstützung bieten können. Etablieren Sie einen Leistungsbewertungsprozess, der auf die Teamebene anstatt auf individuelle Leistungen zielt.

4 Big Five #4
Die Bedeutung von Beziehungen

Im digitalen Zeitalter wird davon ausgegangen, dass Aufgaben im Zusammenhang mit kreativer und sozialer Intelligenz an Bedeutung gewinnen werden, weil diese nicht so leicht durch Algorithmen ersetzt werden können (Frey & Osborne, 2017). Zwar gibt es bereits Programme, die originär kreative Tätigkeiten, wie beispielsweise das Malen, nachbilden, und Algorithmen, die beispielsweise Musik komponieren, jedoch ist die Bewertung von kreativen Ideen mit der Einschätzung von Neuheit und dem Wert von Ideen verbunden. Beide Prozesse können nur schwer von Algorithmen nachgebildet werden. In gleicher Weise können Algorithmen zwar soziale Interaktionen reproduzieren, das heißt Roboter können beispielsweise Emotionen nachbilden und auch Emotionen anderer erkennen. Jedoch bleibt das Verständnis von Interaktionen und das Erkennen von Emotionen in Echtzeit eine wesentliche Herausforderung.

Daher gehen Forscher stark davon aus, dass die menschliche Arbeitskraft trotz Automatisierung vieler Prozesse durch Algorithmen weiter an Bedeutung gewinnen wird (Cascio & Aguinis, 2008). Algorithmen können kopiert werden und stellen damit nur bedingt einen entscheidenden Wettbewerbsfaktor für Unternehmen dar. Im Gegensatz dazu sind Kreativität und Wissensarbeit nicht kopierbar. Daher wird der Gewinnung von Talenten im digitalen Zeitalter eine noch größere Bedeutung zugeschrieben als bisher bereits. Tatsächlich gibt auch die Forschung Hinweise dafür, dass die Leistung von Unternehmen immer mehr von nur wenigen, extrem kompetenten Mitarbeitern bestimmt wird (Aguinis & O'Boyle, 2013). Sogenannte Star-Mitarbeiter tragen einzigartig und überproportional stark zur Unternehmensleistung bei (Kehoe, Lepak & Bentley, 2016).

Der Fokus auf einige wenige Star-Mitarbeiter verdrängt jedoch die Tatsache, dass Star-Mitarbeiter nur mithilfe anderer Mitarbeiter einen hohen Beitrag zum Unternehmenserfolg leisten können (Call, Nyberg & Thatcher, 2015). Tatsächlich erhalten Mitarbeiter, wenn sie im Unternehmen dafür bekannt sind, dass sie eine vielversprechende Karriere vor sich haben, mehr Hilfe von Kollegen als andere Mitarbeiter (Long, Baer, Colquitt, Outlaw & Dhensa-Kahlon, 2015). Um Star-Mitarbeiter bildet sich ein Netzwerk aus Unterstützern, welches in hohem Maße dazu beiträgt, dass Star-Mitarbeiter überhaupt überproportional produktiv sein können. So konnte die Forschung auch zeigen, dass Star-Mitarbeiter nicht mehr so produktiv sind wie zuvor, wenn sie das Unternehmen wechseln (Groysberg, Lee & Nanda, 2008). Die Studie zeigt sogar, dass es für Unternehmen nachteilig ist, Star-Mitarbeiter aus einem anderen Unternehmen zu akquirieren, weil sie relativ lange – im Schnitt zwei bis fünf Jahre – brauchen, bis sie in ihrem neuen Unternehmen wieder ähnlich hohe Leistungen erbringen können.

Es gibt also sehr starke Evidenz dafür, dass Beziehungen in Unternehmen gerade im digitalen Zeitalter äußerst wichtig sind. Positive Beziehungen erhöhen in Unternehmen neben der Leistung auch das Wohlbefinden von Mitarbeitern, tragen zu Kooperation und gegenseitiger Unterstützung innerhalb von Teams bei und erleichtern Arbeitsprozesse (Ragins & Dutton, 2009). Gerade vor dem Hintergrund der mit der Digitalisierung einhergehenden VUCA-Umweltbedingungen sind zwischenmenschliche Beziehungen für die Organisation von Arbeit unbedingt notwendig. Wie beschrieben (Big Five #1) kann Arbeit in solchen Kontexten nicht mehr streng auf vorab festgelegten Regeln basierend erfolgen – sie muss so organisiert werden, dass Organisationen schnell auf Veränderungen in der Umwelt eingehen können. Dazu sind gute Beziehungen zwischen Mitarbeitern im Unternehmen, aber auch mit externen Akteuren notwendig. Gute Beziehungen ermöglichen kurzfristige gegenseitige Unterstützung, das schnelle Auffinden der besten Ressourcen und zentralen Kompetenzträger und die rasche Bildung spezialisierter Task Forces für drängende Themen. Sie erleichtern nicht nur den Aufbau agiler Organisationsstrukturen maßgeblich. Sie sind die Basis für agile Organisationsstrukturen. Regeln und Prozesse benötigen Zeit, um geändert werden zu können, während Menschen sich schneller auf Umweltveränderungen einstellen können – das können sie jedoch nur gemeinsam bewerkstelligen, wenn ein Unternehmen auf gute Beziehungen setzen kann. Daher müssen Unternehmen Wege finden, Beziehungen zwischen ihren Mitarbeitern und mit Akteuren außerhalb von Unternehmen zu stärken.

4.1 Relational Work Design – beziehungsförderliche Arbeitsgestaltung

Wenn Unternehmen einen starken Fokus auf die Förderung von Beziehungen legen, kommt dies durch die Erhöhung von Agilität und Flexibilität nicht nur ihnen selbst zugute. Die Stärkung von Beziehungen und anderen »sozialen Dimensionen« der Arbeit, auf die wir gleich näher eingehen, wirken sich auch positiv auf jeden einzelnen Mitarbeiter aus (Grant & Parker, 2009). So zeigt eine Meta-Analyse, dass Mitarbeiter bessere Leistungen erbringen, sich eher zu ihrem Unternehmen zugehörig und mit ihrer Arbeit zufrieden fühlen, engagierter an ihre Arbeit herangehen und eine geringere Kündigungswahrscheinlichkeit haben, wenn sie den sozialen Kontext bei ihrer Arbeit als positiv empfinden (Humphrey, Nahrgang, & Morgeson, 2007).

Bemerkenswert ist, dass diese Effekte über diejenigen von klassischen aufgabenbezogenen Arbeitsbedingungen wie Autonomie, wahrgenommener Bedeutung der Arbeit, Tätigkeitsvielfalt, Ganzheitlichkeit der Aufgaben sowie direktes Feedback durch die eigene Arbeit hinausgehen. Spezifisch umfasst der soziale Arbeitskontext von Mitarbeitern die im Folgenden dargestellten Dimensionen soziale Unterstützung, zwischenmenschliches Feedback und Interaktionen außerhalb des Unternehmens (Grant & Parker, 2009; Humphrey, Nahrgang & Morgeson, 2007; Morgeson & Humphrey, 2006).

Soziale Unterstützung

Haben Sie bei Ihrer Arbeit die Gelegenheit, andere um Rat zu fragen – auch dann, wenn Ihre Frage möglicherweise von Unwissen zeugt oder zusätzlichen Aufwand für andere verursacht? Bieten Kollegen Ihnen Hilfe an, wenn Sie vor Schwierigkeiten stehen oder gerade nicht mehr weiterwissen? Sind die Leute, mit denen Sie arbeiten, freundlich und unterstützend? Würden Sie manche Ihrer Kollegen eventuell sogar als Freunde bezeichnen? Falls Sie diese Fragen mit »Ja« beantworten können, profitieren Sie von sozialer Unterstützung bei Ihrer Arbeit. Aber nicht nur Sie. Hilfeverhalten wirkt sich positiv auf die Quantität und Qualität der Arbeit von gesamten Arbeitsgruppen aus (Podsakoff, Ahearne & MacKenzie, 1997).

Unter sozialer Unterstützung versteht man gemeinhin die Möglichkeit, Hilfestellung und Ratschläge von Kollegen und Führungskräften zu erhalten. Sie wird häufig auch als die Möglichkeit für freundschaftliche Beziehungen am Arbeitsplatz übersetzt. Dabei hilft soziale Unterstützung Mitarbeitern, negative Erlebnisse am Arbeitsplatz abzufedern (Viswesvaran, Sanchez & Fisher, 1999). Wenn Arbeitsanforderungen wie Termindruck, Komplexität und Arbeitsbelastung zu hoch werden, hilft die Unterstützung von Kollegen und Führungskräften Mitarbeitern dabei, diese zu überwinden. Darüber hinaus trägt soziale Unterstützung dazu bei, Erschöpfungsgefühle sowie das Zurückziehen von Mitarbeitern von ihrer Arbeit, welches sich beispielsweise in Form von zynischen Kommentaren über das Unternehmen zeigt, zu reduzieren, indem sie das Erreichen von Zielen und die persönliche Weiterentwicklung von Mitarbeitern fördert. Durch diese Mechanismen werden darüber hinaus stressinduzierte Erkrankungen wie Burn-out verhindert (Halbesleben, 2006).

Zwischenmenschliches Feedback

Kollegen und Führungskräfte haben über das Gewähren von sozialer Unterstützung hinausgehend noch weitere wichtige soziale Funktionen. Eine zentrale Funktion ist das Bereitstellen von Feedback. Sie erinnern sich vielleicht, dass Feedback ein wirksames Mittel ist, um Mitarbeiter bei ihrer Arbeit zu empowern. Feedback kann zudem dabei helfen, Erwartungen aufzustellen und zu klären, Unklarheiten in Bezug auf die eigene Rolle zu beseitigen und vor allem Wege aufzuzeigen, auf denen eigene Ziele erreicht werden können.

Feedback kann im schlechtesten Fall jedoch auch demotivieren (Kluger & DeNisi, 1996) und für die Person, die Feedback erhält, verletzend sein (DeNisi & Kluger, 2000). Aus diesem Grund sollten für die Wahrung von Beziehungen bei der Weitergabe von Feedback einige Regeln beachtet werden. Sowohl Tadel als auch Lob können demotivieren, wenn sie die Aufmerksam weg von der eigentlichen Aufgabe hin zur Person lenken. Sie sollten einem Kollegen also weder sagen, dass er schlecht war, noch, dass er besonders gut war, sondern dass eine Aufgabe nicht zufriedenstellend oder besonders gut erfüllt wurde. Versuchen Sie, die Person selbst aus dem Feedback herauszuhalten. Feedback sollte das Selbstbewusstsein nicht verletzen. Sie sollten nicht von Ihren Kollegen erwarten, dass diese sich ändern, wenn Sie sie beleidigen, sondern sie gleichzeitig als Person schützen. Feedback über die Geschwindigkeit der Zielerreichung wirkt positiv, weil es das Potenzial und die noch notwendigen Anstrengungen für die Zielerreichung aufzeigt. Sie sollten sich immer auf die Lösung fokussieren und darauf, was notwendig ist, um es beim nächsten Mal besser zu machen.

Interaktionen außerhalb des Unternehmens

Eine letzte wichtige soziale Dimension der Arbeit ist der Grad, in welchem Mitarbeiter sich nicht nur mit Kollegen, sondern auch mit Personen außerhalb ihres eigenen Unternehmens (insbesondere mit Kunden) austauschen müssen. Auf der einen Seite können solche Interaktionen für Mitarbeiter anstrengend sein, weil sie zum Beispiel in ihrer Rolle die Kunden zufriedenstellen müssen. Dabei müssen sie häufig kontrollieren, welche Gefühle sie zeigen, da gerade in Servicefunktionen von Mitarbeitern gefordert wird, dass sie positive Emotionen ausdrücken, während sie negative Emotionen und insbesondere Ärger unterdrücken (Grandey, 2000).

Auf der anderen Seite können Interaktionen mit Kunden und damit den Nutznießern von Produkten und Dienstleistungen aber auch äußerst befriedigend für Mitarbeiter sein. Durch Interaktionen mit Kunden haben sie die Möglichkeit, zu erleben, wie andere Personen von ihrer Arbeit profitieren und dass ihr Beitrag für andere Menschen bedeutend ist (Grant, 2007). Was könnte einen Koch glücklicher machen als zufriedene Gäste und eine Produktdesignerin zufriedener als Kunden, die sich an den von ihr entworfenen Produkten erfreuen? In Big Five #3 haben wir bereits die Bedeutung, anderen zu helfen, als eine der Dimensionen für Sinnhaftigkeit der Arbeit vorgestellt. Die Forschung zeigt darüber hinaus, dass die Motivation, anderen zu helfen, uns auch kreativer macht (Grant & Berry, 2011). Wir generieren neue und kreative Ideen, um anderen zu helfen!

Wie die Vorstellung dieser sozialen Dimensionen der Arbeit zeigt, haben zwischenmenschliche Beziehungen eine hohe Bedeutung für Mitarbeiter. Sie wirken vitalisierend und sind eine wichtige Ressource für ihre tagtägliche Motivation. Dies ist ein weiterer Grund, warum positive Beziehungen am Arbeitsplatz gerade vor dem Hintergrund der digitalen Transformation immer wichtiger werden. Durch die Digitalisierung und Automatisierung gehen in vielen Arbeitsbereichen gerade die sozialen Interaktionen zwischen Mitarbeitern oder zwischen Mitarbeitern und Kunden verloren. Daher ist es für Unternehmen umso wichtiger, Arbeitsbereiche so auszugestalten, dass sie ein ausreichendes Maß an zwischenmenschlicher Interaktion bieten und bestehende Beziehungen stärken. Im Folgenden werden wir daher näher darauf eingehen, wie unterschiedliche Beziehungskonstellationen bei der Arbeit im digitalen Zeitalter gestärkt werden können.

4.2 Positive Beziehungen zwischen Mitarbeitern fördern

Die Bedeutung von positiven Beziehungen zwischen Mitarbeitern wird in Praxis und Forschung häufig unterschätzt. Während die Beziehungsqualität zwischen Führungskräften und Mitarbeitern einen ganzen Forschungszweig füllt, wurde die Beziehungsqualität zwischen Mitarbeitern kaum oder nur im Zusammenhang mit der Beziehungsqualität zu Führungskräften untersucht (Sherony & Green, 2002). In gleicher Weise ist der positive Einfluss von Vertrauen der Mitarbeiter in Führungskräfte etabliert, während es nur wenige Studien zu Vertrauen zwischen Kollegen gibt (Lau & Liden, 2008). Während das Angebot von Führungskräftetrainings kaum überschaubar ist, ist es schwierig, ein Training zu finden, das einem vermittelt, wie man ein guter Kollege sein kann.

Ohne die Bedeutung von Führungskräften schmälern zu wollen – obwohl es vor dem Hintergrund der bereits erörterten flachen Hierarchien und demokratischen Strukturen vielleicht auch einfach an der Zeit ist, sich einmal weniger auf Führungskräfte zu fokussieren –, haben unsere Kollegen einen wichtigen Einfluss auf uns. Positive Beziehungen zwischen Kollegen wirken sich förderlich auf die Leistung individueller Mitarbeiter, aber auch der Organisation insgesamt aus (Ferris, Liden, Munyon, Summers, Basik & Buckley, 2009). Je positiver unser Verhältnis zu unseren Kollegen ist, desto leistungsfähiger sind wir. Unsere Kollegen beeinflussen stärker als unsere Führungskraft, wie aufgehoben und sicher wir uns in einem Team fühlen (Frazier, Frainshmidt, Klinger, Pezeshkan & Vracheva, 2017).

Zappos, der in Holokratie organisierte Online-Schuhhändler, den wir Ihnen bereits unter Big Five #3 vorgestellt haben, hat die Bedeutung von guten Beziehungen mit Kollegen bereits erkannt. Im Rahmen eines mehrstufigen Auswahlprozesses gibt es gleich zwei Tests, um einzuschätzen, ob Kandidaten sich als gute Kollegen herausstellen werden. Im sozialen Test treffen Kandidaten ihre zukünftigen Kollegen in lockerem Rahmen. Dabei wird geprüft, ob Kandidaten zum sozialen Gefüge im Unternehmen passen. Im »Nice Guy«-Test prüft Zappos, ob Kandidaten zum Beispiel auch zum Fahrer des Shuttle-Service, der sie zu ihrem Interview bringt, nett sind.

Zudem zeigen Studien, wie wichtig positive Beziehungen zwischen Mitarbeitern für den Aufbau von Netzwerken und die Suche nach aufgabenbezogenem Rat sind. Die Entscheidung, wen wir um Rat bitten, richtet sich primär danach, wie sehr wir eine andere Person mögen, Interaktionen mit dieser Person als angenehm empfinden und uns energiegeladen fühlen, wenn wir mit ihr zu tun hatten (Casciaro & Lobo, 2008). Egal für wie kompetent wir eine Person halten – wenn wir Interaktionen mit ihr nicht als positiv und aktivierend empfinden, werden wir diese Person nicht um Rat bitten. Andersherum: Je positiver und aktivierender wir Interaktionen mit einer Person finden, desto höher ist die Wahrscheinlichkeit, dass wir diese Person um Rat bitten. In gleicher Weise wird der Aufbau von aufgabenbezogenen Netzwerken innerhalb von Unternehmen dadurch getrieben, dass Personen Interaktionen als positiv erleben (Casciaro & Lobo, 2015). Dabei scheinen jedoch milde positive Emotionen – wie beispielsweise, dass wir eine Interaktion als angenehm empfinden – nicht auszureichen. Netzwerke werden durch Enthusiasmus und positive Energie aufgebaut. Daher werden wir im Folgenden spezifisch auf positive Beziehungen zwischen Kollegen eingehen, die von Enthusiasmus und positiver Energie gekennzeichnet sind.

Love is all we need?!

Liebe am Arbeitsplatz?! Sicherlich handelt es sich dabei um ein weitverbreitetes Phänomen. Im Folgenden möchten wir jedoch nicht romantische Liebe, sondern kameradschaftliche Liebe am Arbeitsplatz näher beleuchten. Kameradschaftliche Liebe bezeichnet Gefühle von Zuneigung, Fürsorge und Mitgefühl. Auch wenn wir in unserem alltäglichen Berufsleben in der Regel nicht davon sprechen würden, dass wir »unsere Kollegen lieben«, sind Zuneigung, Fürsorge und Mitgefühl durchaus Emotionen, die wir gegenüber Kollegen empfinden. Uns fällt auf, wenn ein Kollege geknickt aussieht oder nicht so gut drauf ist. Wenn wir die Person fragen, ob wir etwas für sie tun können, ihr eine aufmunternde E-Mail schreiben oder einfach nur an diesem Tag bei einer Aufgabe unterstützen, zeigen wir unsere Zuneigung.

Die Arbeitskultur kann in Unternehmen insgesamt durch Zuneigung, Fürsorge und Mitgefühl zwischen Mitarbeitern gekennzeichnet sein. In Arbeitskulturen mit hoher kameradschaftlicher Liebe achten Mitarbeiter aufeinander, drücken Fürsorge und Zuneigung füreinander aus, schützen die Gefühle der anderen, zeigen Mitgefühl, wenn Dinge nicht gut laufen, und unterstützen sich gegenseitig in arbeitsbezogenen und nicht arbeitsbezogenen Dingen. Im Gegensatz dazu: Arbeitskulturen mit niedriger kameradschaftlicher Liebe sind durch Gleichgültigkeit und Herzlosigkeit gekennzeichnet; Mitarbeiter zeigen weder in positiven Situationen noch in schwierigen Situationen gegenseitige Anteilnahme, freuen sich also nicht an den Erfolgen der anderen und fühlen nicht mit, wenn bei einem Kollegen etwas schiefgeht.

Dabei ist kameradschaftliche Liebe ein zentraler Schlüssel für vieles, was Mitarbeiter, aber auch Organisationen anstreben: Wenn Mitarbeiter in einer Kultur arbeiten, die durch kameradschaftliche Liebe zwischen Mitarbeitern gekennzeichnet ist, sind sie engagierter bei ihrer Arbeit, zeigen höhere Leistung und haben sogar weniger gesundheitliche Probleme. Diese Ergebnisse stammen aus Studien im Kontext von Feuerwehrstationen (O'Neill & Rothbard, 2017) und der Krankenpflege (Barsade & O'Neill, 2014). Im Kontext der Krankenpflege äußerte sich die höhere Arbeitsleistung in einer höheren Patientenzufriedenheit und einer höheren Lebensqualität der Patienten. Patienten in Krankenhauskulturen mit hoher kameradschaftlicher Liebe mussten zudem weniger häufig in Notfallstationen verlegt werden. In welchem Krankenhaus möchten Sie lieber behandelt werden – in einem mit oder einem Krankenhaus ohne kameradschaftliche Liebe zwischen den Pflegekräften?

Bemerkenswerterweise können sich die Mitarbeiter, die im Rahmen dieser Studien interviewt wurden, selbst nicht vorstellen, dass es in einer durch Großraumbüros charakterisierten Unternehmenswelt überhaupt Arbeitskulturen gibt, die durch hohe kameradschaftliche Liebe gekennzeichnet sind – obwohl sie von deren positiven Auswirkungen tagtäglich profitieren. Dennoch gibt es auch Hinweise darauf, dass solche Arbeitskulturen in einigen Unternehmen gefördert werden. Airbnb verkündet beispielsweise auf der eigenen Homepage, dass es seine Mitarbeiter liebt. Southwest Airlines hat das Herz bereits im Logo. Falls es also doch Arbeitskulturen gibt, die einen fürsorglichen Umgang fördern – und ob das der Fall ist, können Sie selbst am besten entscheiden –, können Unternehmen dadurch einen hohen Mehrwert erzielen.

Relationale Energie freisetzen

Ein weiteres wichtiges Merkmal von positiven Beziehungen zwischen Mitarbeitern ist Energie. Nach manchen Gesprächen mit Kollegen fühlen wir uns antriebslos. Unser Gesprächspartner saugt die Energie aus unseren Gliedern wie ein Dementor bei Harry Potter. Im Gegensatz dazu sprühen wir nach Gesprächen mit anderen Kollegen nur so vor Energie, fühlen uns motiviert und möchten direkt die nächsten Herausforderungen bei unserer Arbeit angehen. Unsere eigenen Gesprächspartner empfinden dies natürlich oft in gleicher Weise. Manchmal hinterlassen wir Gesprächspartner mit einem niedrigen Energielevel und manchmal verlassen sie das Gespräch energiegeladen und voller Tatendrang, die nächste Aufgabe anzugehen.

Um letzteren Effekt zu stärken, ist einer der Kernwerte der Transport-Plattform Lyft: »Uplift others«. Damit betont Lyft die Bedeutung und Förderung von kollaborativen und teamorientierten Mitarbeitern. Die Geschäftsführer von Lyft bestärken zudem, dass dies nicht bedeutet, dass sie keine schwierigen Gespräche und Konflikte haben wollen. Sie wollen jedoch Mitarbeiter, die auch Konflikte in sehr kollaborativer Weise austragen können. Wie bereits in Big Five #1 betont, Leistungsorientierung und Fürsorge sind zwei unterschiedliche Dimensionen.

Schauen wir aber nun genauer an, welche Gespräche und Interaktionen uns im Alltag Energie geben. Diese Gespräche und Interaktionen sind durch positive Emotionen und kognitive Stimulation gekennzeichnet. Personen, die selbst mit einem hohen Maß an Enthusiasmus und Begeisterung an ihre Arbeit herangehen, inspirieren und motivieren uns zu mehr Engagement und Leistung (Owens, Baker, Sumpter & Cameron, 2016). Allein die Interaktion mit diesen Personen kann unser eigenes Energielevel anheben. Genauso geht es uns mit Personen, die unser Denken anregen, mit unkonventionellen Ideen und neuen Betrachtungsweisen unserer Arbeit aufwarten und uns im positiven Sinne geistig herausfordern. Tatsächlich zeigt die Forschung, dass die Anzahl an energieerhöhenden Beziehungen, die wir am Arbeitsplatz haben, unsere Initiative am Arbeitsplatz deutlich steigert (Cullen-Lester, Leroy, Gerbasi & Nishii, 2016). Denken Sie also daran, wie wichtig Enthusiasmus und Begeisterung für die eigenen Aufgaben und kognitive Stimulation sind, wenn Sie das nächste Mal mit Ihren Kollegen sprechen. Wir alle sind manchmal müde bei der Arbeit oder wollen uns bei einem Kollegen über unsere Arbeit negativ auslassen – wir sollten uns aber darüber bewusst sein, dass wir damit nicht nur uns selbst, sondern auch unseren Kollegen Energie rauben. Teilen Sie also Ihren Enthusiasmus und Ihre Begeisterung mit Ihren Kollegen.

Stellschrauben für die Entwicklung von positiven Beziehungen

Vertrauen ist eine grundlegende Voraussetzung für das Entstehen von positiven Beziehungen am Arbeitsplatz (und auch in allen anderen Lebenslagen; Ferris et al., 2009). Wir vertrauen Kollegen, wenn sie auf uns vertrauenswürdig wirken. Die Einschätzung der Vertrauenswürdigkeit beinhaltet drei Dimensionen (Schoorman, Mayer & Davis, 2007): Wohlwollen, Integrität und Kompetenz.

Und wenn wir Kollegen für wohlwollend halten, das heißt wenn wir glauben, dass sie Gutes für uns wollen, halten wir sie für vertrauenswürdig. Wenn wir Kollegen für integer halten, das heißt wenn wir glauben, dass Prinzipien wie Verlässlichkeit, Fairness und Gerechtigkeit ihr Handeln leiten, schätzen wir sie als vertrauenswürdig ein. Und wenn wir Kollegen für fähig und in ihrem Arbeitsbereich für kompetent halten, sehen wir sie ebenfalls als vertrauenswürdig. Diese drei Dimensionen können und sollten wir in jeder Interaktion, die wir am Arbeitsplatz haben, beachten (Cross, Baker & Parker, 2003). Inwieweit können Sie selbst die folgenden Fragen positiv beantworten?

Zeigen Sie in Interaktionen mit Ihren Kollegen *Wohlwollen*? Nehmen Sie sich Zeit, um mit Kollegen nicht nur über direkt arbeitsbezogene Dinge zu sprechen, sondern auch, um ihren Bedürfnissen und Sorgen zuzuhören? Freuen Sie sich mit Ihren Kollegen über deren Erfolge, als wären es Ihre eigenen? Zeigen Sie Enthusiasmus gegenüber neuen Ideen und Lösungsmöglichkeiten, die Ihre Kollegen vorschlagen? Wenn Sie mit einem Kollegen eine Meinungsverschiedenheit haben – fokussieren Sie die Diskussion auf den Sachverhalt oder lassen Sie zu, dass der Konflikt auf die persönliche Ebene übergeht? Helfen Sie Ihren Kollegen auch dann, wenn Sie keinen direkten Nutzen davon haben, beispielsweise auch oder gerade wenn Ihre Führungskraft nichts davon mitbekommt?

Zeigen Sie in Interaktionen mit Kollegen *Integrität*? Tun Sie das, was Sie sagen, oder reden Sie nur? Können Ihre Kollegen sich auf Ihr Handeln verlassen? Versuchen Sie, Probleme und schwierige Situationen mit Anstand und Fairness zu adressieren, oder gehen Sie diesen lieber aus dem Weg? Akzeptieren Sie einfache Lösungen, die zulasten einer Person gehen, oder denken Sie lieber zweimal darüber nach, ob es noch eine bessere Lösung gibt, durch die ein Win-Win hergestellt und alle Interessen gewahrt werden können?

Zeigen Sie in Interaktionen mit Kollegen Ihre *Fähigkeiten und Kompetenzen*? Damit meinen wir nicht, dass Sie mit Ihren Erfolgen angeben sollen, sondern die folgenden Dinge: Unterstützen Sie Ihre Kollegen durch konstruktive Lösungsvorschläge darin, ihre Ziele zu erreichen? Suchen Sie nach Lösungsmöglichkeiten oder identifizieren Sie nur Hindernisse, über die Sie jammern können? Zeigen Sie Flexibilität in Ihrem Denken oder zwingen Sie anderen Personen Ihre Meinung auf? Können Sie zuhören und andere Personen in Konversationen einbinden, Gemeinsamkeiten herstellen und Möglichkeiten für Beiträge herstellen? Nutzen Sie Ihre Expertise angemessen oder zerstören Sie Energie, indem Sie hastig Lösungen finden, um Ihr Wissen zu demonstrieren?

Neben diesen Voraussetzungen für Vertrauenswürdigkeit stellt sich zusätzlich die Frage nach dem Energieniveau, mit dem Sie generell agieren. Sind Sie kognitiv und physisch in Meetings und Konversationen engagiert? Damit meinen wir nicht, dass Sie in regelmäßigen Abständen durch Aufmerksamkeitsgeräusche signalisieren, dass Sie noch zuhören. Wir meinen damit, dass Sie ehrliches Interesse an Ihrem Gegenüber und am diskutierten Thema zeigen. Wir alle sind an manchen Tagen müde und nicht jedes Thema interessiert uns. Denken Sie daran, dass Sie anderen die Energie nehmen, wenn Sie sich in diesen Momenten nicht zusammenreißen. Oder andersherum: Sie können Kollegen und damit den Fortschritt in Ihrem Unternehmen bereits dadurch unterstützen, dass Sie ihnen durch Ihre Aufmerksamkeit Energie schenken.

4.3 Individualisierte Führung

Dass es wichtig ist, Energie an andere weiterzugeben, gilt natürlich auch für Führungskräfte. In gleicher Weise wie Mitarbeiter sollten auch Führungskräfte sich die oben formulierten Fragen stellen. Wenn Führungskräfte als vertrauenswürdig gesehen werden und Mitarbeiter ihren Führungskräften infolgedessen vertrauen, hat dies weitreichende und sehr positive Konsequenzen (Dirks & Ferrin, 2002). Mitarbeiter, die ihren Führungskräften vertrauen, zeigen höhere Leistung und mehr Hilfeverhalten im Unternehmen. Darüber hinaus sind sie zufriedener mit ihrer Arbeit und es ist weniger wahrscheinlich, dass sie das Unternehmen verlassen werden.

Positive Führungskraft-Mitarbeiter-Beziehungen

Auch vor dem Hintergrund von VUCA-Welten ist es wichtig, dass Führungskräfte positive und energieerhöhende Beziehungen mit ihren Mitarbeitern pflegen. Mitarbeiter benötigen, wie diskutiert, die Ermächtigung und Ermutigung von Führungskräften, um eigene Entscheidungen fällen zu können. Dabei tun Führungskräfte gut daran, Mitarbeiter auch mit der notwendigen Energie zu versorgen, um diese Rolle ausfüllen zu können.

Die Energie von Mitarbeitern zeigt sich in drei Dimensionen (Cole, Bruch & Vogel, 2012). Die *affektive Dimension* umfasst, wie begeistert und enthusiastisch Mitarbeiter bei ihrer Arbeit sind. Die *kognitive Dimension* beinhaltet die Bereitschaft von Mitarbeitern, Veränderungen im Unternehmen anzustoßen und nach neuen Möglichkeiten Ausschau zu halten. Die *Verhaltensdimension* beinhaltet, inwieweit Mitarbeiter tatsächlich von sich aus mit hoher Geschwindigkeit und intensiv für das Wohl des Unternehmens arbeiten. Mitarbeiter, die diese Formen der produktiven Energie zeigen, engagieren sich stärker für das Erreichen der organisationalen Ziele. Und Unternehmen, die durch ein insgesamt höheres Energieniveau gekennzeichnet sind, zeigen eine höhere Unternehmensleistung.

Für Führungskräfte ist es wichtig, auf die beschriebenen Indikatoren des Energieniveaus ihrer Mitarbeiter zu achten und diese zu adressieren (Bruch & Vogel, 2011). Wenn Führungskräfte Anzeichen von niedriger Energie bei ihren Mitarbeitern erkennen, sollten sie die Ursachen hierfür identifizieren und Maßnahmen ergreifen, um diese zu eliminieren. Das bedeutet nicht unbedingt, dass sie selbst Energieräuber beseitigen sollten. Gerade im Kontext von Energie bedeutet »Maßnahmen ergreifen« auch, wie in Big Five #3 beschrieben, Mitarbeiter beispielsweise durch ein konstruktives Gespräch zu befähigen, die Initiative selbst zu ergreifen und Änderungen herbeizuführen. Denn gerade die Erfahrung, dass man selbst Energieräuber aus dem Weg räumen kann, gibt Mitarbeitern Energie für die nächste Aufgabe. Um dies zu fördern, ist es wichtig, dass Führungskräfte selbst mit Energie, Leidenschaft und einem hohen Leistungswillen an ihre Arbeit herangehen. Gleichzeitig sollten Führungskräfte im Gespräch mit Mitarbeitern jedoch nicht der Versuchung erliegen, Probleme für sie zu lösen (das fühlt sich immer heldenhaft an), sondern Mitarbeiter dazu zu befähigen, selbst heldenhaft das Problem zu lösen.

Personenorientierte Führung als Schlüssel zum Erfolg

Neben der Weitergabe von Energie ist insbesondere die zwischenmenschliche Komponente von Führung im digitalen Zeitalter zentral. Dabei ist eine wichtige Dimension die personenorientierte Führung. Tatsächlich ist personenorientierte Führung keine neue Führungsdimension. Zwei der frühesten Führungsstudien, die sogenannten Ohio- und Michigan-Studien, waren in den 40er- und 50er-Jahren die ersten Forschungsstudien, die sich mit Führungsverhalten auseinandergesetzt haben. Dabei haben sie zwei grundlegende Dimensionen von Führungsverhalten identifiziert: personenorientiertes und aufgabenorientiertes Führungsverhalten. Die Existenz und Bedeutung dieser beiden Führungsverhaltensweisen wurde in einer Vielzahl von Studien untersucht und über Jahrzehnte hinweg bestätigt (DeRue, Nahrgang & Wellman, 2011; Judge, Piccolo & Ilies, 2004).

Aufgabenorientiertes Führungsverhalten umfasst den Grad, zu dem Führungskräfte die Rollen von Mitarbeitern vorgeben und organisieren, die Aufmerksamkeit auf die Zielorientierung lenken und klar definierte Kommunikationskanäle und -muster einsetzen. Aufgabenorientiertes Führungsverhalten erleben Sie tagtäglich, wenn Führungskräfte Mitarbeitern genau sagen, was zu tun ist, welches Ziel erreicht werden muss und wie sie auf dem Weg dahin vorzugehen haben. Vor dem Hintergrund des digitalen Zeitalters und VUCA-Umweltbedingungen wird es für Führungskräfte jedoch immer weniger möglich sein, diese Funktionen für Mitarbeiter überhaupt bereitzustellen. Im Gegenteil, es wird davon ausgegangen, dass Arbeitsrollen immer weniger formalisiert definiert werden können. Und wir haben sowohl in Big Five #1 als auch Big Five #3 bereits den Vorteil von flexiblen Rollendefinitionen hervorgehoben. Für Mitarbeiter wird es immer wichtiger, ihre Aufgaben proaktiv selbst zu gestalten, Initiative zu zeigen, bessere Wege zu finden, um ihre Aufgaben zu gestalten und Veränderungen herbeizuführen (Griffin, Neal & Parker, 2007). Mitarbeiter sind selbst die Experten in komplexen Arbeitsbereichen, sodass Führungskräften eher eine begleitende als eine strukturgebende Funktion zukommt.

In ihrer begleitenden Funktion ist für Führungskräfte personenorientiertes Führungsverhalten umso wichtiger. *Personenorientiertes Führungsverhalten* umfasst den Grad, zu dem Führungskräfte ihren Mitarbeitern gegenüber Interesse und Respekt zeigen, um ihr Wohlergehen besorgt sind sowie Wertschätzung und Unterstützung ausdrücken (Ilies et al., 2004). Durch den Ausdruck von Interesse und Respekt gegenüber individuellen Mitarbeitern wirken Führungskräfte positiv auf den Selbstwert von Mitarbeitern ein (Dansereau et al., 1995). Dadurch helfen sie Mitarbeitern, das notwendige Selbstbewusstsein aufzubauen, um schwierige Situationen meistern zu können.

Wertschätzung und soziale Anerkennung haben für sich selbst genommen eine hohe motivierende Wirkung (Amabile, Hill, Hennessey & Tighe, 1994; Ryan & Deci, 2000). Es wurde bereits gezeigt, dass soziale Anerkennung und positives Leistungsfeedback einen vergleichbar positiven Effekt auf die Motivation der Mitarbeiter haben können wie finanzielle Anreize. Im Rahmen einer Studie von Suzanne Peterson und Fred Luthans (2006) nahmen

Manager einer Fast-Food-Kette an einem Interventionstraining teil, in welchem ihnen folgende Skills beigebracht wurden:

- Wie sie erfolgskritische Verhaltensweisen bei ihren Mitarbeitern identifizieren können. Dabei werden jene Verhaltensweisen als erfolgskritisch angesehen, die maßgeblich zu einer guten Arbeitsleistung beitragen, im Kontext der Fast-Food-Kette beispielsweise ein zuvorkommender Umgang mit Kunden.
- Wie sie diese im Unternehmensalltag erkennen können.
- Wie sie diese Verhaltensweisen belohnen können.

Die Belohnung bestand dabei entweder aus *positivem Feedback durch die Führungskraft* für die als erfolgskritisch identifizierten Verhaltensweisen oder aus *finanziellen Anreizen* für eben diese Verhaltensweisen. Die Studie konnte zeigen, dass beide Belohnungen die Leistung der Mitarbeiter (im Vergleich zu einer nicht belohnten Vergleichsgruppe) verbessern konnten. Die positiven Leistungseffekte stellten sich mit finanziellen Belohnungen zwar schneller ein – Feedback und Anerkennung waren langfristig jedoch genauso effektiv wie finanzielle Anreize.

Der Vergleich von Feedback und Anerkennung mit finanziellen Anreizen ist umso spannender, da Führungskräfte in unseren Trainings und Seminaren sehr häufig anführen, dass sie ihre Mitarbeiter nicht motivieren können, da sie nicht genug Budget haben, um ihnen Gehaltserhöhungen und Boni zu geben. Die Tatsache, dass nicht genügend Budget für Gehaltserhöhungen und Boni vorhanden ist, trifft sicherlich auf den Alltag der meisten Führungskräfte zu. Jedoch bedeutet dies mitnichten, dass sie deshalb ihre Mitarbeiter nicht motivieren können. Im Rahmen von personenorientierter Führung haben Führungskräfte eine ganze Palette an Instrumenten zur Verfügung, mit denen sie ihre Mitarbeiter motivieren können. Spontanes Feedback zu einer guten Leistung, das Zeigen von persönlichem Interesse und die Wertschätzung der Tatsache, dass Mitarbeiter sich einbringen, gehören dazu.

Insbesondere die Bedeutung des Ausdrucks von Wertschätzung gegenüber Mitarbeitern wird in vielen Unternehmen übersehen. Menschen tendieren zum Beispiel dazu, Führungskräften überproportional und unrealistisch viel Anteil an der erbrachten Leistung im Unternehmen zuzuschreiben (Meindl, Ehrlich & Dukerich, 1985). Auch Führungskräfte selbst zeigen oft die Tendenz, die Leistungen ihrer Mitarbeiter und ihres Teams sich selbst zuzuschreiben (Martinko, Harvey & Dasborough, 2011). Zu einem gewissen Teil haben sie damit natürlich recht. Führung bedeutet Einfluss nehmen (Yukl, 2013). Und selbstverständlich nehmen Führungskräfte Einfluss auf ihre Mitarbeiter, um deren Leistung zu erhöhen. Genau das ist ihre Aufgabe. Die Leistung von Mitarbeitern ist jedoch auch maßgeblich von den Mitarbeitern selbst bestimmt – sodass Führungskräfte, wenn sie sich deren Leistung selbst zuschreiben, ihren Mitarbeitern Anerkennung vorenthalten.

Vor diesem Hintergrund ist es nicht überraschend, dass wir in einer Reihe von Studien sehr positive Effekte für den Ausdruck von Dankbarkeit durch Führungskräfte gefunden haben. Der Ausdruck von Dankbarkeit signalisiert, dass wir eine andere Person als verantwortlich für ein positives Ergebnis sehen. Führungskräfte, die ihren Mitarbeitern gegenüber Dankbarkeit ausdrücken, stellen also den Beitrag ihrer Mitarbeiter in den Vordergrund. Dies hat sehr positive Folgen. In einer unserer Studien haben wir zum Beispiel Mitarbeiter über eine Woche hinweg von Montag bis Donnerstag jeden Abend gefragt, wie häufig ihre Führungskraft ihnen gegenüber Dankbarkeit gezeigt hat. Je mehr Dankbarkeit eine Führungskraft ausgedrückt hat, umso vertrauenswürdiger (im Sinne von wohlwollend, integer und fähig) wurde die Führungskraft gesehen; und dabei konnten wir einen Anstieg über die gesamte Woche hinweg beobachten (Ritzenhöfer, Brosi, Spörrle & Welpe, 2017a). Eine andere Studie zeigt, dass der Ausdruck von Dankbarkeit durch Führungskräfte in Mitarbeitern einen höheren Selbstwert erzeugt (Grant & Gino, 2010). Das ist nicht überraschend. Wenn unsere Beiträge gewürdigt werden, stärkt das unsere Einschätzung von uns selbst. Wir erleben, dass wir einen wichtigen Beitrag leisten können. Daher sind wir leistungsfähiger, wenn wir Wertschätzung von unserer Führungskraft empfangen.

Im Einklang mit dem Prinzip der Spielifizierung, bei dem spielerische Anreize für positive Leistungen gesetzt werden, können im Unternehmen gezielt Prozesse und Praktiken für das »Dankesagen« etabliert werden: So könnte eine Organisation es als Norm etablieren, einmal im Monat anderen, die einen besonders unterstützt haben, eine handgeschriebene Karte auf den Platz zu legen und damit seinen Dank auszudrücken. Tele Haase, ein österreichischer Steuergerätehersteller, hat Dankbarkeit sogar in seine Unternehmensleitlinien aufgenommen. Als Handlungsmaxime für die Mitarbeiter gelten in diesem Zuge zwei Prinzipien:

- Gute Arbeit unserer Kollegen offen und direkt wertschätzen
- Sich bedanken – auch für die Kleinigkeiten des Alltags

Dankbarkeit gilt also nicht nur Führungskräfte. Wie bei allen Führungsverhaltensweisen stellt sich auch in Bezug auf personenorientierte Führung die Frage nach möglichen situativen Einflüssen. Anders formuliert: Gibt es Situationen, in denen Führungskräfte lieber nicht personenorientiert führen sollten? Ein klassisches Modell situativer Führungstheorie nimmt tatsächlich an, dass Personen, die neu in einer Aufgabe sind, genauso wie Personen, die viel Erfahrung mitbringen und ihre Arbeit somit voll im Griff haben, weniger personenorientierte Führung benötigen. Dabei geht das Modell davon aus, dass die erste Gruppe an Personen primär aufgabenbezogen eingewiesen werden muss, während die zweite Gruppe gar keine Führung mehr benötigt.

Neuere Forschung zeigt: Beide Annahmen sind schlichtweg falsch. Eine Forschergruppe hat untersucht, wie erfolgreich personenorientierte Führung in verschiedenen Situationen ist. Dabei wurden die Studienteilnehmer erst gefragt, wie viel personenorientiertes Führungsverhalten sie benötigen, und zweitens, wie viel davon sie tatsächlich von ihrer Führungskraft erhalten (Lambert, Tepper, Carr, Holt & Barelka, 2012). Es zeigte sich, dass personenorientierte Führung immer positiv wirkte – unabhängig davon, wie viel personenorientiertes Führungsverhalten die Teilnehmer sich von ihren Führungskräften wünschten. Mitarbeiter, deren Führungskräfte sehr personenorientiert agierten, vertrauten ihrer Führungskraft generell mehr, waren zufriedener mit ihrer Arbeit und hatten sogar eine höhere Bindung an ihr Unternehmen.

Spannend ist auch ein anderes Ergebnis der Studie. Denn die Studie zeigt, dass die Effektivität von aufgabenbezogenem Führungsverhalten tatsächlich von den Bedürfnissen der Mitarbeiter abhängt. Wenn die Mitarbeiter der Meinung waren, dass sie aufgabenbezogenes Führungsverhalten gar nicht brauchen, wirkte sich dieses sogar negativ aus. Während es ein »zu viel« in Bezug auf aufgabenorientiertes Führungsverhalten also tatsächlich gibt, scheint personenorientiertes Führungsverhalten weniger situationsabhängig zu sein. Mitarbeiter reagieren auch dann positiv auf Aufmerksamkeit und Wertschätzung, wenn sie keine Anleitung und Führung in Bezug auf ihre Aufgaben benötigen und ihre Arbeit selbstbestimmt erledigen können.

Die Randbedingungen von personenorientierter Führung

Auch wenn wir personenorientierte Führung als die Komponente von Führung sehen, die im digitalen Zeitalter an Bedeutung gewinnt, und, basierend auf aktueller Forschung, hervorheben, dass es kein »zu viel« an personenorientiertem Führungsverhalten gibt, wollen wir an dieser Stelle als Randbedingung hervorheben, dass Führungskräfte – um effektiv zu sein – eine

Bandbreite an unterschiedlichen Führungsverhaltensweisen benötigen. Daniel Ames von der Columbia University und Francis Flynn von der Stanford University haben in einer Studie hervorgehoben, dass Führungskräfte bisweilen zwischen dem Erreichen von sozialen Zielen, das heißt dem Aufbau von positiven Beziehungen zu Mitarbeitern, und instrumentellen Zielen, das heißt der Erreichung von Arbeits- und Leistungszielen, abwägen müssen. Sie kennen sicher die Fälle, in denen Führungskräfte zwar ihre Ziele erreichen oder sogar übererfüllen, dabei jedoch ihre Mitarbeiter verheizen (diese erreichen ihre instrumentellen Ziele, aber nicht die sozialen Ziele ihrer Rolle). Auch fallen Ihnen sicher Beispiele von Führungskräften ein, die sehr gute Beziehungen mit ihren Mitarbeitern haben, aber auf ihrem Kuschelkurs nichts gebacken bekommen (diese erreichen ihre sozialen Ziele, aber nicht ihre instrumentellen Ziele). Es ist für Führungskräfte in vielen Situationen notwendig, auf aufgabenorientiertes Führungsverhalten zurückzugreifen, um instrumentelle Ziele zu erreichen. Die Betonung der Bedeutung von personenorientierter Führung bedeutet nicht, dass kein anderes Führungsverhalten mehr notwendig ist.

4.4 Teambuilding

Bisher haben wir dyadische Beziehungen, das heißt Beziehungen zwischen zwei Parteien (Mitarbeiter-Mitarbeiter und Führungskraft-Mitarbeiter), betrachtet. Wie bereits in Big Five #2 beschrieben, ist Teamarbeit zunehmend wichtig, um Informationen und Ideen unternehmensweit auszutauschen. Um Silodenken im Unternehmen abzubauen, können Unternehmen verschiedene strukturelle Änderungen implementieren: formelle und informelle Netzwerke, Projektorganisationen, Schwarm-Organisationen. Alle diese strukturellen Lösungen führen mitunter dazu, dass Mitarbeiter zunehmend nicht nur in einem Team, sondern häufig in mehreren Teams arbeiten.

Vor allem die Mitarbeiter, die besonders viel Expertise haben, werden in einer Vielzahl von Projekten benötigt – das kann ungewollte Nebenwirkungen in Form von Projekt- und Informationsüberlastung für diese Mitarbeiter haben (Oldroyd & Morris, 2012). Auch kann es herausfordernd sein, genau diese Mitarbeiter dazu zu bringen, sich gegenseitig zu unterstützen und miteinander zu kollaborieren, um bessere Ergebnisse zu erzielen (Gardner, 2017). Insbesondere wenn Mitarbeiter in mehreren Teams arbeiten, sind sie nicht mehr mit der gleichen Tiefe in diesen Teams involviert, wie sie es wären, würden sie nur in einem Team arbeiten (Mortensen & Gardner, 2017). Die gleichzeitige Zugehörigkeit zu mehreren Teams kann zu unklaren Prioritäten und anderen Konflikten führen. Wenn wir von Meeting zu Meeting eilen, ist es schwer, sich auf jedes Team und jedes Thema einzulassen. Für viele Mitarbeiter sind Meetings zudem ein hoher Stressfaktor (Perlow, Hadley & Eun, 2017). Dabei leidet insbesondere die zwischenmenschliche Komponente, welche jedoch, wie in Big Five #2 zu Teamarbeit beschrieben, für funktionierende Teamprozesse erfolgskritisch ist. Daher sollen im Folgenden die Faktoren beleuchtet werden, welche helfen, die Entstehung und die Festigung von positiven Beziehungen in Teamarbeit zu unterstützen.

Soziale Bindungen innerhalb des Teams aufbauen

Eine wichtige Grundvoraussetzung für positive Beziehungen in Teams ist, dass die Teammitglieder Vertrauen zueinander entwickeln und miteinander vertraut sind. In klassischen Teams entsteht die persönliche Verbindung ganz automatisch durch die enge Zusammenarbeit. Je loser die Zusammenarbeit – wenn Teammitglieder mehreren Teams zugeordnet sind, global bzw. virtuell arbeiten oder die Projektarbeit zwar kontinuierlich, aber weniger intensiv ist –, desto höher die Hürde für das Entstehen von positiven Beziehungen. Aus diesem Grund ist es umso wichtiger, bereits zu Beginn der Teamarbeit den Austausch zwischen den Teammitgliedern bewusst zu fördern (Mortensen & Gardner, 2017).

Insbesondere wenn Teammitglieder über mehrere Standorte oder Länder verteilt sind, ist es umso wichtiger, den ersten Austausch so direkt und interaktiv wie möglich zu gestalten. Wenn möglich, sollten sich alle Teammitglieder zu Beginn des Projektes persönlich kennenlernen. Ein persönliches Treffen gibt ihnen die Möglichkeit, sich nicht nur über das Projekt auszutauschen, sondern auch weiterführende Dinge über die anderen Teammitglieder zu erfahren – beispielsweise in Bezug auf ihren generellen Arbeitsbereich, die damit verbundenen Herausforderungen oder auch ihr Privatleben (Hobbys, Familie etc.). Dies ermöglicht nicht nur den Aufbau von persönlichen Beziehungen, sondern hilft auch dabei, die individuellen Arbeitsweisen der Kollegen in der späteren Zusammenarbeit besser zu verstehen.

Ein weiterer Bestandteil des ersten Austauschs sollte die Klärung der spezifischen Kompetenzen und Fähigkeiten der Teammitglieder sein (Mortensen & Gardner, 2017). Gerade wenn Personen in unterschiedlichen Teams agieren, ist es schwierig, den Überblick zu behalten und immer direkt zu wissen, in welchem Team man sich mit welcher Frage an wen wenden kann. Dafür hilft ein Verzeichnis, welches das gesamte Portfolio an Kompetenzen innerhalb des Teams aufzeigt. Dieses sollte nicht nur inhaltliche und technische Kompetenzen, sondern auch die sogenannten Soft Skills (z. B. Präsentationstalent, Verhandlungsstärke, Moderationskompetenzen) enthalten. Unabhängig davon, in welchem Format dieses Portfolio erstellt wurde, ist es zudem wichtig, das Portfolio bei Veränderungen im Team zu aktualisieren. Gerade in zeitkritischen Situationen kann es äußerst wichtig sein, auf einen Blick zu erkennen, welches Teammitglied das Wissen hat, um eine Aufgabe schnell zu lösen.

Zuletzt ist die Feststellung des gemeinsamen Zieles sowie von Normen und Regeln für die Zusammenarbeit wichtig für jedes Projektteam. Selbstverständlich können sich Ziele ändern und auch Normen und Regeln können angepasst werden. Jedoch kanalisiert das festgelegte gemeinsame Ziel die Anstrengungen und das Engagement aller Teammitglieder (Haas & Mortensen, 2016). Normen und Regeln können Konflikte durch unterschiedliche Arbeitsweisen vermeiden, indem gemeinsame Arbeitsweisen definiert werden. Allein die Diskussion über Normen und Regeln kann dabei helfen. Mark Mortensen von INSEAD und Tsedal Neeley von der Harvard Business School haben beispielsweise gezeigt, dass das Wissen über persönliche Charakteristika, zwischenmenschliche Herangehensweisen und Arbeitsnormen eines weiter entfernten Teammitglieds sich positiv auf den Aufbau von Vertrauen in Teams auswirkt (Mortensen & Neeley, 2012).

Raum für Arbeit geben, um Beziehungen zu schützen

Während zu Beginn des Projektes möglichst viel Zeit für das Kennenlernen der Teammitglieder und das Aufsetzen der Teamstruktur verwendet werden sollte, ist es umso kritischer, während des Projektes möglichst sparsam mit der Zeit aller Teammitglieder umzugehen. In einer erst kürzlich veröffentlichten Studie gaben 65 Prozent der 182 befragten Manager an, dass Meetings sie davon abhalten würden, ihre Arbeit zu erledigen (Perlow, Hadley & Eun, 2017). Weitere 71 Prozent gaben an, dass Meetings unproduktiv und ineffektiv sind. Wenn Meetings jedoch dazu führen, dass Teilnehmer primär genervt sind, ist der Erhalt von am Anfang des Projektes aufgebauten positiven Beziehungen sehr schwierig. Wir sind automatisch auch von den teilnehmenden Kollegen genervt. Daher möchten wir im Folgenden beleuchten, welche Maßnahmen zu effektiven Meetings führen und dadurch positive Beziehungen zwischen Teammitgliedern schützen können. Spezifisch sind Meetings dann ineffizient, wenn sie 1) zu häufig, 2) zu schlecht getaktet und/oder 3) zu schlecht durchgeführt werden.

In Bezug auf die *Häufigkeit der Durchführung* leiden viele Meetings daran, dass sie als Jour Fixe für einen bestimmten Zeitslot über einen längeren Zeitraum regelmäßig für alle Teammitglieder eingeplant werden. Dies hat natürlich den Vorteil, dass durch die Regelmäßigkeit sichergestellt ist, dass alle Teammitglieder Zeit haben, an den Meetings teilzunehmen. Der Nachteil ist, dass sich alle Teammitglieder regelmäßig treffen müssen – unabhängig davon, ob die Zeit für den Jour Fixe tatsächlich benötigt wird.

Um unnötige Meetings aus den Terminkalendern zu entfernen, hat Dropbox zum Beispiel für einen Zeitraum von zwei Wochen alle Meetings gestrichen (Cross, Rebele & Grant, 2016). Diese Maßnahme hat die Mitarbeiter dazu gebracht, die Meetingkultur zu überdenken und im Anschluss umsichtiger mit der Zeit ihrer Kollegen umzugehen. Streichen Sie regelmäßig getaktete Meetings doch einfach mal so lange, bis ein Teammitglied mit wirklichem Gesprächsbedarf auf Sie zukommt.

Eine *schlechte Taktung* bezieht sich darauf, dass Meetings entweder zu einem falschen Zeitpunkt angesetzt sind oder dass der Zeitraum schlecht gewählt wurde. Organisationsweite meetingfreie Zeiten können dabei helfen, Mitarbeitern genügend Zeit für notwendige Einzelarbeit zu geben (Perlow et al., 2017). Meetings können beispielswiese für einen bestimmten Tag der Woche verboten werden, sodass dieser ganz frei bleibt (Perlow, 2014). Alternativ kann beispielsweise auch der Vormittag generell als meetingfreie Zeit deklariert werden. Auch ist es unter Umständen nicht notwendig, dass alle Mitglieder bei jedem Meeting anwesend sind. Insbesondere bei globaler Zusammenarbeit kann ein Jour Fixe bedeuten, jedes Mal frühmorgens oder spätabends Zeit einzuräumen. Mitarbeitern zu erlauben, das Meeting auch ausfallen zu lassen, wenn sie nicht unmittelbar gebraucht werden, kann unerwartet positive Effekte haben.

Eine weitere Möglichkeit sind kleinere und fokussierte Meetings. Nicht immer müssen alle Teammitglieder für alle Themen anwesend sein. Eine Agenda für ein Meeting kann auch spezifizieren, welche Mitarbeiter tatsächlich für die Diskussion und Entscheidung gebraucht werden. Jeff Bezos von Amazon wird beispielsweise nachgesagt, dass er für Meetings die 2-Pizzen-

Regel ausgerufen hat. Es sollten nur so viele Personen an einem Meeting teilnehmen, wie von zwei Pizzen satt werden. Wenn mehr Personen anwesend sind, wird es ineffizient, weil manche Personen nichts beitragen oder Beiträge sich wiederholen.

Schlussendlich – nur weil ein Meeting für eine Stunde angesetzt wurde, bedeutet dies nicht, dass das Meeting auch eine Stunde dauern muss (Makins, Brahms & Caimi, 2014). Steve Jobs pflegte ein akustisches Signal zu geben, wenn die Produktivität eines Meetings nachließ oder ein Teilnehmer nicht vorbereitet war. Dieser Stil mag nicht jedem gefallen und er ist nicht personenorientiert, aber man könnte Meetings auch einfach beenden, wenn das Ziel des jeweiligen Meetings erfüllt wurde.

Festzustellen, dass ein Ziel erfüllt wurde, setzt voraus, dass es auch ein wirkliches Ziel für das Meeting gab – nicht immer ist dies jedoch der Fall. *Schlechte Durchführung* ist entsprechend ein weiterer Zeit- und Energiefresser in Bezug auf Meetings. Die Voraussetzung für gut durchgeführte, strukturierte Meetings ist, dass es eine verantwortliche Person gibt, die eine klare und selektive Agenda aufsetzt. Nicht jeder Punkt muss und kann in einem Meeting besprochen werden. Daher sollten Teams sich auf die wichtigen Punkte konzentrieren und weniger relevante Punkte schlichtweg streichen. Dies gilt auch für Wortbeiträge. In effektiven Teams halten Teammitglieder ihre Beiträge »short and sweet« (Pentland, 2012), indem sie sich auf die produktiven und wesentlichen Punkte konzentrieren – anstatt ihren Wochenablauf oder die Entstehungsgeschichte eines Sachverhaltes zu präsentieren, sollten sie sich auf den eigentlichen Sachverhalt beschränken. Dies bedeutet auch, dass Teammitglieder sich auf Meetings vorbereiten – wenn eine Entscheidung benötigt wird, hilft eine kurze und prägnante Entscheidungsvorlage, um die notwendigen Inhalte schnell zu vermitteln und die Zeit aller zu schonen. Darüber hinaus helfen standardisierte Entscheidungsprozesse, die den Teammitgliedern insbesondere auch die Möglichkeit geben, Entscheidungen zu fällen, um dann mit ihrer Arbeit fortzufahren.

Eine Möglichkeit, um herauszufinden, wie die Arbeit eines Teams produktiver gestaltet werden kann, sind kurze (!) Pulschecks (Perlow et al., 2017). Damit meinen wir regelmäßige Fragen, beispielsweise spielerisch per App dargeboten, die dabei helfen, den aktuellen Status zu erfassen, indem sie folgende Themen adressieren:

- die emotionalen Reaktionen von Mitarbeitern auf Meetings
- die Zeit, die insgesamt in Meetings verbracht wird

- die Balance zwischen der in Meetings verbrachten Zeit und individueller Zeit (sowohl absolut gesehen als auch in Bezug darauf, wie die Zeit, die in Meetings verbracht wird, die allgemeine Arbeitsproduktivität der Mitarbeiter beeinflusst)
- die Arbeitsqualität der Meetings und inwieweit diese zwischen Meetings variiert

Die Ergebnisse dieser Pulschecks können gemeinsam diskutiert und in zielgerichtete Maßnahmen zur Verbesserung von Meetings überführt werden. Außerdem erlaubt das Vorgehen die Entwicklung von Best Practices, die dann auf das gesamte Unternehmen ausgerollt werden können (Perlow et al., 2017).

Der Schutz von Privatsphäre

Die Balance zwischen Zeit in Meetings und individueller Zeit zeigt darüber hinaus, dass es gerade vor dem Hintergrund von notwendiger Kollaboration und Teamarbeit auch wichtig ist, die individuelle Zeit der Mitarbeiter zu schützen. Steelcase, ein Hersteller von Büromöbeln, beschreibt in einem im Harvard Business Review erschienenen Artikel, dass erfolgreiche Unternehmen nicht nur die Open Office Kultur fördern, sondern gleichzeitig auch die Einsamkeit ihrer Mitarbeiter (Congdon, Flynn & Redman, 2014). Für Mitarbeiter ist es wichtig, Stimulation in Form von Informationen und Geräuschen kontrollieren zu können – abhängig von den Anforderungen ihrer jeweiligen Aufgabe. Manche Aufgaben benötigen unsere uneingeschränkte Aufmerksamkeit, während wir bei anderen Aufgaben wie beispielsweise Routinetätigkeiten durchaus ein wenig Ablenkung willkommen heißen beziehungsweise es für diese wichtig ist, Interaktionen zu suchen, um auf neue Gedanken zu kommen. Die Planung von Büroräumen sollte daher alle Arbeitsformen unterstützen.

Gerade um positive Beziehungen am Arbeitsplatz zu fördern, sollte sowohl die Zusammenarbeit und Kollaboration als auch die fokussierte Einzelarbeit und Privatsphäre am Arbeitsplatz gefördert werden. In seinem neuen Office-Konzept in München hat Microsoft beispielsweise, beraten vom Fraunhofer Institut, genau dies umgesetzt. So beinhaltet das Konzept vier Arbeitsbereiche: 1) den Share & Discuss Space für kreativen Austausch und spontane Treffen, 2) den Converse Space für abstimmungsintensive Zusammenarbeit im Team, 3) den Accomplish Space für Aufgaben, die erledigt werden müssen, und 4) den Think Space als Rückzugsort für hochkonzentrierte Alleinarbeiten.

4.5 Netzwerken

Neben der Unterstützung von Teamarbeit ist der Aufbau von Beziehungen insbesondere für die Netzwerke der Mitarbeiter von hoher Bedeutung. Sie werden sich an unser Big Five #1 erinnern: Vor dem Hintergrund des digitalen Zeitalters sind Netzwerke innerhalb des Unternehmens besonders wichtig, da viele Themen und insbesondere Innovation die Einbindung von Experten aus unterschiedlichsten Unternehmensbereichen benötigen. In gleicher Weise sind externe Netzwerke zunehmend wichtiger, um extern generierte Innovation ins Unternehmen zu holen und Möglichkeiten durch unternehmensübergreifende Kooperation zu generieren.

Netzwerken hat nicht nur für das Unternehmen Vorteile. Der Aufbau von Netzwerken hilft auch auf individueller Ebene. Sowohl Verbindungen zu Personen außerhalb des Unternehmens als auch Verbindungen zu Personen innerhalb des Unternehmens wirken sich positiv auf die individuelle Leistung von Mitarbeitern aus (Cross & Cummings, 2004). Mitarbeiter, die Netzwerke aufbauen, sind zufriedener mit ihrer Karriere und verdienen mehr. Dabei hat der Aufbau von Netzwerken insbesondere langfristig positive Effekte. Netzwerker verdienen beispielsweise auch in der Zukunft mehr, da sie über die Zeit hinweg einen höheren Gehaltszuwachs erhalten (Wolff & Moser, 2009).

Trotz oder vielleicht gerade wegen der positiven Effekte auf individueller Ebene haben viele Menschen jedoch eine Abneigung dagegen, zu netzwerken, das heißt Zeit und Aufwand in das Knüpfen von Kontakten, deren Pflege und Nutzung zu investieren. Tiziana Casciaro von der Universität Toronto hat in einer Forschungsstudie mit ihren Kolleginnen Francesca Gino und Maryam Kouchaki sogar gezeigt, dass wir uns allein beim Gedanken an professionelles Netzwerken, also an den Aufbau von Kontakten zur Erreichung von aufgaben- oder karrierebezogenen Zielen, schmutzig fühlen und uns am liebsten – physisch – davon reinwaschen möchten (Casciaro, Gino & Kouchaki, 2014).

Die Abneigung gegen Netzwerken kann durch Missverständnisse und fälschliche Annahmen über Netzwerke erklärt werden. Netzwerke werden häufig mit geschlossenen Systemen assoziiert, deren Ziel es ist, wenige einzelne Personen zu fördern und viele andere Personen auszuschließen. In diesem Sinne wird Netzwerken als schmierig und unfair gesehen (Cullen-Lester, Woehler & Willburn, 2016; Kuwabara, Hildebrand & Zou, 2016). Tatsächlich sind ideale Netzwerke jedoch offen und divers (Willburn & Cullen, 2014). Offen bedeutet dabei, dass die Personen, die Sie kennen, nicht alle ebenfalls miteinander verbunden sind. Offene Netzwerke führen dazu, dass über ein Netzwerk überhaupt neue Informationen aufgenommen werden können. Divers bedeutet, dass Netzwerke Hierarchien, Unternehmensbereiche, Interessengruppen, demografische und geografische Unterschiede überspannen. Dadurch können Netzwerke Grenzen überwinden und gemeinsame Vorhaben ermöglichen. Der Unterschied zwischen geschlossenen und offenen Netzwerken ist in Abbildung 7 grafisch verdeutlicht.

Abbildung 7: Der Unterschied zwischen geschlossenen und offenen Netzwerken

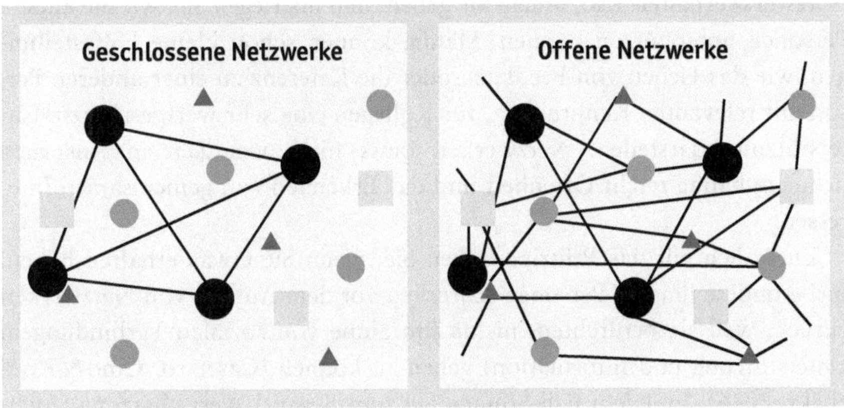

Eine weitere fälschliche Annahme ist, dass Netzwerken unaufrichtig und nicht authentisch ist, weil persönliche Kontakte aufgebaut werden, um gleichzeitig auch berufliche Ziele zu verfolgen (Cullen-Lester, Woehler & Willburn, 2016). Insbesondere das Nutzen von Kontakten wird als ausbeuterisch empfunden (Kuwabara, Hildebrand & Zou, 2016). Tatsächlich hängt es von unserer individuellen Philosophie ab, wie wir Netzwerke nutzen. Ohne Frage gibt es Menschen, die ihre Position, ihre Beziehungen und ihre Netzwerke primär dafür nutzen, ihre persönlichen und beruflichen Ziele zu erreichen, ohne anderen etwas zurückzugeben (Grant, 2013). Zu Ihrer Beruhigung, diese Menschen haben auch eine entsprechende Reputation – während Personen, die beim Netzwerken mehr geben als nehmen, sogar einen hohen Status im Unternehmen genießen (Flynn, 2003).

Man könnte jedoch annehmen, dass Personen, die mehr geben als nehmen, ineffizient sind, weil sie zu viele Ressourcen an andere Personen weiterreichen, ohne selbst welche zu erhalten. Tatsächlich zeigt die Forschung, dass sich Hilfeverhalten gegenüber Kollegen negativ auf die eigene Leistung auswirken kann, wenn Mitarbeiter nicht über ein gutes Zeitmanagement verfügen (Rapp, Bachrach& Rapp, 2013). Im Gegensatz dazu zeigt die eben zitierte Studie von Francis Flynn, dass dieser Produktivitätsverlust nur für diejenigen Personen auftritt, die mit niedriger Frequenz, also selten, mehr geben als nehmen. Die Produktivität von Personen, die mit hoher Frequenz mehr geben als nehmen, leidet hingegen nicht. Eine Erklärung dafür ist, dass Personen, die häufig und viel geben, eine positive Reputation und Vertrauen aufbauen und dadurch auch viel Unterstützung aus ihrem Netzwerk erhalten, wenn sie selbst etwas brauchen (Grant, 2013). Starten Sie Ihr Netzwerkverhalten also, indem Sie geben, und überlegen Sie, wie Sie andere Personen unterstützen können. Häufig können schon kleine Hilfestellungen, wie das Geben von Feedback oder die Referenz zu einer anderen Person mit relevanten Kenntnissen, für Kollegen eine sehr wertgeschätzte Unterstützung darstellen. Netzwerken muss nicht viel Zeit in Anspruch nehmen; häufig reicht Offenheit und das Erkennen von gemeinsamen Interessen.

Zusätzlich gilt das Prinzip: Geben Sie, wenn Sie etwas erhalten haben. Insbesondere jüngere Personen schrecken vor dem Aufbau von Netzwerken zurück, weil sie befürchten, nichts (im Sinne von sozialen Verbindungen, Unterstützung und Information) geben zu können (Casciaro, Gino & Kouchaki, 2016). In jedem Fall können Sie zum Beispiel Wertschätzung, Anerkennung und Reputation zurückgeben. Ein ehrlich gemeintes Dankeschön stellt einen Wert für sich dar. Ein öffentlich ausgedrücktes Dankeschön oder die Wertschätzung der erhaltenen Unterstützung gegenüber anderen baut zudem eine positive Reputation für diese Person auf.

Eine weitere Erleichterung für das eigene Netzwerken kann sein, dies für einen höhergestellten Grund zu tun (Casciaro, Gino & Kouchaki, 2016). Netzwerken Sie nicht für sich – sondern zum Wohle Ihres Unternehmens, Ihres Kunden oder Ihrer Mitarbeiter. Wenn Netzwerke dafür genutzt werden, für andere etwas Gutes zu tun, fühlt sich Netzwerken nicht mehr inauthentisch oder schmutzig an. Ganz im Gegenteil, je mehr Sie geben und je mehr Sie für andere erreichen, desto besser sollte sich Netzwerken für Sie anfühlen. Und wenn Sie selbst Unterstützung brauchen, haben Sie einen guten Kontakt, an den Sie sich wenden können.

4.6 Communitybuilding innerhalb des Unternehmens

Ein höhergestellter Grund hilft nicht nur dabei, das Netzwerken für Mitarbeiter zu erleichtern. Ein höhergestellter Grund kann zudem größere Gruppen von Mitarbeitern vereinen und daher ein wichtiger Faktor sein, um auf Ebene des Unternehmens die Bildung von Beziehungen zu unterstützen. Wir haben in Big Five #1 bereits den Massive Transformative Purpose vorgestellt und in Big Five #3 die Bedeutung von Visionen als Motivation für ein langfristiges Ziel.

Es gibt jedoch noch einen Mechanismus, über den der Massive Transformative Purpose beziehungsweise Visionen auf Mitarbeiter wirken und der insbesondere für die Stärkung von Beziehungen hilfreich ist: die Schaffung einer gemeinsamen Identität. Identifizieren sich Mitarbeiter mit dem Unternehmen, werden sie andere Mitarbeiter als »Ingroup« (also als Teil ihrer eigenen Gruppe) ansehen, die Belegschaft als »Community« empfinden und entsprechend zusammenarbeiten (Riketta & Van Dick, 2005).

Ein weiteres wichtiges Instrument zur Generierung von Identifikation sind *Kommunikationsmaßnahmen* (Smidts, Pruyn & Van Riel, 2001). Unternehmen, die ihre Mitarbeitenden mit ausreichenden und nützlichen Informationen in Bezug auf die Entwicklung des Unternehmens sowie die Rolle von Mitarbeitenden im Unternehmen versorgen, fördern die Identifikation der Mitarbeitenden mit ihrem Unternehmen. Dieser Effekt wird dadurch erklärt, dass durch die Verfügbarkeit von ausreichenden und nützlichen Informationen ein offenes, partizipatives und unterstützendes Kommunikationsklima entsteht. Die Mittel für diese Kommunikation haben wir bereits in Big Five #3 vorgestellt.

Darüber hinaus – und damit kommen wir wieder zurück zum Massive Transformative Purpose – wird die Identifikation von Mitarbeitenden mit dem Unternehmen durch das externe Ansehen des Unternehmens erhöht. Genießt ein Unternehmen ein positives und hohes Ansehen in der Öffentlichkeit, identifizieren sich Mitarbeitende gerne mit diesem Unternehmen (Smidts,

Pruyn & Van Riel, 2001). Es hilft Unternehmen also, eine positiv besetzte (Arbeitgeber-)Marke zu haben. Dieser Effekt ist nicht überraschend, denn wer spielt nicht gerne bei den Guten mit? Die »Guten« definieren sich auch darüber, dass ein Unternehmen tatsächlich Gutes tut: Corporate Social Responsibility Maßnahmen, das heißt freiwillige Maßnahmen von Unternehmen zum Wohle der Gesellschaft, wirken sich positiv auf die Identifikation von Mitarbeitenden aus, weil sie das Ansehen des Unternehmens in der Öffentlichkeit erhöhen (Aguinis & Glavas, 2012; Farooq, Rupp & Farooq, 2017).

4.7 Communitybuilding außerhalb des Unternehmens

Neben der Förderung von Communities innerhalb des Unternehmens ist die Förderung von Communities außerhalb des Unternehmens eine letzte spezifische Dimension des Beziehungsaufbaus im digitalen Zeitalter. Wie beschrieben ist der Aufbau von Netzwerken ein wesentlicher Wettbewerbsvorteil für Unternehmen. Plattformbasierte Geschäftsmodelle wie beispielsweise Amazon, Airbnb und DaWanda benötigen eine kritische Masse an Nutzern, um erfolgreich zu sein. Daher steht häufig nicht mehr der zahlende Kunde im Vordergrund, sondern der das Produkt oder den Service in Anspruch nehmende Nutzer. Facebook hat beispielsweise über Jahre hinweg erst einmal seine Nutzerbasis aufgebaut – die Möglichkeiten der Gewinnabschöpfung ergeben sich dann erst aus der vorhandenen Nutzerbasis.

Auch der Erfolg von servicebasierten Geschäftsmodellen wie beispielsweise Software-as-a-Service hängt davon ab, ob Kunden dem Unternehmen auch treu bleiben. Wenn Kunden bedarfsgenau entscheiden können, ob sie ein Produkt oder einen Service nutzen und dafür bezahlen möchten, ist das Geschäftsmodell in noch höherem Maße als bisher von der Loyalität der Kunden abhängig. Um den Wandel zum netzwerkpflegenden »As-A-Service«-Geschäftsmodell zu vollziehen, hat Autodesk zum Beispiel sein Marketing grundlegend umgestellt (Seibert & Siegel, 2016). Anstatt wie früher zur Neuerscheinung einer neuen Softwareversion groß angelegte Aktionen durchzuführen, setzt Autodesk nun auf eine erhöhte Nutzung von Social Media und die Ansprache von Nutzern und Kunden als Personen.

Auch für Open Innovation und Crowdsourcing benötigen Unternehmen eine stabile Community, die Ideen liefert. Erfolgreiche Unternehmen bauen und nutzen Communities also nicht nur, um ihr Geschäftsmodell zu sichern, sie nutzen Communities insbesondere für das Generieren von Innovation, die Validierung von neuen Produkten und Ideen und sogar zur Finanzierung von Projekten. Um erfolgreich Communities zu generieren, konnten Ismael et al. (2016) drei wichtige Schritte identifizieren:

- Erstens hilft der Massive Transformativ Purpose Unternehmen nicht nur, die eigenen Mitarbeiter zu vereinen, sondern auch Externe dazu zu motivieren, sich in das Unternehmen einzubringen. In gleicher Weise wie für Mitarbeiter wirkt der Massive Transformative Purpose dabei über das positive Image und das einnehmende Ziel, das er generiert.
- Der zweite Schritt besteht darin, die Community zu pflegen. Dies bedeutet, der Community zuzuhören, um zu wissen, welche Produkte benötigt werden und was an Produkten besonders gut gefunden wird.
- Der dritte Schritt besteht darin, die Kommunikation und das Engagement innerhalb des Netzwerks zu automatisieren. Unternehmen, die erfolgreich ein Netzwerk aufbauen, ermöglichen die Verbindung und den Austausch unter den Mitgliedern des Netzwerks. Auf diese Weise generieren sie einen zusätzlichen Effekt durch das entstehende Gemeinschaftsgefühl und erhalten zusätzliches Feedback zu ihren Produkten und Dienstleistungen, wenn sich Personen innerhalb des Netzwerkes zum Beispiel in offenen Blogs dazu austauschen.

4.8 Evidenzbasierte Empfehlungen für Mitarbeiter, Führungskräfte und Organisationen

Zusammenfassend haben wir in diesem Kapitel Beziehungsmanagement in allen Dimensionen beleuchtet. Ausgehend von beziehungsförderlicher Arbeitsgestaltung haben wir die Voraussetzungen für gute Beziehungen zwischen Kollegen sowie zwischen Führungskräften und ihren Mitarbeitern aufgezeigt. In Bezug auf Teams haben wir insbesondere die Organisation von Teamarbeit sowie die Balance zwischen der Förderung von Team- und Einzelarbeit hervorgehoben. Über das Netzwerken haben wir dann die

Bildung von Communities sowohl innerhalb als auch außerhalb des Unternehmens diskutiert. Auf dieser Basis können wir die folgenden Empfehlungen für Mitarbeiter, Führungskräfte und Organisationen geben.

Mitarbeiter: Erfolgreich Netzwerken

Beziehungen sind die Basis von erfolgreichen Netzwerken. Damit meinen wir nicht das berüchtigte »Vitamin-B«, sondern den Aufbau und die Pflege von positiven Beziehungen am Arbeitsplatz. Zeigen Sie gegenüber Kollegen Respekt und Empathie, geben Sie Energie weiter und achten Sie auf eine positive Hilfe-Bilanz, indem Sie zuerst geben.

Zeigen Sie Respekt und Empathie

Soziale Unterstützung und zwischenmenschliches Feedback sind wertvolle Ressourcen in unserem Alltag. Darüber hinaus motiviert es uns, wenn wir anderen sowohl innerhalb als auch außerhalb des Unternehmens helfen können. Wir werden sogar kreativ, um anderen Personen helfen zu können. Jedoch sind positive Beziehungen am Arbeitsplatz keine Selbstverständlichkeit. Sie müssen gepflegt werden und es bedarf eines bewussten Umgangs mit Kollegen.

Nicht überraschend, werden Beziehungen in hohem Maße in Interaktionen aufgebaut. Daher ist es wichtig, in diesen Interaktionen auf Kollegen einzugehen. Zeigen Sie Ihren Kollegen Zuneigung, Anteilnahme und Empathie sowohl bei deren Misserfolgen als auch ihren Erfolgen. Zeigen Sie Wohlwollen, indem Sie sich Zeit für Kollegen nehmen, auf ihre Ideen und Lösungen eingehen und Konflikte nicht auf die persönliche Ebene springen lassen. Zeigen Sie Integrität, indem Sie zu Ihrem Wort stehen und man sich auf Ihr Handeln verlassen kann. Zeigen Sie Ihre Fähigkeiten, indem Sie anderen erlauben, von diesen zu profitieren.

Geben Sie Energie weiter

Rauben Sie Ihren Kollegen nicht die Energie. Wir alle sind bisweilen erschöpft und wir alle schimpfen manchmal gerne. Das macht Spaß und es kann auch zwischenmenschliche Nähe erzeugen, wenn wir mit anderen über unsere Ärgernisse und Ängste sprechen. Jedoch kann dieser Austausch sehr leicht in dysfunktionalen Meckerrunden ausarten und Ihren Kollegen die Energie rauben, die sie für ihre eigene Arbeit benötigen.

Daher sollten Sie darauf achten, Ihren Kollegen mehr Energie zu geben als zu nehmen. Gehen Sie selbst mit Enthusiasmus Ihre Aufgaben an. Zeigen Sie anderen, wenn Sie bei Ihrer Arbeit enthusiastisch und begeistert sind. Gehen Sie mit Begeisterung auf die Ideen anderer ein, anstatt diese zu ignorieren oder vorschnell zu verurteilen. Spinnen Sie die Ideen anderer weiter, indem Sie diesen noch unkonventionellere Ideen vorschlagen und neue Betrachtungsweisen ermöglichen. Stellen Sie interessierte Fragen, ohne Ihre Kollegen oder deren Ideen infrage zu stellen.

Helfen Sie erst anderen

Achten Sie auf eine positive Hilfe-Bilanz: Helfen Sie viel und helfen Sie häufiger, als Sie um Hilfe bitten. Diese Bilanz sollten Sie sowohl in Bezug auf einzelne Personen positiv halten als auch in der Gesamtbetrachtung in Ihren Teams und Netzwerken. Helfen Sie insbesondere auch dann, wenn Sie keine direkte Gegenleistung erwarten können oder Sie nicht unmittelbar als hilfegebende Person beobachtet werden.

Sollten Sie kein Fan vom Netzwerken sein, kann Ihnen diese Perspektive helfen, Ihre Abneigung gegenüber Netzwerken zu überwinden. Offene und diverse Netzwerke tragen Informationen weiter, erhöhen die Chance von zufälligen Entdeckungen und bringen uns neue Ideen und Erkenntnisse. Sehen Sie Netzwerke also nicht als Versammlung von eigennützigen und karriereorientierten Egoisten, sondern als ein Netz gegenseitiger Unterstützer und Informationsförderer, die alle zu einem höheren Ziel für das Unternehmen, in dem sie arbeiten, oder sogar für ein gesellschaftliches Ziel beitragen können.

Führungskräfte: Wirklich beziehungsorientiert führen

Für Führungskräfte ist der Beziehungsaufbau mit einzelnen Mitarbeitern wichtig, der durch das Zeigen von Wertschätzung und personenorientiertes Führungsverhalten gefördert wird. Darüber hinaus sollten Führungskräfte die Förderung von Beziehungen innerhalb des Teams beachten.

Zeigen Sie Wertschätzung

Zeigen Sie Anerkennung und Wertschätzung. Wenn ein Mitarbeiter etwas geleistet hat oder ein wichtiges Ziel erreicht hat, geben Sie spontanes und positives Feedback. Tatsächlich sehen wir in unseren eigenen Studien, dass das Lob einer Führungskraft für sich selbst bereits ein positives Ereignis bei der Arbeit ist und signalisieren kann, dass wir auf dem richtigen Weg sind. Diese Zeichen des Fortschritts unterscheiden gute Tage von schlechten Tagen bei der Arbeit (Amabile & Kramer, 2004) und geben uns damit Energie für die nächsten Tage und Aufgaben.

Seien Sie sich auch darüber bewusst, was Mitarbeiter tagtäglich für Sie leisten. Selbstverständlich leisten auch Führungskräfte wichtige Arbeit für ihre Mitarbeiter, indem sie diese beispielsweise fördern, in ihren Aufgaben unterstützen, coachen, ihre Interessen vor anderen vertreten und vieles mehr. Jedoch wird die Leistung von Mitarbeitern meist weniger gesehen. Machen Sie diese also sichtbar und zeigen Sie Ihren Mitarbeitern, dass Sie ihre Beiträge sehen. Wie Sie das machen können? Sagen Sie doch einfach mal Danke!

Sehen Sie Individuen

Organisieren Sie nicht Aufgaben, sondern führen Sie Menschen. Kurz gesagt: Achten Sie auf personenorientiertes Führungsverhalten. Dies beinhaltet neben Wertschätzung echtes Interesse gegenüber Mitarbeitern und die Beachtung des Wohlergehens von Mitarbeitern. Selbst wenn Mitarbeiter der Meinung sind, dass sie keine personenorientierte Führung benötigen, reagieren sie dennoch sehr positiv auf personenorientierte Führung. Sollten Sie in einer Situation also Zweifel haben, ob Wertschätzung und Interesse tatsächlich notwendig sind – seien Sie beruhigt, Ihre Mitarbeiter werden nicht negativ reagieren. Selbst wenn sie die zusätzliche Anerkennung gar nicht gebraucht hätten. Ganz im Gegenteil, sie werden die Wertschätzung sehr wertschätzen. Trotz des Hervorhebens von personenorientierter Führung möchten wir noch einmal betonen, dass dies zwar ein wichtiges und vor dem Hintergrund der digitalen Transformation wichtiger werdendes Führungsverhalten ist, es jedoch nicht das einzige Führungsverhalten ist. Führungskräfte benötigen unterschiedliche Instrumente, um oftmals widersprüchliche Ziele zu erreichen und zu balancieren. Dabei werden personenorientierte Instrumente jedoch wichtiger.

Managen Sie Beziehungen im Team

Achten Sie nicht nur auf die Beziehungen zwischen Ihnen und Ihren Mitarbeitern, sondern auch auf die Beziehungen zwischen Teammitgliedern. Dies ist zu Beginn von Projekten und einer Zusammenarbeit umso wichtiger, wenn Teammitglieder nicht nur einem, sondern mehreren Teams angehören und sich nicht regelmäßig sehen können. Gerade unter diesen die Zusammenarbeit erschwerenden Bedingungen ist es wichtig, dass Teammitglieder sich frühzeitig persönlich kennenlernen und die Herangehensweisen der anderen Teammitglieder verstehen.

Ist die persönliche Bindung hergestellt, können Sie sich auf die Rahmenbedingungen konzentrieren, um die Arbeit im Team zu ermöglichen. Stellen Sie sicher, dass jeder über die im Team vorhandenen Kompetenzen Bescheid weiß. Stellen Sie sicher, dass Meetings nicht zu häufig, schlecht getaktet oder schlecht organisiert sind und so allen Teammitgliedern Zeit und Energie rauben. Stellen Sie damit sicher, dass Teammitglieder die zu Beginn der Arbeit etablierten positiven Beziehungen beibehalten und nicht durch äußere Umstände gestört werden.

Organisationen: Gemeinschaftsorientierte Organisationskulturen aufbauen

Auch Organisationen können den Aufbau von Beziehungen unterstützen – und das gleich für sehr unterschiedliche Arten von Beziehungen. Diese umfassen die Beziehung zwischen Organisation und ihren Mitarbeitern, zwischen Mitarbeitern sowie zu externen Partnern. Die Betonung von gemeinsamen Zielen, Kommunikation und das Herstellen von Verbindungen sind dabei universelle Instrumente, die den Aufbau von allen drei Arten von Beziehungen unterstützen.

Schaffen Sie ein gemeinsames Ziel

Unabhängig davon, ob Sie von einer Vision, Mission oder dem Massive Transformative Purpose sprechen wollen, nehmen Sie aus diesem Kapitel bitte mit, dass ein gemeinsames Ziel auch für große Gruppen wie Unternehmen wichtig ist. Es schafft Klarheit, wenn die Welt unklar ist, und ermöglicht Partizipation – es vereint Menschen. Und das Gefühl, eine Einheit zu sein, ist ein wichtiger Treiber für Beziehungen innerhalb des Unternehmens. Es bildet praktisch den Nährboden, auf dem Mitarbeiter Beziehungen knüpfen können. Nehmen Sie daher die Zielsetzung für das Unternehmen ernst. Oftmals wird diese in Unternehmen nicht ernst genommen und deren Einfluss unterschätzt. Aber stellen Sie sich einmal vor, dass sich mehrere Tausend Menschen täglich rund 8 Stunden treffen, um ohne ein gemeinsames Ziel zusammenarbeiten. Wie sollten sich zwischen diesen Beziehungen bilden, wenn der kleinste gemeinsame Nenner – das gemeinsame Ziel – fehlt?

Kommunizieren Sie

Für den Aufbau von Beziehungen ist Kommunikation äußerst wichtig. Dies gilt sowohl für den Aufbau von Beziehungen innerhalb des Unternehmens als auch für den Aufbau von Beziehungen außerhalb des Unternehmens. Innerhalb des Unternehmens ist vor allem Transparenz notwendig, um den Mitarbeitern die Möglichkeit zu geben, am Unternehmen zu partizipieren. Gleichzeitig erzeugt Transparenz ein offenes Unternehmensklima, das die Beziehungen und die Kollaboration zwischen Mitarbeitern fördert. Auch außerhalb des Unternehmens müssen Unternehmen lernen, zu kommunizieren. Unternehmen müssen ihre Kunden genau verstehen, um zu wissen, wie sie diese adressieren müssen. Dazu müssen Unternehmen mit ihren Kunden eine Beziehung aufbauen, ihnen zuhören sowie ihre Bedürfnisse und Wünsche adressieren.

Stellen Sie Verbindungen her

In gleicher Weise wie Organisationen innerhalb und außerhalb kommunizieren müssen, hilft es ihnen auch, wenn sie innerhalb und außerhalb die Bildung von Netzwerken unterstützen. Sowohl innerhalb als auch außerhalb der Organisation sollten Netzwerke dabei offen und divers sein. Mitarbeiter sollten die Möglichkeit haben, sich über alle Funktionen, Bereiche und Ebenen hinweg zu vernetzen und auszutauschen. Dabei hilft es auch, Mitarbeitern einen Grund für Vernetzung zu geben, da es ihnen dann leichter fällt, miteinander ins Gespräch zu kommen. Der Grund muss nicht zwangsweise mit dem Unternehmen zu tun haben; er kann auch als Katalysator dienen, um Verbindungen herzustellen wie beispielsweise, wenn Unternehmen informelle Netzwerke unterstützen. Wichtig ist, dass diese vielfältig sind, da sie sonst wieder zu geschlossenen Systemen beitragen. Auch außerhalb sollten

Organisationen auf die Vernetzung achten. Die höchste Stufe des Aufbaus einer Community ist, wenn sich die Mitglieder untereinander vernetzen und sich so das Engagement innerhalb der Community automatisiert. Dies generiert nicht nur einen Marketingeffekt für das Unternehmen. Unternehmen haben auch die Möglichkeit, aus den Diskussionen und Interaktionen außerhalb ihres Netzwerkes zu lernen.

5 Big Five #5
Gesundheit muss stärker in den Fokus von Organisationen rücken

In dieses Kapitel möchten wir mit einer kleinen Selbstreflexion über Ihre Arbeit einsteigen. Bitte denken Sie kurz darüber nach, wie sehr Sie jeder der in Tabelle 5 dargestellten Aussagen zustimmen:

Tabelle 5: Selbstreflexion zu arbeitsbezogenen Herausforderungen (nach Janssen, 2000; Leach et al., 2013; Morgeson & Humphrey, 2006; Schmidt, Dolis & Tolli, 2009)

	Stimme gar nicht zu				Stimme voll und ganz zu
Mein Arbeitspensum ist zu hoch.	①	②	③	④	⑤
Ich arbeite unter Zeitdruck.	①	②	③	④	⑤
Ich bin bei meiner Arbeit oft mit unerwarteten Problemen konfrontiert.	①	②	③	④	⑤
Meine Arbeit erfordert es, dass ich mich kontinuierlich an neue Situationen anpasse.	①	②	③	④	⑤
Ich muss bei meiner Arbeit Probleme lösen, für die es keine eindeutige Lösung gibt.	①	②	③	④	⑤
Ich muss bei meiner Arbeit eine Vielzahl an Informationen im Auge behalten.	①	②	③	④	⑤

Nehmen Sie sich nun bitte noch einmal einen Augenblick Zeit, um über Ihre Antworten nachzudenken. Wie schätzen Sie das generelle Anforderungsniveau bei Ihrer Arbeit ein? Inwiefern sind Ihre Arbeitstage beispielsweise durch eine hohe *Arbeitsbelastung*, *Zeitdruck* und *Unsicherheit* charakterisiert? Welcher Grad an *Flexibilität* und *Agilität* wird von Ihnen verlangt? Wie gut müssen Sie bei Ihrer Arbeit darin sein, *Probleme zu lösen* und trotz *hoher Informationsdichte* immer auf dem Laufenden zu bleiben?

Diese Fragen haben wir nicht nur Ihnen gestellt. Im Rahmen einer groß angelegten Studie haben wir sie auch von mehr als 2000 Berufstätigen, von Angestellten genauso wie von Führungskräften, beantworten lassen. Die von uns Befragten arbeiteten in verschiedensten Bereichen und Berufen, hatten unterschiedlichste Ausbildungshintergründe und waren hinsichtlich Geschlecht, Alter und Bildung repräsentativ für die deutsche Arbeitnehmerschaft. Hier sind ihre Antworten:

Abbildung 8: Wahrgenommene arbeitsbezogene Herausforderungen auf Basis einer repräsentativen Befragung von 2007 deutschen Arbeitnehmern

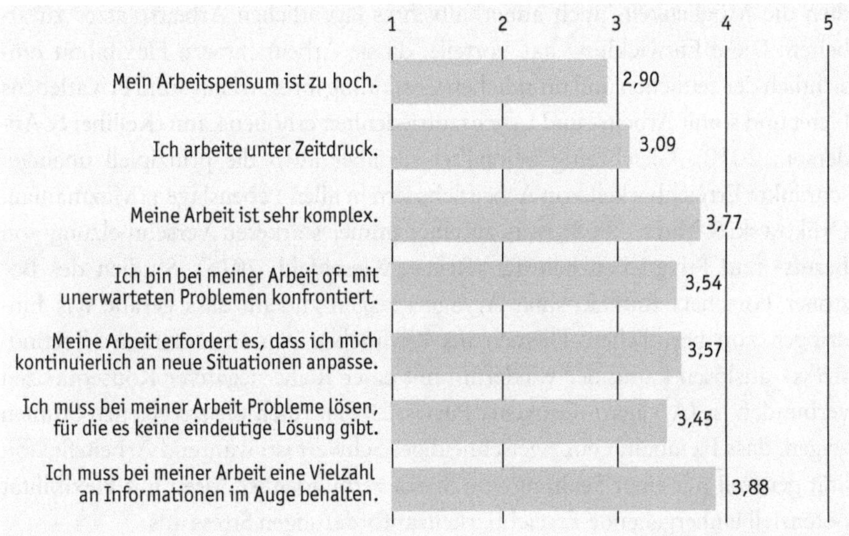

Wenn wir uns diese Antworten ansehen, fällt auf, dass deutsche Arbeitnehmer einen recht hohen Grad an arbeitsbezogenen Herausforderungen wahrnehmen. Der Grad an Unsicherheit, welchen sie empfinden, sowie Anforderungen an Agilität, Problemlösevermögen und Informationsverarbeitung liegen deutlich über dem Durchschnitt der von uns verwendeten Antwortskalen.

Diese Ergebnisse sind vor dem Hintergrund der Digitalisierung nicht ganz unerwartet. Unsicherheit ist eine zentrale Dimension von VUCA (Big Five #1). Durch die zunehmende Automatisierung von Prozessen verlagern sich die Tätigkeiten von Mitarbeitenden: Routinearbeiten werden immer weiter ersetzt (Frey & Osborne, 2017), während kognitiv fordernde und kreative Arbeiten, die ein hohes Maß an Informationsverarbeitung, Problemlösevermögen und Entscheidungskompetenz voraussetzen, zunehmen. Wir entwickeln uns entsprechend immer weiter in Richtung Wissensgesellschaft (Sinha & Van de Ven, 2005). Gleichzeitig entsteht durch die vielen neuen digitalen Geschäftsmodelle ein deutlich stärkerer Wettbewerb, Innovationszyklen werden kürzer, Kundenbedürfnisse müssen nahezu in Echtzeit adressiert werden. Die Geschwindigkeit in Unternehmen nimmt somit insgesamt zu.

Gestiegene Anforderungen bei der Arbeit sind jedoch nicht die einzige Entwicklung, die das Wohlbefinden von Mitarbeitern im digitalen Zeitalter beeinflussen dürfte. Wie bereits in der Einleitung zu diesem Buch diskutiert, haben Arbeitnehmer aufgrund von mobilen Devices wie Laptops und Smartphones zusammen mit Cloud-Diensten und Servern sowie neuen Kommunikationsmedien die Möglichkeit, auch außerhalb ihres eigentlichen Arbeitsplatzes zu arbeiten. Diese Entwicklung hat Vorteile, da sie Arbeitnehmern Flexibilität hinsichtlich der zeitlichen und räumlichen Gestaltung ihres Arbeits- und Privatlebens bietet und somit Arbeits- und Lebenszufriedenheit erhöhen kann (Kelliher & Anderson, 2010). Gleichzeitig beinhaltet sie aber auch die prinzipiell uneingeschränkte Erreichbarkeit von Arbeitnehmern in allen Lebenslagen (Mazmanian, Orlikowski & Yates, 2005), was zu einer immer stärkeren Verschmelzung von Berufs- und Privatleben beiträgt (Reyt & Wiesenfeld, 2015). Studien des Bostoner Forschers Ramakrishna Ayyagari zeigen zudem, dass gerade das Eindringen von beruflichen Themen ins Privatleben den sogenannten »Technostress« auslösen kann, der wiederum mit einer Reihe negativer Konsequenzen verbunden ist (Ayyagari, Grover & Purvis, 2011). Auch unsere eigenen Studien zeigen, dass Flexibilität ein zweischneidiges Schwert ist: während Arbeitsflexibilität generell mit einer Senkung von Stress verbunden ist, lösen mit Flexibilität potenziell einhergehende Erreichbarkeitsanforderungen Stress aus.

Vor dem Hintergrund erhöhter Arbeitsanforderungen und der zunehmenden Erreichbarkeit von Arbeitnehmern für ihre Organisation sagt die bekannte Mannheimer Professorin für Arbeitspsychologie Sabine Sonnentag somit nicht umsonst (Sonnentag, 2003), dass *Stress* eines der drängendsten Probleme in Organisationen darstellt. In Übereinstimmung mit dieser Einschätzung ermittelte die Techniker Krankenkasse in einer aktuellen Befragung (Techniker Krankenkasse, 2016), dass sechs von zehn Deutschen sich bei ihrer Arbeit gestresst fühlen. Als Gründe hierfür nennen sie viele der arbeitsbezogenen Herausforderungen, die im digitalen Zeitalter eine wichtige Rolle spielen: zu hohe Arbeitsbelastung, Zeitdruck, kontinuierliche Unterbrechungen (z.B. durch E-Mails und Instant Messaging), Informationsüberflutung und ständige Erreichbarkeit.

Dass 60 Prozent der Deutschen sich bei der Arbeit gestresst fühlen, sind hohe Werte, wenn man sich gleichzeitig die weitreichenden Konsequenzen von Stress vor Augen führt. Auf *individueller Ebene* beeinflusst bei der Arbeit erlebter Stress auch andere Lebensbereiche von Arbeitnehmern in negativer Art und Weise. Haben Sie schon einmal Ihren Partner wegen Nichtigkeiten angefahren, weil Sie noch von negativen Erlebnissen bei der Arbeit gereizt waren? Zudem hat Stress auch langfristige Folgen. Hohe Stress-Levels begünstigen die Entstehung von Herz-Kreislauf-Erkrankungen, Erkrankungen des Bewegungsapparates sowie die von psychischen Problemen wie Burn-out (Ganster & Rosen, 2013).

Auf *organisationaler Ebene* sehen wir, dass gestresste Arbeitnehmer emotional weniger an ihre Organisation gebunden sind, was sich letztlich in häufigeren (und für die jeweilige Organisation kostspieligen) Jobwechseln niederschlägt. Zudem machen gestresste Arbeitnehmer bei der Arbeit mehr Fehler und finden mit geringerer Wahrscheinlichkeit innovative Lösungen für Probleme, da ihr Aufmerksamkeitsfokus verengt ist (Sonnentag & Frese, 2003). Wir schauen im wahrsten Sinne des Wortes »weder links noch rechts«, wenn wir uns gestresst fühlen. Zu guter Letzt schätzt die International Labor Organization, dass rund 30 Prozent aller Krankmeldungen am Arbeitsplatz auf Stress zurückgehen, was beispielsweise in der Europäischen Union zu jährlichen Kosten von neun Milliarden Euro führt (Hoel, Sparks & Cooper, 2003).

Es lohnt sich daher, einen genaueren Blick auf das Thema Stress zu werfen und vor allem darauf, was Organisationen im digitalen Zeitalter tun können, um die Gesundheit, Leistungs- und Innovationsfähigkeit ihrer Mitarbeiter trotz der hohen Anforderungen zu fördern.

5.1 Eine kurze Geschichte des Stresses

Wir empfinden Stress, wenn die Anforderungen, die unser Umfeld an uns stellt, höher sind als unsere vorhandenen Fähigkeiten und Ressourcen (Hobfoll, 2001), also wenn ein Ungleichgewicht zwischen *Anforderungen* und *Ressourcen* besteht. So simpel diese Aussage klingt, so hilfreich ist sie, wenn wir darüber nachdenken, was wir gegen Stress tun können. Wir haben, ganz generell, zwei Stellschrauben zur Verfügung (Bakker & Demerouti, 2007; Sonnentag & Frese, 2003):

- Wir (bzw. unsere Führungskraft/Organisation) können die *Anforderungen* verändern, die uns bei der Arbeit begegnen.
- Wir (bzw. unsere Führungskraft/Organisation) können die uns zur Verfügung stehenden *Ressourcen* erhöhen.

Lassen Sie uns daher im Folgenden beide Stellschrauben vertieft betrachten.

»Gute« Stressoren und »schlechte« Stressoren

Nicht alle Anforderungen, die uns bei der Arbeit begegnen, sind prinzipiell schlecht für uns. Die Forschung zeigt, dass es zwei verschiedene Arten von arbeitsbezogenen Anforderungen gibt: *Herausforderungen* (»challenges«) und *Hindernisse* (»hindrances«).

Herausforderungen umfassen solche Anforderungen, die es Mitarbeitern erlauben, zu wachsen, sich weiterzuentwickeln und eigene Ziele zu erreichen. Herausforderungen werden somit oft sogar als belohnend erlebt und sind eng mit intrinsischer Motivation verknüpft (Amabile, Hill, Hennesey & Tighe, 1994). Unter Herausforderungen fallen die oben genannten Anforderungen durch *Zeitdruck* (z.B. knappe Deadlines), hohe *Arbeitsbelastung* (z.B. zu viele Projekte), aber auch *Verantwortung* bei der Arbeit (z.B. für Mitarbeiter oder viele verschiedene Themenbereiche) und *Komplexität* (z.B. Projekte mit vielen Stakeholder-Parteien und hoher Informationsdichte).

Hindernisse hingegen sind Anforderungen, welche die Erreichung von Zielen in unnötiger Weise erschweren oder gar vereiteln und damit die eigene Weiterentwicklung stören. Ein Hindernis, das Ihnen vielleicht nicht unbekannt ist, ist *Bürokratie*. Haben Sie heute bei der Arbeit schon den Passierschein A38b-7 ausgefüllt? *Unklarheit in Bezug auf die eigene Rolle*, also Unsicherheit darüber, was in den eigenen Aufgabenbereich fällt und was nicht, gilt ebenfalls als Hindernis. Auch *Rollenkonflikte* können die Zielerreichung von Mitarbeitern behindern, beispielsweise wenn Mitarbeiter Schwierigkeiten damit haben, ihre verschiedenen Rollen im Unternehmen gleichzeitig auszufüllen, weil diese mit gegensätzlichen Anforderungen einhergehen oder sie schlichtweg für zu viele Projekte eingesetzt werden.

Wie wirken Herausforderungen und Hindernisse sich nun im Arbeitskontext aus? Herausforderungen sind ein zweischneidiges Schwert: Einerseits wirken sie motivationssteigernd und verbessern daher die Arbeitsleistung. Andererseits erhöhen sie aber auch das Stresserleben von Mitarbeitern (LePine et al., 2005) und können langfristig das Burn-out-Risiko erhöhen (Crawford, LePine & Rich, 2010). Hindernisse sind hingegen durchgängig negativ für Arbeitnehmer – sie wirken demotivierend und lösen gleichzeitig auch noch Stress aus. Je mehr Hindernisse Mitarbeiter bei ihrer Arbeit erleben, desto schlechter ist ihre Leistung (LePine et al., 2005). Da sie sich zudem darüber ärgern, ständig in ihrer Zielerreichung gehemmt zu werden, steigt die Wahrscheinlichkeit, dass sie »zurückschlagen«, und sich zum Beispiel durch Verspätungen oder das Ignorieren von Aufgaben an ihrem Arbeitgeber rächen (Rodell & Judge, 2009). Abbildung 9 stellt das resultierende Wirkungsmuster im Überblick dar.

Abbildung 9: Wirkungsweise von Herausforderungen und Hindernissen

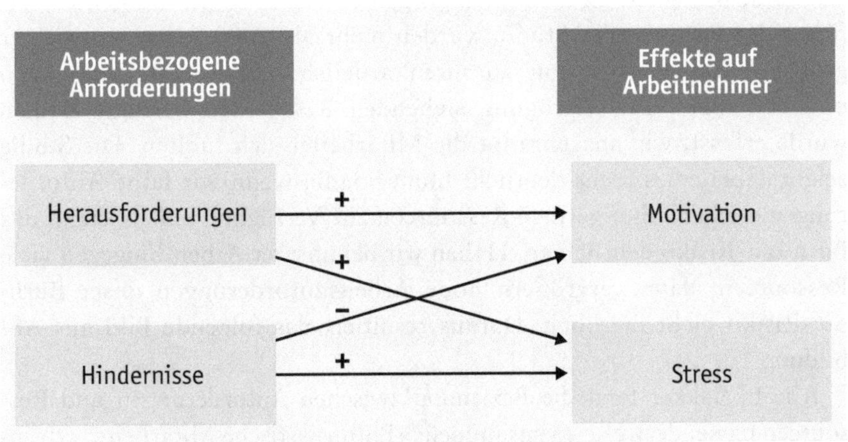

Als Organisation sollte man daher für ein gesundes Maß an Herausforderungen sorgen, damit Mitarbeiter motiviert bei der Sache bleiben und an ihrer Arbeit wachsen können. Dies ist insbesondere vor dem Hintergrund der Automatisierung wichtig. Wenn Arbeitsschritte automatisiert werden, bleibt für Mitarbeiter häufig eine überwachende und kontrollierende Funktion übrig, welche sie nur für einen Bruchteil der Zeit wirklich beansprucht. Wenn Herausforderungen fehlen, kann dies jedoch ebenso demotivierend sein, wie ein zu hohes Maß an Herausforderungen Stress in ungesundem Maße erhöht. Es kommt bei Herausforderungen also auf die Balance an. Im Gegensatz zu Herausforderungen sollten Hindernisse eindeutig aus dem Weg geräumt werden.

Da Herausforderungen im Gegensatz zu Hindernissen ein wichtiger Bestandteil der täglichen Arbeit bleiben sollten und gleichzeitig Herausforderungen vor dem Hintergrund der VUCA-Welt (Big Five #1) zunehmen werden, stellt sich die Frage, wie Mitarbeiter insbesondere in Bezug auf Gesundheit im Umgang mit diesen unterstützt werden können. Hier kommen Ressourcen ins Spiel – die zweite Stellschraube, um Stress zu reduzieren.

Die zentrale Rolle von Ressourcen

Eine interessante Studie des niederländischen Psychologieprofessors Arnold Bakker und seiner Kollegen (Bakker, Demerouti, & Euwema, 2005) zeigt auf, wie wichtig es ist, in stressigen Zeiten über Ressourcen zu verfügen. Im Rahmen der Studie wurden mehr als 1000 Mitarbeiter einer großen Bildungsinstitution zu ihren arbeitsbezogenen Anforderungen und den ihnen zur Verfügung stehenden Ressourcen befragt. Zudem wurde erfasst, wie ausgebrannt die Mitarbeiter sich fühlten. Die Studie zeigte dabei eines recht deutlich: Immer dann, wenn wir hohe Anforderungen erleben, aber geringe Ressourcen zur Verfügung haben, steigt das Burn-out-Risiko deutlich an. Haben wir bei unserer Arbeit hingegen viele Ressourcen, dann vergrößern hohe Arbeitsanforderungen unser Burn-out-Risiko nicht merklich. Daraus resultiert das folgende Bild aus Abbildung 10.

Arnold Bakker fasst die Beziehung zwischen Anforderungen und Ressourcen passenderweise so zusammen: »Enthusiastische Mitarbeiter erbringen deshalb so gute Leistungen bei der Arbeit, weil sie die Balance halten zwischen der Energie, die sie geben, und der Energie, die sie erhalten« (http://www.arnoldbakker.com/).

Die spannende Frage ist nun natürlich, was Ressourcen genau sind. Einige wichtige Ressourcen, die sich in der geschilderten Studie als wirkungsvoll erwiesen, haben wir im Laufe dieses Buches bereits angesprochen. In Big Five #4 haben wir den Aufbau von positiven Beziehungen am Arbeitsplatz beschrieben. *Soziale Unterstützung* stellt eine wertvolle Res-

Abbildung 10: Auswirkungen verschiedener Konstellationen von Anforderungen und Ressourcen (nach Bakker & Demerouti, 2007)

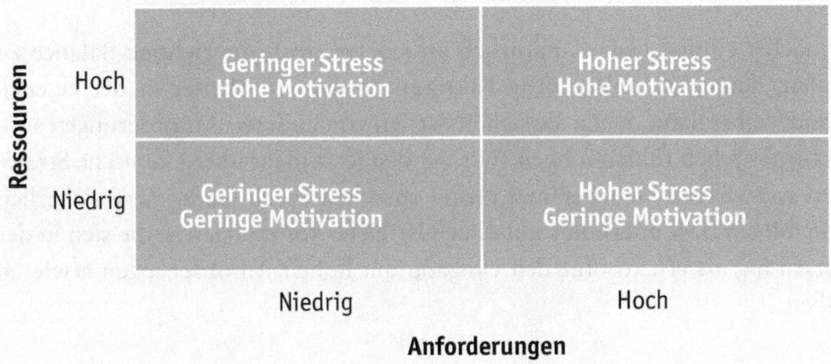

source für gestresste Mitarbeiter dar. Sie hilft beispielsweise dabei, Arbeit doch noch rechtzeitig erledigt zu bekommen oder Lösungen für schwierige Probleme zu finden. Manchmal wirken Herausforderungen aber auch einfach weniger dramatisch, wenn wir mit jemandem darüber reden können. Auch Führungskräfte, die (wie in Big Five #3 zu organisationaler Demokratie beschrieben) ihren Mitarbeitern *coachend zur Seite stehen*, indem sie als Ansprechpartner fungieren, ihnen Ratschläge geben, aber auch mit ihnen gemeinsam Strategien für den Umgang mit arbeitsbezogenen Herausforderungen entwickeln, helfen, Stress zu reduzieren. Ein hoher Grad an *Autonomie* bei der Arbeit (es klingt wieder Big Five #3 durch) stellt eine weitere Ressource da. Denn Autonomie ermöglicht Mitarbeitern, selbst zu entscheiden, wie sie mit arbeitsbezogenen Anforderungen umgehen, z.B. wann sie welche Aufgabe erledigen, und erhöht somit die wahrgenommene Kontrolle – ein Grundbedürfnis eines jeden Menschen (Ryan & Deci, 2000). Zu guter Letzt zeigte die Studie, dass *konstruktives Feedback* dabei hilft, mit arbeitsbezogenen Anforderungen umzugehen, weil es motivierend wirkt und gleichzeitig dabei dazu beiträgt, die eigene Leistung zu verbessern.

Im Folgenden möchten wir einige konkrete Strategien für Mitarbeiter, Führungskräfte und Organisationen näher beleuchten, die uns im Kontext von Ressourcen-, Energie- und Stressmanagement im digitalen Zeitalter als besonders relevant erscheinen.

5.2 Das eigene Wohlbefinden selbst in die Hand nehmen

Zunächst einmal liegt es natürlich an jedem selbst, die richtige Balance zu finden, denn erstaunlich viele Faktoren haben Mitarbeiter in der eigenen Hand, selbst dann, wenn sie sich bisweilen von äußeren Anforderungen subjektiv getrieben fühlen mögen. Wir werden jetzt nicht über klassische Strategien wie »Sagen Sie öfter mal Nein« sprechen (auch wenn diese sicherlich sinnvoll sind), sondern uns auf einige Bereiche konzentrieren, die sich in der Forschung als effektiv für den Umgang mit hohen Anforderungen erwiesen haben.

Erholung – außerhalb der Arbeit genauso wie bei der Arbeit

Wie erholen Sie sich von einem stressigen Arbeitstag? Gehen Sie zum Sport, treffen Sie sich mit Freunden und Familie oder kümmern Sie sich um den Haushalt? Oder gehören Sie eventuell zu denjenigen, die abends von der Welt nichts mehr wissen möchten und es sich stattdessen auf dem Sofa gemütlich machen? Wie Sie diese Frage beantworten, hat mehr Einfluss auf Ihr Leben, als Sie sich vielleicht vorstellen können.

Stellen Sie sich Ihr Stresslevel als einen Eimer vor, denn dieses Bild ist tatsächlich auch aus wissenschaftlicher Sicht sehr treffend (Ford, Matthews, Woolridge, Mishra, Kakr & Strahan, 2014). Mit jedem Stressor und mit jeder Anforderung, der Sie bei der Arbeit, aber auch privat begegnen, füllt sich der Eimer immer weiter. Letztlich akkumulieren sich Stressoren so lange, bis der Eimer voll ist und sie »das Fass zum Überlaufen bringen«. Um das Überlaufen zu verhindern, müssen wir wieder etwas von dem im Eimer befindlichen Stress abschöpfen. Dies funktioniert, indem wir gezielt Erholung suchen.

Hier kann man zwischen zweierlei Arten von Erholungsaktivitäten unterscheiden: eher passiven und eher aktiven. Unter eher *passiven Erholungsaktivitäten* versteht man solche Tätigkeiten, die wenig Anstrengung erfordern. Die Klassiker unter diesen sind wohl Fernsehen, auf der Couch sitzen oder eine Zeitschrift durchblättern. Auch wenn wir alle diese Aktivitäten sicherlich regelmäßig einbauen, um zu entspannen, kann deren Wirksamkeit in empirischen Studien nicht eindeutig nachgewiesen werden (Sonnentag, Venz & Casper, 2017). Aktuelle Studien zeigen zum Beispiel, dass wir solche Aktivitäten vor allem dann meiden sollten, wenn wir bereits schlecht gelaunt sind (Ragdsdale, Hoover & Wood, 2016), während wir von ihnen profitieren können, wenn wir tatsächlich richtig Lust auf diese haben. Das Gleiche gilt übrigens für haushaltsbezogene Aktivitäten: Wer gerne den Putzlappen schwingt, kann sich dabei durchaus entspannen, während Putzmuffel ihr Wohlbefinden durch Hausarbeit sogar noch verschlechtern (Brummelhuis & Trougakos, 2014).

Von eher *aktiven Erholungsaktivitäten* hingegen profitieren wir tendenziell immer (Sonnentag et al., 2017). Als aktiv gelten *physische Aktivitäten* (Sport, Spazierengehen, Fahrradfahren) genauso wie *soziale Aktivitäten* (Kontakt zu Familie, Freunden oder Nachbarn). Wer sich in seiner Freizeit bewegt oder sich mit Freunden zum Essen verabredet, lädt seine Batterien also recht effektiv wieder auf.

Zudem ist der Erholungswert von jenen Aktivitäten besonders hoch, die eines oder mehrere der folgenden Gefühle adressieren (Sonnentag & Fritz, 2007):

1. *Psychologische Distanz zu unserer Arbeit*: die Arbeit zurücklassen, »abschalten« und nicht an die Arbeit denken
2. *Entspannung*: wenig Aktivierung empfinden, keine Anspannung erleben
3. *Meistern von Herausforderungen*: Erfolge erleben, indem man herausfordernde Situationen meistert
4. *Kontrolle*: selbst entscheiden können, wie man seine Freizeit verbringt

Wer sich abends erholt, dem geht es übrigens nicht nur unmittelbar besser – er ist auch am nächsten Morgen erholter, bringt bei der Arbeit mehr und bessere Leistung, ist motivierter und engagierter, zeigt mehr Hilfeverhalten und bringt sich auch proaktiver in seine Arbeit ein. Wer abends zu Hause hingegen (wie im digitalen Zeitalter durchaus üblich) den Laptop noch mal aufklappt und weiterarbeitet, reduziert in der Regel sein Wohlbefinden deutlich und ist auch am nächsten Tag weniger erholt und leistungsfähig (Sonnentag et al., 2017). Dabei gilt das Prinzip »je mehr, desto schlimmer«; wer abends noch drei Stunden mit dem Vorbereiten einer Präsentation beschäftigt ist, büßt im Normalfall mehr an Wohlbefinden ein als jemand, der dies nur eine halbe Stunde lang tut (Sonnentag, 2001). Doch selbst derjenige, der vor dem Zubettgehen noch kurz seine Mails auf dem Smartphone checkt, schläft bereits schlechter als derjenige, der dies nicht tut. Wenn Sie (wir geben es zu – wie wir) zu denjenigen gehören, die nach dem offiziellen Feierabend meistens noch weiterarbeiten, möchten wir Sie hiermit dazu auffordern, diese Praxis zu überdenken – vor allem dann, wenn Sie dies nicht tun, weil sie motiviert sind, sondern weil Sie das Gefühl haben, es tun zu *müssen* (Brummelhuis & Trougakos, 2014). Der Befund, dass Sie leistungsstärker sind, wenn Sie sich abends erholen, statt zu arbeiten, sollte Ihr schlechtes Gewissen beruhigen. Das Gleiche gilt übrigens für Arbeit am Wochenende.

Warum erschöpft uns Arbeiten nach Feierabend oder am Wochenende eigentlich so? Wenn wir in unserer Freizeit weiterarbeiten, dann greifen wir auf genau die Ressourcen zurück, die wir schon am Tage genutzt haben. Irgendwann sind diese erschöpft (Sonnentag, 2001). Dieses Prinzip sollten wir auch bei der Auswahl unserer Freizeitaktivitäten bedenken. Wer den ganzen Tag am Computer arbeitet und sich stark konzentrieren muss, der wird sich nicht besonders gut erholen können, wenn er abends zu Hause wieder am Rechner sitzt, um beispielsweise einen Online-Artikel zu lesen. Spannend ist in diesem Zusammenhang auch eine Studie unter Flugbegleitern (Sonnentag & Natter, 2004). Diese sind während der Arbeit konstant von Menschen umgeben, denn es ist ihre Aufgabe, sich bestmöglich um die Fluggäste zu kümmern. Wenn sie abends im Hotel dann Zeit mit ihren Kollegen verbringen, erschöpft diese soziale Aktivität sie daher sogar noch zusätzlich. Wer also im Beruf viel mit Menschen zu tun hat, profitiert abends eher davon, mal alleine zu sein. Zusammenfassend kann man daher feststellen, dass Erholung am besten funktioniert, wenn wir in der Freizeit aktiv solche Ressourcen nutzen, die bei unserer Arbeit eher weniger zum Einsatz kommen.

Nun haben wir viel darüber gesprochen, wie wir uns am Abend oder am Wochenende erholen können. Aber funktioniert Erholung tatsächlich nur außerhalb des Arbeitsplatzes? Sie ahnen es schon: natürlich nicht. Auch am Arbeitsplatz können wir uns durch den Einsatz cleverer Strategien gezielt erholen. Glücklicherweise, denn die meisten Berufstätigen verbringen immerhin ein Drittel oder sogar die Hälfte ihres Tages bei der Arbeit.

Lassen Sie auch manchmal Ihre Mittagspause ausfallen und essen stattdessen vor dem Rechner, weil Sie zu viel zu tun haben? Falls ja, sind Sie in guter – beziehungsweise zahlreicher – Gesellschaft: Etwa 26 Prozent der deutschen Arbeitnehmer geben an, ihre Mittagspause häufig auszulassen (Lohmann-Haislah, 2012). Leider muss man sagen, dass dieses Vorgehen auf Dauer nicht besonders gesund ist. Längere Pausen bei der Arbeit, wie eben die Mittagspause, sind eine Strategie, mit der Mitarbeiter sich bei der Arbeit erholen können, weil sie eine Unterbrechung von den arbeitsbezogenen Anforderungen bieten. Dadurch wird verhindert, dass der Stress sich über den Tag hinweg immer weiter akkumuliert und wir geschafft aus der Arbeit gehen. Eine Längsschnittstudie mit 841 finnischen Arbeitnehmern zeigt sogar, dass man sein Wohlbefinden durch Mittagspausen langfristig signifikant steigern kann (Sianoja, Kinnunen, de Bloom, Korpela & Geurts, 2016): Je besser die befragten Arbeitnehmer sich bei ihrer Mittagspause erholen konnten, desto weniger erschöpft und ausgebrannt waren sie ein Jahr später und mit umso mehr Begeisterung und Energie gingen sie an ihre Arbeit heran.

Aber wie kann man sicherstellen, dass man sich in der Mittagspause gut erholen kann? Hier gilt es, einige Punkte zu beachten:

- Die Dauer: Nehmen Sie sich Zeit für Ihre Pausen, denn längere Pausen bringen – wenig überraschend – ein größeres Erholungspotenzial mit sich.
- Die Regelmäßigkeit: Wer regelmäßig (vier bis fünf Mal pro Woche) eine Mittagspause macht, profitiert mehr von ihr als jemand, der dies unregelmäßig (ein bis drei Mal pro Woche) tut.
- Den Ort: Verbringen Sie die Mittagspause, wenn möglich, außerhalb des Gebäudes, in dem Sie arbeiten, beispielsweise im Restaurant oder Café, denn dort erleben Sie mehr psychologische Distanz zu Ihrer Arbeit. Auch kurze Spaziergänge im Park haben sich als sehr erholungsförderlich erwiesen.
- Die inhaltliche Gestaltung: Mittagspausen bieten Erholung, wenn man sich in ihnen von beruflichen Anforderungen lösen kann. Überdenken oder diskutieren Sie daher in Ihrer Pause nicht zu viele arbeitsbezogene Themen.
- Die Auswahl Ihrer Interaktionspartner: Die Mittagspause mit anderen zu verbringen ist nicht notwendigerweise erholsam. Sie erinnern sich vielleicht aus Big Five #4 (Beziehungen) daran, dass manche Menschen uns Energie rauben und andere uns Energie geben. Suchen Sie sich daher bewusst aus, mit wem Sie Ihre Pause verbringen (oder entscheiden Sie sich, diese allein zu verbringen, wenn Ihnen das lieber ist).
- Entscheiden Sie selbst: Verbringen Sie Ihre Mittagspause genau so, wie Sie selbst das möchten. Wenn Sie soziale oder arbeitsbezogene Aktivitäten in ihrer Mittagspause ausführen, ist dies sogar entspannend, wenn Sie sich frei dazu entschieden haben – aber es ist ermüdend, wenn Sie das Gefühl haben, sich nicht frei entscheiden zu können (Trougakos, Hideg, Cheng & Beal, 2014).

Nicht nur in der Mittagspause kann man sich erholen. Auch über den Tag hinweg verteilt können Mitarbeiter Strategien von kürzerer Dauer anwenden, um ihr Energielevel aufrechtzuerhalten oder sogar zu steigern. Eine dieser Strategien sind die sogenannten »Microbreaks« (Fritz, Lam, & Spreitzer, 2011). Darunter versteht man kurze, selbst initiierte Pausen während des Arbeitstages, in denen man sich nicht mit der Arbeit beschäftigt, sondern zum Beispiel einen Kaffee trinkt, Online-Nachrichten liest, mit Kollegen witzelt oder frische Luft schnappt. Solche Pausen, selbst wenn sie nur wenige Minuten dauern, können Müdigkeit reduzieren, gereizte Stimmung vertreiben und für höhere Vitalität sorgen. Eine Übersicht über verschiedene Arten von Microbreaks finden Sie in Tabelle 6.

Tabelle 6: Beispiele für verschiedene Arten von Microbreaks

Arten von Microbreaks	Beispiele
Entspannungsaktivität	• Sich strecken, aufstehen, sich zurücklehnen • Tagträumen, aus dem Fenster schauen • Ein Nickerchen machen
Nahrungsaufnahme	• Kaffee, Tee oder andere koffeinhaltige Getränke zu sich nehmen • Snacken oder nicht koffeinhaltige Getränke trinken
Soziale Aktivitäten	• Mit Freunden oder Familie chatten • Private Telefonate • Kurzes Gespräch mit Kollegen (über Privates) • Soziale Netzwerke checken
Kognitive Ablenkung	• Bücher, Zeitungen oder Zeitschriften lesen, die nichts mit der Arbeit zu tun haben • Im Internet surfen (Online Shopping, Online-Banking, E-Mails checken, Videos schauen etc.)

Jedoch ist nicht jede Art von Microbreak gleich effektiv, wenn es um den Umgang mit hohen Arbeitsanforderungen geht (Kim, Park, & Niu, 2016). Zwar reduzieren kleine Snacks, kurze soziale Aktivitäten und kognitive Ablenkungen prinzipiell schlechte Stimmung bei der Arbeit – an Tagen, an denen Mitarbeiter tatsächlich hohen Anforderungen ausgesetzt sind, hilft (in Einklang mit der Überzeugung vieler Kaffee-Jünger) vor allem der Konsum *koffeinhaltiger Getränke* sowie *Entspannungs-* und *soziale Aktivitäten*. Lenken Sie sich mit dem Lesen von E-Mails und Online-Nachrichten oder dem

Surfen im Web ab, wenn es Ihnen zu viel wird? In diesem Fall haben wir schlechte Nachrichten für Sie, denn damit verschärfen Sie Ihren Erschöpfungszustand tatsächlich noch. Vor allem dann, wenn Ihre Arbeit vorwiegend aus Informationsverarbeitung und Problemlösung besteht, ist es keine gute Strategie, kognitive Ablenkungen anzuwenden, da diese von den gleichen Ressourcen zehren wie Ihre eigentliche Arbeit.

Eine letzte arbeitsbezogene Erholungsstrategie, die wir Ihnen nicht vorenthalten möchten, ist der gezielte Wechsel zwischen anspruchsvollen, kognitiv fordernden Aufgaben und Aufgaben, die man eher als anspruchslos oder sogar stupide bezeichnen könnte. Genauso, wie es uns hilft, in Pausen andere Ressourcen zu nutzen als bei der Arbeit, können Sie beim Arbeiten Phasen einlegen, in denen Sie beispielsweise nicht mehr von der ansonsten überwiegend beanspruchten Fähigkeit (wie zum Beispiel Ihrer Problemlösekompetenz) zehren müssen. So postulieren die Forscher Kimberly Elsbach und Andrew Hargadon (2006), dass gerade das zwischenzeitliche Einschieben eher anspruchsloser Arbeiten wie Kopieren, den Schreibtisch aufräumen, Büromaterial auffüllen, kleinere Wartungsaufgaben, Botengänge selbst ausführen und viele weitere Aktivitäten, die mit geringem Leistungsdruck einhergehen, überarbeitete Wissensarbeiter entspannen und zudem zu höherer Kreativität befähigen können. Wenn Sie dazu neigen, die Papierstapel auf Ihrem Schreibtisch zu sortieren, nachdem Sie sich länger mit einer anspruchsvollen Aufgabe beschäftigt haben, dann wissen Sie, wovon wir sprechen. Wir können nur mutmaßen, dass es Herb Kelleher, dem Gründer und ehemaligen Vorstandsvorsitzenden der amerikanischen Fluglinie Southwest Airlines, möglicherweise genauso ging, wenn er mal wieder das Bodenpersonal beim Verladen der Gepäckstücke unterstützte.

Bewusst über Erholungsstrategien nachzudenken ist insbesondere wichtig, da Studien zeigen, dass wir uns gerade dann am wenigsten Erholung gönnen, wenn wir diese eigentlich am dringendsten brauchen (Sonnentag et al., 2017). In Arbeitswochen, die sehr stressig sind, gehen wir beispielsweise weniger häufig zum Sport als in solchen, die weniger stressig sind (Stetson, Rahn, Dubbert, Wilner & Mercury, 1997). Eine Studie mit mehr als 170 000 Arbeitnehmern zeigt sogar, dass Menschen, die in Jobs mit insgesamt sehr hohen Anforderungen und gleichzeitig geringem Kontrollerleben arbeiten, eine 26 Prozent höhere Wahrscheinlichkeit dafür haben, gar keinen oder kaum Sport zu machen. Und selbst für eigentlich sehr sportliche Personen steigt die Wahrscheinlichkeit, nahezu keinen Sport mehr zu machen, über die Zeit hinweg um mehr als 20 Prozent an, wenn sie in solche Jobs kommen (Fransson et al., 2012). Denken Sie also aktiv über die vorgestellten Erholungsstrategien nach – insbesondere dann, wenn Sie eigentlich keine Zeit haben.

Achtsamkeit – nicht so esoterisch, wie viele denken

Bislang haben wir relativ spezifische Strategien beleuchtet, die Mitarbeiter einsetzen können, um besser mit den Anforderungen bei ihrer Arbeit umgehen zu können. Über diese hinausgehend gibt es jedoch auch ganzheitlichere Konzepte zum Umgang mit Stress und Belastung. Eines davon, welches in den letzten Jahren sowohl in der Wissenschaft als auch in der Praxis großes Interesse erfahren hat, ist das Konzept der Achtsamkeit. Ursprünglich aus der buddhistischen Lehre stammend, wurde es vom amerikanischen Professor John Kabat-Zinn in ein mehrwöchiges Trainingsprogramm überführt (Kabat-Zinn, 1990) und seitdem in Tausenden Forschungsartikeln, Praxiszeitschriften und Kursen wieder aufgegriffen. Mehr als 13 Prozent der erwachsenen amerikanischen Bevölkerung geben bereits an, Achtsamkeit in ihrem Alltag zu praktizieren (Olano, Kachan, Tannenbaum, Mehta, Annane & Lee, 2015).

Doch was versteckt sich hinter dem Begriff »Achtsamkeit«? In Anlehnung an den buddhistischen Begriff »sati«, den wir mit »heller, wacher Geist« übersetzen können, geht es bei der Achtsamkeit vor allem darum, seine Aufmerksamkeit bewusst auf die Gegenwart zu richten und diese dabei nicht zu bewerten (Kabat-Zinn, 2003). Um es einfacher auszudrücken: Darauf zu achten, was *gerade im Moment* passiert – und zwar sowohl in unserer Umgebung (z. B. Geräusche, soziale Interaktionen etc.) als auch *in uns selbst* (Gedanken, Körperempfindungen), *ohne sofort ein Urteil darüber zu fällen*, ob dies gut oder schlecht ist.

Betrachten wir diese Komponenten der Achtsamkeit in Bezug auf unsere Arbeitswelt einmal genauer: Wie oft sind wir mit unseren Gedanken eigentlich gar nicht bei der Sache, weil wir über Vergangenes nachgrübeln (»Was hat die Chefin wohl mit ihrer Aussage vorhin gemeint?«) oder im Kopf To-do-Listen und Pläne für die Zukunft erstellen (»Was gehe ich als Nächstes an?«, »Wie soll ich das nur alles auf einmal hinkriegen?«)? Eine Studie der Harvard-Psychologen Matthew Killingsworth und Daniel Gilbert zeigt, dass wir 46 Prozent unserer Zeit an etwas anderes denken als an das, was wir *gerade tun* (Killingsworth & Gilbert, 2010). Unsere Gedanken schweifen somit permanent ab und wir laufen quasi »auf Autopilot«. Das ist schlecht für uns, denn es macht uns unglücklich und beeinträchtigt unser Wohlbefinden – abgesehen davon, dass große Teile unseres Tages dadurch unbemerkt an uns vorüberziehen. Interessanterweise zeigt besagte Studie auch, dass der Kontext, in dem unsere Gedanken am häufigsten abschweifen, unsere Arbeit ist. Unsere abschweifenden Gedanken ziehen uns dabei oft in einen *Strudel an Bewertungen* und negativen Emotionen hinein. Anstatt die Situation neutral zu betrachten, versuchen wir, diese ad hoc in eine Schublade einzuordnen: gut/schlecht, angenehm/unangenehm, richtig/falsch. »Warum komme ich mit meiner Arbeit nicht voran? Ich bin mal wieder viel zu langsam!«, »Wieso fühle ich mich so erschöpft? Was stimmt nicht mit mir?« – Solche und andere wertende Gedanken kennen Sie vielleicht. Wenn wir uns dieser nicht bewusst sind, lösen sie Stress, Ärger, Angst und weitere negative Gefühle aus. Unsere Schultern verkrampfen, der Puls wird schneller, wir schwitzen – und all das häufig, ohne dass wir es bemerken, weil wir mit den Gedanken *ganz woanders sind als bei uns selbst.*

Im Rahmen von Achtsamkeitstrainings wird versucht, diesen unbewusst ablaufenden Prozess durch Übungen und Reflexion bewusst zu machen und ihn gezielt von außen zu betrachten, als wäre man ein Zuschauer seiner selbst. Auch Sie können solche Übungen ganz leicht in Ihren Arbeitsalltag einbauen. Achten Sie auf Ihre Körperhaltung und Ihre Atmung, während Sie mit einem ärgerlichen Kunden sprechen oder Ihre E-Mails beantworten; beobachten Sie bewusst, wie Sie sich fühlen, wenn Sie von der Arbeit nach Hause fahren. Bemerken Sie, wenn Sie mal wieder am Grübeln sind – und lenken Sie Ihre Aufmerksamkeit auf die Gegenwart zurück, ohne sich für das Grübeln zu schelten. Außerdem möchten wir Ihnen einige zentrale Achtsamkeitsübungen kurz vorstellen:

1. *Bewusst atmen:* Ziel der Übung ist, sich auf die Gegenwart zu konzentrieren, das Abschweifen der Gedanken wahrzunehmen und diese wieder zurück ins Hier und Jetzt zu holen. Weil das nicht so einfach ist, wie es klingt, wird der eigene Atem sozusagen als »Anker« verwendet. Man konzentriert sich darauf, wie der Atem durch Mund oder Nase in den Körper fließt, sich hinab in den Bauch bewegt und wieder aus dem Körper strömt, und holt seine Aufmerksamkeit immer wieder zum Atem zurück. Weil bereits eine recht kurze Durchführungsdauer (~3 Minuten) stressreduzierend wirkt, lässt sich diese Übung gut in den Arbeitsalltag einbauen.
2. *Bodyscan:* Bei dieser längeren Übung (~20–45 Minuten), die man in der Regel unter Anleitung durchführt, lenkt man seine Aufmerksamkeit zum gleichen Zweck nacheinander gezielt auf verschiedene Körperteile (in der

Regel indem man von den Füßen nach oben zum Kopf wandert). Dabei achtet man besonders darauf, wie sich verschiedene Körperteile eigentlich anfühlen. Probieren Sie es aus – Sie werden überrascht sein, wo Sie überall Rezeptoren für Schmerz, Druck, Kälte und Wärme haben.

3. *Routinetätigkeiten achtsam durchführen:* Bei dieser Übung sucht man sich eine Tätigkeit aus, die man routinemäßig täglich durchführt, und versucht, diese achtsam anstatt automatisch durchzuführen. Klassische Beispiele sind Zähneputzen (»Wie fühlt sich die Zahnbürste auf den Zähnen an?«, »Was passiert mit der Zahnpasta im Mund?«) oder auch Duschen (»Wie fühlen sich Wasser und Duschgel auf der Haut an?«). Wie zuvor gilt hier: Wann immer unsere Aufmerksamkeit abschweift, holen wir sie wieder zurück in die Gegenwart.

Gerade am Anfang sind geführte Achtsamkeitsmeditationen hilfreich – in Tabelle 7 sind aus diesem Grund einige Smartphone-Apps in der Übersicht dargestellt, die Sie beim Start in die Achtsamkeit unterstützen können.

Tabelle 7: Beispiele für verfügbare Meditations- und Achtsamkeits-Apps

Name der App	Funktionsumfang	Sprache
Achtsamkeit	Fünftägiges Startmodul zur Einführung in das Thema Achtsamkeit, geführte und stille Meditationen sowie individuelle Achtsamkeitsmitteilungen. Kostenlos verfügbar in der Basisversion, Abomodell für umfassendere Zahl an geführten Meditationen.	Deutsch
7Mind	Sieben Basismeditationen sowie verschiedenste thematische Meditationen (z. B. zu Stress und Glück). Zudem 7Minis (Kurz-Meditationen) und individuell konfigurierbare Achtsamkeitsmitteilungen. Verfügbar als kostenlose Basisversion + kostenpflichte Abo-Vollversion.	Deutsch
Headspace	Schrittweise Einführung in das Thema Achtsamkeit über 10 Tage hinweg; dazu mehrere Hundert Meditationen zu verschiedenen Themen (z. B. zu Geduld oder Motivation beim Sport), die Möglichkeit, Punkte zu sammeln und sich mit anderen Nutzern zu verbinden. Die einführenden Meditationen sind kostenfrei verfügbar; anschließend gilt das Abomodell.	Englisch
Buddhify	80 geleitete Meditationen für alle Lebenslagen (z. B. Umgang mit schwierigen Emotionen). Verfügbar gegen eine einmalige Gebühr.	Englisch

Zudem gibt es verschiedenste Homepages, die kostenlose Achtsamkeitsmeditationen anbieten, wie zum Beispiel das UCLA Mindful Awareness Research Center der University of California in Los Angeles, das Zentrum für Achtsamkeit in Köln oder das Deutsche Fachzentrum für Achtsamkeit. Nehmen Sie sich am besten morgens nach dem Aufstehen zehn Minuten Zeit für Übungen, denn die meisten Stresshormone schütten wir tatsächlich direkt nach dem Aufstehen aus. Sie werden schnell feststellen, dass Ihnen eine kurze Achtsamkeitsübung am Morgen einen entspannten Start in den Tag ermöglicht.

Diese Übungen oder das Achtsamkeitskonzept insgesamt klingen Ihnen irgendwie zu esoterisch? Das können wir nachvollziehen – die Forschung zeigt dennoch, dass Achtsamkeit ein extrem effektives Mittel ist, um unser Wohlbefinden kurzfristig und langfristig zu verbessern (Sutcliffe, Vogus & Dane, 2016). Wer nur zwei Wochen lang täglich etwa zehn Minuten Achtsamkeit übt, reduziert seine emotionale Erschöpfung, kann besser abschalten, verbessert seinen Schlaf und ist zufriedener mit seiner Arbeit (Hülsheger, Alberts, Feinholdt & Lang, 2012; Hülsheger, Lang, Depenbrock, Fehrmann, Zijlstra & Alberts, 2014). Vor einer Verhandlung fünf Minuten lang Achtsamkeit zu praktizieren verbessert die nachfolgende Verhandlungsleistung, 15 Minuten Achtsamkeit reichen, um bessere Entscheidungen zu treffen (Good et al., 2016). Wer achtsam ist, kann besser mit stressigen Situationen umgehen und erbringt höhere Leistungen bei der Arbeit (Dane & Brummel, 2013). Führungskräfte, die an einem Achtsamkeitstraining teilnehmen, verbessern ihre Führungsleistung signifikant (Shonin, Gordon, Dunn, Singh & Griffiths, 2014). Und Führungskräfte, die generell achtsamer sind, beeinflussen die Arbeitszufriedenheit und Arbeitsleistung sowie das Hilfeverhalten ihrer Mitarbeiter positiv (Reb, Narayanan & Chaturvedi, 2014). Auch Teams profitieren von kurzen Achtsamkeitsinterventionen, denn diese fördern die Perspektivübernahme (Krasner et al., 2009) und steigern die Teamleistung (Cleirigh & Greaney, 2014). Das Praktizieren von Achtsamkeit verlangsamt einer klinischen Studie zufolge sogar den Alterungsprozess des Gehirns (Luders, Cherbuin & Kurth, 2015).

Es ist in Anbetracht des erwiesenermaßen großen Nutzens von Achtsamkeit nicht weiter verwunderlich, dass Organisationen wie Google, Apple, McKinsey und die Deutsche Bank bereits Achtsamkeitstrainings für ihre Mitarbeiter anbieten (Good et al., 2016). Ein Google-Ingenieur namens Chade-Meng Tan entwickelte Googles heutiges Achtsamkeitsprogramm »Search inside yourself« (Chade-Meng Tan, 2012). Gemeinsam mit Jon Kabat-Zinn und Daniel Goleman (bekannt für seine praxisorientierten Arbeiten zur emotionalen Intelligenz) entwarf er das mehrwöchige Programm, das zu den beliebtesten Weiterbildungsmaßnahmen bei Google zählt (bei jeder neuen Runde sind im Schnitt 30 Personen auf der Warteliste) und inzwischen von mehr als 2000 Google-Mitarbeitern absolviert wurde. Die darin enthaltenen Meditationen und Übungen dienen dazu, die Konzentration zu verbessern, die Selbstwahrnehmung zu erhöhen und nützliche mentale Gewohnheiten zu entwickeln.

Auch der amerikanische Konzern Aetna, der Gesundheitsleistungen für Arbeitnehmer in den Vereinigten Staaten anbietet, setzt auf Achtsamkeit. Zwölf Wochen lang können interessierte Mitarbeiter jeweils eine Stunde lang entweder vor Ort oder online Achtsamkeit üben. Aetna ließ dieses Programm auch wissenschaftlich evaluieren und dürfte von den Ergebnissen erfreut gewesen sein (Wolever et al., 2012): Im Vergleich zu den Teilnehmern einer Kontrollgruppe, die kein Achtsamkeitstraining absolvierten, gingen die Stresslevels (um 35 Prozent) und Schlafprobleme (um 20 Prozent) der Teilnehmer des Achtsamkeitsprogramms deutlich nach unten. Aetna beziffert den Wert dieser Ergebnisse auf 62 Minuten Produktivitätsgewinn pro Mitarbeiter und Woche und sieben Prozent weniger Kosten durch Krankheit. Mehr als 13000 Mitarbeiter haben das Achtsamkeitstraining von Aetna bereits durchlaufen. Aufgrund dieser Erfolgsbilanz wurden einige Module des Programms auch in andere Weiterbildungsmaßnahmen des Unternehmens aufgenommen.

5.3 Die Basis für gesunde Mitarbeiter und Unternehmen schaffen

Mit der Verankerung von Achtsamkeit bei Führungskräften und in der Organisationsstruktur sind wir auch schon bei unserem nächsten Punkt angelangt: nämlich der Frage, was Führungskräfte und Organisationen tun können, um die Gesundheit ihrer Mitarbeiter zu fördern und ihre Leistungsfähigkeit auch im digitalen Zeitalter auf einem hohen Niveau zu halten. Zwei Themenbereiche möchten wir uns dabei gerne zusammen mit Ihnen ansehen: Zunächst blicken wir auf die erfolgreiche Gestaltung flexibler Arbeitsmodelle und die mobile Nutzung digitaler Technologien (denn wir haben gesehen, dass diese zugleich Fluch und Segen für das Wohlbefinden von Mitarbeitern darstellen können). Anschließend beschäftigen wir uns damit, wie eine generell höhere Gesundheitsorientierung bei Führungskräften und in Organisationen insgesamt etabliert werden kann.

Flexible Arbeitsmodelle richtig gestalten

Flexible Arbeitsmodelle können einen sehr guten Weg darstellen, um mit der höheren Belastung von Arbeitnehmern im digitalen Zeitalter umzugehen. In unserer eigenen, bereits eingangs zitierten Studie mit 2000 Berufstätigen haben wir uns auch mit flexiblen Arbeitsmodellen beschäftigt. Dabei finden wir sehr positive Effekte von räumlicher und zeitlicher Flexibilität. Arbeitnehmer, die ihren Arbeitsort an ihre persönlichen Präferenzen anpassen können (also z.B. von daheim oder im Café arbeiten können) und auch ihre Arbeitszeiten flexibel gestalten können (z.B. Arbeit am Morgen und späten Nachmittag mit der Möglichkeit für längere Pausen zwischendurch), sind zufriedener mit ihrer Arbeit, haben geringere Kündigungsabsichten, zeigen mehr innovatives Verhalten am Arbeitsplatz, fühlen sich weniger gestresst und werden auch seltener krank. Eine umfassende Meta-Analyse (Allen, Johnson, Kiburz & Shockley, 2013) liefert eine mögliche Erklärung für diese Ergebnisse, denn sie zeigt, dass flexible Arbeitsmodelle dafür sorgen, dass Arbeitnehmer weniger Konflikt zwischen ihrem Berufs- und Privatleben empfinden. Flexible Arbeitszeiten sind dabei sogar noch wirksamer, diesen Konflikt zu reduzieren, als flexible Arbeitsorte. Gerade Arbeitnehmer mit Kindern oder Ehepartnern profitieren aus diesem Grund besonders von flexiblen Arbeitsarrangements. Flexible Arbeitsmodelle bringen aber nicht nur Vorteile für Arbeitnehmer, sondern auch für deren Unternehmen: Sie erhöhen die Produktivität von Mitarbeitern, reduzieren Fehltage, steigern die finanzielle Leistung des Unternehmens sowie seine Fähigkeit, Mitarbeiter anzuziehen und zu halten (Kelliher & Anderson, 2010).

Selbst wenn flexible Arbeitsarrangements somit sehr positive Konsequenzen für Arbeitnehmer und ihre Organisationen haben können, gibt es jedoch auch einige Rahmenbedingungen für den Erfolg dieser Arbeitsmodelle, die Führungskräfte und Organisationen kennen sollten. Zunächst einmal besteht im Rahmen von flexiblen Arbeitsformen, aber auch generell durch technologische Entwicklungen wie Smartphones und Cloud-Lösungen bedingt die Gefahr, dass zeitliche und räumliche Flexibilität in eine exzessive oder quasi *ständige Erreichbarkeit* von Arbeitnehmern für ihren Arbeitgeber umschlägt.

Mit dem *Paradox der Autonomie* beschreiben die Forscherinnen Melissa Mazmanian, Wanda Orlikowski und JoAnne Yates (Mazmanian, Orlikowski & Yates, 2013) dieses Phänomen. Schauen Sie manchmal abends in Ihre E-Mails, nur um sich zu vergewissern, dass bei der Arbeit alles in Ordnung ist und keines Ihrer Projekte gerade vor die Wand fährt? Vor allem Wissensarbeiter haben die Tendenz, die Nutzung mobiler Endgeräte wie Tablets und Smartphones zu Hause nach Feierabend zunächst einmal als autonomiesteigernd zu empfinden. Sie können schnell noch eine E-Mail beantworten oder kurz noch die Präsentation fertig machen, ohne dafür abends noch im Büro sitzen zu müssen. Manchmal ist es produktiver, gewisse Aufgaben von zu Hause aus zu erledigen, weil man dort nicht gestört wird. Jedoch fällt es manchmal schwer, dabei die Grenze zu ziehen. Abgesehen davon, dass Sie sich dadurch schlechter erholen können, wecken Sie durch Ihr Verhalten auch bei Ihren Kollegen die Erwartung, immer verfügbar und erreichbar zu sein. Melissa Mazmanian und ihre Kolleginnen zeigen, dass sich durch das regelmäßige Arbeiten von zu Hause aus kollektive Verfügbarkeitserwartungen im Team oder sogar in der gesamten Organisation ergeben, welche die Autonomie aller Beteiligten schlussendlich sogar reduzieren. Wer schon einmal schiefe Blicke der Kollegen geerntet hat, weil er nach Feierabend nicht mehr auf eine Anfrage geantwortet hat, kann dieses Phänomen bezeugen.

Ob es zu einer konstanten Verfügbarkeitserwartung kommt oder nicht, hängt maßgeblich von den *Kommunikationsnormen im Team* und von den *Erwartungen der Organisation* ab. So profitieren alle Beteiligten davon, wenn die Norm im Team eine heterogene Nutzung mobiler Kommunikationskanäle vorsieht – wenn es also in Ordnung ist, dass manche Teammitglieder mobil von zu Hause oder unterwegs aus kommunizieren, andere dies aber beispielsweise gar nicht oder nur in Ausnahmefällen tun (Mazmanian, 2013). Wenn in der Organisation jedoch ein Klima der konstanten Verfügbarkeit herrscht, das die Bedeutung permanenter Erreichbarkeit betont und schnelle Reaktionen auf Anfragen von Kunden und Kollegen vorsieht, fühlen Mitarbeiter sich eher verpflichtet, zu Hause weiter zu arbeiten, und das wirkt sich negativ auf Mitarbeiter aus (Fenner & Renn, 2010). Für die stressreduzierende Wirkung flexibler Arbeitsmodelle scheint es somit entscheidend, dass im Unternehmen nicht pauschal derjenige als »*idealer Mitarbeiter*« gesehen wird, der konstant für seine Arbeit erreichbar ist.

Mit dem Phänomen der ständigen Erreichbarkeit steht auch die Beobachtung im Zusammenhang, dass flexible Arbeitsformen zu einer *Extensivierung* und *Intensivierung der Arbeit* führen können (Kelliher & Anderson, 2010). Arbeitnehmer müssen mehr und härter arbeiten. Neben dem Gefühl, erreichbar sein zu müssen, spielt hier auch das Bedürfnis von Mitarbeitern eine Rolle, sich durch erhöhten Einsatz bei ihrem Unternehmen für die gewährte Flexibilität zu revanchieren. Eine Studie der Professorin Almudena Cañibano (Cañibano, 2011) in spanischen Beratungsfirmen ist in diesem Kontext sehr informativ. Sie stellte fest, dass es verschiedene Arten von Flexibilität gibt – *mitarbeiterorientierte Flexibilität*, die sich primär an den Mitarbeitern und ihren Bedürfnissen ausrichtet, und *unternehmensorientierte Flexibilität*, die primär vom Unternehmen eingefordert wird (sowie eine Kombination aus beiden Arten, also *beidseitige Flexibilität*). Vielleicht wenig überraschend war in Beratungsunternehmen unternehmensorientierte Flexibilität und beidseitige Flexibilität deutlich verbreiteter als rein mitarbeiterorientierte Flexibilität. Mitarbeiter arbeiteten dabei deutlich mehr, wenn die Flexibilität unternehmensorientiert oder beidseitig im Vergleich zu mitarbeiterorientiert war, im Schnitt nämlich 11,5 Stunden pro Woche zusätzlich. Während Mitarbeiter in der Regel freiwillig so viel arbeiten, wenn ihre Flexibilität aus beidseitigen Bedürfnissen resultiert, tun Mitarbeiter mit unternehmensorientierter Flexibilität dies vor allem deshalb, weil sie sich dazu gezwungen fühlen. Sie können sich vorstellen, wessen körperliches und psychisches Wohlbefinden besser ist.

Damit flexible Arbeitsmodelle auch tatsächlich gesundheitsförderlich für Arbeitnehmer sind, sollten Unternehmen darauf achten, dass Mitarbeiter diese nicht allein als dem Vorteil des Unternehmens dienend wahrnehmen. Sie sollten die Möglichkeit haben, Arbeitszeit und Arbeitsort auch an eigene Bedürfnisse anzupassen. Im Kontext der Anpassung an individuelle Bedürfnisse ist es auch wichtig, dass flexible Arbeitsmodelle nicht für jeden gleich gut geeignet sind. Arbeitnehmer haben *unterschiedliche Segmentierungsbedürfnisse* zwischen Arbeits- und Privatleben (Shockley & Allen, 2010) – wer beide Bereiche gerne möglichst getrennt voneinander hält, hat weniger Nutzen von flexiblen Arbeitsmodellen als derjenige, der beide Bereiche gerne integriert. Genauso wie Unternehmen flexible Arbeitsformen für diejenigen unterstützen sollten, die diese wahrnehmen möchten, sollten sie auch akzeptieren, dass manche Mitarbeiter diese nicht in Anspruch nehmen wollen.

Auch das *Ausmaß, in dem Mitarbeiter flexible Arbeitsmodelle nutzen*, hat einen entscheidenden Einfluss darauf, wie viel sie und ihr Unternehmen von diesen profitieren können. Es scheint, als hätte dabei eine moderate Nutzung die positivsten Effekte, da so einerseits individuelle Bedürfnisse von Mitarbeitern adressiert werden können, andererseits aber auch der persönliche Kontakt von Mitarbeitern zu ihren Kollegen nicht zu kurz kommt. Denken Sie an den in Big Five #4 beschriebenen Aufbau von Beziehungen. Eine in den USA durchgeführte Studie (Virick, DaSilva & Arrington, 2010) zeigt beispielsweise, dass der Zusammenhang zwischen der im Homeoffice verbrachten Arbeitszeit (d.h. flexibler Arbeitsortwahl) und der Arbeits- und Lebenszufriedenheit von Arbeitnehmern die Form eines umgedrehten Us hat – sehr wenig und sehr viel im Homeoffice verbrachte Arbeitszeit führte zu geringeren Zufriedenheitswerten als ein mittleres Maß an Homeoffice-Zeit (~1,5 bis 2 Arbeitstage).

Nachdem wir die wissenschaftliche Perspektive zur Ausgestaltung von flexiblen Arbeitsmodellen umfassend beleuchtet haben, möchten wir Ihnen natürlich nicht vorenthalten, welche Modelle die Praxis in diesem Zusammenhang für sich entdeckt hat.

Erreichbarkeit begrenzen

Wir haben darüber gesprochen, dass Unternehmen ein Klima etablieren sollten, in dem Mitarbeiter nicht dauerhaft erreichbar sein müssen, um das Stresspotenzial mobiler Arbeitsmöglichkeiten zu reduzieren. Einige Unternehmen setzten daher auf klare Regeln: Volkswagen machte in diesem Zusammenhang Schlagzeilen, als das Unternehmen 2014 ankündigte, die E-Mail-Server für die Smartphones seiner tariflich beschäftigten Mitarbeiter zwischen 18:15 Uhr abends und 7 Uhr morgens abzuschalten, damit diese nach Feierabend zu Hause keine Mails mehr bekämen. Daimler bewahrt im Rahmen seines »Mail on Holiday«-Programms Mitarbeiter davor, im Urlaub ihre Mails zu checken (und nach dem Urlaub in der Flut ungelesener E-Mails zu ertrinken). Mails, die an Mitarbeiter geschickt werden, während diese sich im Urlaub befinden, werden automatisch gelöscht. Der Absender bekommt eine Mail, in der er auf diesen Sachverhalt hingewiesen wird, und einen alternativen Ansprechpartner. Die Telekom hingegen setzt im Kontext von Erreichbarkeit auf Freiwilligkeit und appelliert an ihre Mitarbeiter, berufliche Telefonate und dienstliche Mails in der Freizeit und im Urlaub zu unterlassen. Solche Appelle können sicherlich nur dann erfolgreich sein, wenn das Unternehmen und seine Führungskräfte diese auch wirklich ernst meinen und durch ihr Verhalten die Unternehmenskultur unterstützen.

Unbegrenzter Urlaub

Einige (vorwiegend amerikanische) Unternehmen setzen auf unbegrenzte Urlaubstage – auch ohne voriges Ansparen von Überstunden. Das soziale Netzwerk LinkedIn, der Online-Streamingdienst Netflix oder auch der Softwarehersteller Evernote sind der Meinung, dass ihre Mitarbeiter selbst entscheiden können, wie viel Urlaub sie brauchen (und ob ihre Arbeit es zulässt, diesen zu nehmen). Was zunächst einmal für viele Mitarbeiter nach einem Traum klingt, ist möglicherweise nicht ganz so toll wie gedacht. Die Crowdfunding-Plattform Kickstarter schaffte die unbegrenzten Urlaubstage sogar wieder ab, weil die Mitarbeiter nach Einführung der Regelung noch seltener freinahmen als zuvor. Damit eine hohe Leistungsorientierung im Unternehmen das Prinzip der unbegrenzten Urlaubstage nicht korrumpiert, setzt Netflix-CEO Reed Hastings auf seine Vorbildfunktion und nimmt selbst sechs Wochen lang frei.

Für Urlaub bezahlt werden

Das Tech-Unternehmen FullContact setzt finanzielle Anreize, damit die Mitarbeiter mehr Urlaub nehmen, als ihnen gesetzlich zusteht. Für eine Urlaubsreise schießt es Mitarbeitern 7500$ zu – unter der Bedingung, dass die Mitarbeiter wirklich Ferien machen und ihr E-Mail-Postfach ignorieren. Wer keinen Extra-Urlaub nimmt, der bekommt auch kein zusätzliches Geld. Andere Unternehmen, beispielsweise Suchmaschinen-Optimierer Moz und das Softwareunternehmen Evernote, folgen diesem Beispiel bereits. Das Computerunternehmen Intel, das Animationsstudio Dreamworks und das Softwareunternehmen Adobe bieten ihren Mitarbeitern die Möglichkeit, mehrwöchige bezahlte Sabbaticals einzulegen, um sich zu erholen und privaten Interessen widmen zu können.

Jobsharing

Auch Jobsharing kann eine Möglichkeit für die Flexibilisierung von Arbeitsmodellen sein. In der Regel teilen sich dabei zwei Mitarbeiter eine Stelle und verantworten diese gemeinsam. Aufgaben und Zeit können sie flexibel untereinander aufteilen (z. B. Tandempartner 1 ist täglich bis 13 Uhr anwesend, Tandempartner 2 täglich ab 12 Uhr, sodass ausreichend Absprachezeiten gegeben sind). Für den Arbeitgeber hat dieses Modell den

Vorteil, dass trotz der Flexibilität der Mitarbeiter immer ein Ansprechpartner erreichbar ist. Unternehmen, die Jobsharing bereits einsetzen, sind der Konsumgüterhersteller Beiersdorf oder auch die RWE-Tocher Innogy. Das Start-up Tandemploy hilft Arbeitnehmern dabei, Tandempartner zu finden, und unterstützt Unternehmen bei der Implementierung von Jobsharing.

Gesunde Organisationen schaffen

Über die Ermöglichung und optimale Gestaltung von flexiblen Arbeitsmodellen hinausgehend gibt es viele weitere Dinge, die Unternehmen tun können, um sich insgesamt zu »gesunden Organisationen« zu entwickeln. Dabei können für eine gesunde Organisation drei zentrale Komponenten (Wilson, DeJoy, Vandenberg, Richardson & McGrath, 2004), nämlich gesunde Arbeit, gesunde Führung und gesundes Klima, identifiziert werden, die wir Ihnen im Folgenden vorstellen möchten.

Gesunde Arbeit

Gesunde Arbeit – was ist das eigentlich? Viele Bestandteile gesunder Arbeit dürften Ihnen inzwischen bekannt vorkommen, sodass wir auf diese nicht näher eingehen werden. Ein *angemessenes Arbeitspensum* ist ebenso wichtig wie ein *hohes Kontroll- und Autonomieempfinden*, also die Möglichkeit, selbst zu bestimmen, wann und wie man seine Arbeit erledigt. Arbeit ist zudem gesundheitsförderlich, wenn sie als *sinnstiftend und bedeutsam* wahrgenommen wird – Sie erinnern sich vielleicht an unser in Big Five #3 dargestelltes Ergebnis, dass Sinnerleben bei der Arbeit Stress noch Wochen später reduziert. *Rollenklarheit*, also eindeutige Ziele und Verantwortlichkeiten bei der Arbeit zu haben ist ebenso wichtig. Wir hatten vorher bereits erwähnt, dass unklare Rollen als Hindernis empfunden werden und daher Stress erhöhen.

Gesunde Führung

Auch Führungskräfte können die Gesundheit ihrer Mitarbeiter fördern. Am wichtigsten scheint es zu sein, dass Führungskräfte das Wohlbefinden ihrer Mitarbeiter zu einer ihrer Prioritäten machen und entsprechend gesundheitsorientiert führen. Gesundheitsorientiert führen kann jedoch nur derjenige, der zunächst einmal auch auf sein eigenes Wohlbefinden achtet – Führung beginnt nicht von ungefähr mit dem Thema Selbstführung (Franke, Felfe & Pundt, 2014). Dies liegt einerseits daran, dass der Stress von Führungskräften sich relativ oft direkt auf ihre Mitarbeiter überträgt (Skakon, Nielsen, Borg & Guzman, 2010). Zudem bilden Führungskräfte, die auf sich selbst achten, automatisch ein höheres Bewusstsein dafür aus, welche Situationen für ihre Mitarbeiter belastend sein könnten. Andererseits haben Führungskräfte aufgrund ihrer Macht und ihres Status eine starke Vorbildfunktion für Mitarbeiter. Eine Führungskraft, die selbst Workaholic ist und zu jeder Tages- und Nachtzeit vor dem Rechner sitzt, kommuniziert dadurch auch, auf welche Verhaltensweisen sie selbst Wert legt (und möglicherweise, anhand welcher Kriterien sie Leistung bewertet). Und tatsächlich nehmen Führungskräfte ihr eigenes Verhalten oft als Anker dafür, wie ihre Mitarbeiter sich verhalten sollten. So wies eine Studie (Yam, Fehr & Barnes, 2014) kürzlich eindrucksvoll nach, dass Führungskräfte, die selbst früh zur Arbeit kommen (selbst also sozusagen »Lerchen« sind), die Leistung von erst später bei der Arbeit erscheinenden Mitarbeitern (den sogenannten »Eulen«) deutlich schlechter bewerten als die von ebenfalls früh ankommenden Mitarbeitern – und dies, obwohl beide Gruppen von Mitarbeitern im Schnitt gleich lang arbeiteten und objektiv die gleiche Leistung erbrachten.

Im Sinne der Selbstführung gilt daher folgendes Prinzip: Wer als Führungskraft das Wohlbefinden seiner Mitarbeiter positiv beeinflussen möchte, sollte damit beginnen, über sein eigenes Wohlbefinden nachzudenken (»Wie geht es mir/meiner Familie, wenn ich abends zu Hause noch arbeite?«) und sein Verhalten entsprechend anzupassen. Eine Möglichkeit ist beispielsweise, nach einer bestimmten Uhrzeit oder am Wochenende keine Mails mehr an Mitarbeiter zu senden oder, falls dies nicht möglich ist, den Mitarbeitern zumindest zu kommunizieren, dass solche Mails keine unmittelbaren Handlungsimplikationen haben. Dass eine Vorbildwirkung von Führungskräften das Wohlbefinden der Mitarbeiter positiv beeinflusst, ist bereits erwiesen: Führungskräfte, die eine klare Trennlinie zwischen Beruf und Privatleben ziehen, zum Beispiel indem sie keine Arbeit mit nach Hause nehmen, regen bei ihren Mitarbeitern ein ähnliches Segmentierungsverhalten an, was wiederum die empfundene Erschöpfung ihrer Mitarbeiter und damit deren Burnout-Risiko reduziert (Koch & Binnewies, 2015).

Über die Vorbildfunktion hinaus gibt es die folgenden Verhaltensweisen, die von Führungskräften adressiert werden können (Franke et al., 2014):

- *Gesundheitsorientierte Werte*: Der Gesundheit der Mitarbeiter eine hohe Relevanz zuweisen, die Verantwortung für die Gesundheit der Mitarbeiter übernehmen und dafür sorgen, dass es den Mitarbeitern gut geht.
- *Gesundheitsorientiertes Bewusstsein*: Aufmerksam und sensitiv für das Wohlbefinden der Mitarbeiter sein und darüber reflektieren, wie die Arbeitsbedingungen der Mitarbeiter ihr Stressempfinden beeinflussen.
- *Gesundheitsorientiertes Verhalten*: Das Wohlbefinden von Mitarbeitern direkt verbessern oder Mitarbeiter dazu anregen, sich selbst besser um ihr Wohlbefinden zu kümmern.

Von diesen drei Dimensionen wiederum kann das gesundheitsorientierte Verhalten von Führungskräften sicherlich am gezieltesten verändert werden. Wie verhält man sich als Führungskraft gesundheitsorientiert? Zunächst einmal hat es sich als gesundheitsförderlich erwiesen, wenn Führungskräfte offen mit Mitarbeitern über Belastungsfaktoren und Stressoren am Arbeitsplatz diskutieren (Butts, Hurst & Eby, 2013). Öfter mal die Frage zu stellen, wie es den Mitarbeitern gerade geht, wie diese mit ihren Aufgaben und Verantwortungsbereichen zurechtkommen und mit welchen Herausforderungen sie aktuell umgehen müssen, ist ein erster Schritt in diese Richtung. Wichtig ist hier, dass diese Fragen ehrlich gemeint sind – nichts ist schlimmer für Mitarbeiter, als festzustellen, dass solche Fragen reine Floskeln darstellen, deren Antworten die Führungskraft eigentlich nur beiläufig interessieren. Damit geht einher, dass es nicht ausreicht, sich die Antworten der Mitarbeiter nur anzuhören. Stattdessen müssen diese tatsächlich als Ansatzpunkt für eine Verbesserung genutzt werden, zum Beispiel indem Führungskraft und Mitarbeiter gemeinsam nach Strategien suchen, wie die Arbeitssituation und damit das Wohlbefinden der Mitarbeiter verbessert werden kann.

Dabei sollten Führungskräfte ihre Mitarbeiter auch beim Finden einer Balance zwischen beruflichen Anforderungen und Anforderungen in anderen Lebensbereichen unterstützen. Dies fängt damit an, zu kommunizieren, dass einem die Gesundheit und das Wohlbefinden der Mitarbeiter am Herzen liegt, und Verständnis für das Bedürfnis der Mitarbeiter nach einem ausgewogenen Verhältnis zwischen verschiedenen Lebensbereichen zu zeigen. Gleichzeitig haben Führungskräfte natürlich viele Möglichkeiten, durch ihre Unterstützung Konflikte zwischen Berufsleben und anderen Lebensbereichen zu reduzieren. Einerseits können sie *emotionale Unterstützung* bieten, indem sie sich die Zeit nehmen, mit Mitarbeitern über deren Integration,

Bereicherung und Abgrenzung von Lebensbereichen zu sprechen. Andererseits können sie auch *instrumentelle Unterstützung* bieten. Was heißt das? Beispielsweise Aufgaben und Projekte auch mit Rücksicht auf die individuelle Lebenssituation der Mitarbeiter zu verteilen, sodass beispielsweise nicht das zeitintensivste aller Projekte auf einen Mitarbeiter übertragen wird, der eine privat anspruchsvolle Phase durchmacht. Auch aktive Unterstützung bei der zeitlichen Gestaltung der Arbeitstage und die Möglichkeit, diese flexibel zu gestalten, werden von Mitarbeitern als hilfreich wahrgenommen. Ebenso kann das Etablieren eines unterstützenden und hilfsbereiten Teamklimas für die Lebensgestaltung der Mitarbeiter Wunder wirken (Hammer, Kossek, Bodner & Crain, 2013).

Abschließend können Führungskräfte ihre Mitarbeiter auch gezielt bei der Erholung unterstützen. So können sie beispielsweise offen ansprechen, dass sie selbst bei Zeitdruck und hoher Belastung nicht erwarten, dass ihre Mitarbeiter rund um die Uhr arbeiten, und diese auch explizit auffordern, nach Hause zu gehen und sich Zeit für eigene Interessen oder die Familie zu nehmen. »Geh heim. Erhol dich!« – Das kann eine extrem wirkungsvolle Botschaft sein. So zeigte eine Studie mit 400 amerikanischen Universitätsangestellten (Bennett, Gabriel, Calderwood, Dahling & Trougakos, 2016), dass Mitarbeiter dreimal besser von der Arbeit abschalten können, wenn ihre Führungskraft sie durch solche Verhaltensweisen dabei unterstützt.

Abgesehen von diesen spezifisch gesundheitsbezogenen Verhaltensweisen gibt es viele weitere Eigenschaften von Führungskräften, welche die Gesundheit und das Wohlbefinden von Mitarbeitern verbessern können. Einige davon erinnern Sie vielleicht an unsere Big Five #3 (Demokratie) und #4 (Beziehungen): Führungskräfte, die ihre Mitarbeiter empowern, sich insgesamt sehr unterstützend verhalten, persönliches Interesse an ihren Mitarbeitern zeigen, ihnen Vertrauen schenken, sich integer verhalten und fair mit anderen umgehen, tragen stark zum Wohlbefinden ihrer Mitarbeiter bei (Skakon et al., 2010). Zu guter Letzt sollten Führungskräfte sich bewusst sein (und ja, dieser Gedanke kann einem durchaus Angst machen), dass jede ihrer Interaktionen mit ihren Mitarbeitern bedeutsam ist. Dabei zählen vor allem negative Interaktionen (z. B. Zurechtweisungen, soziale Konflikte), da diese das emotionale Wohlbefinden von Mitarbeitern sogar fünfmal stärker beeinflussen als positive (Miner, Glomb & Hulin, 2005) und entsprechend auf ein Minimum beschränkt werden sollten.

Gesundheitsförderliches Organisationsklima

Die Gesundheit der Mitarbeiter zu fördern liegt nicht allein in den Händen individueller Führungskräfte. Auch auf Organisationsebene muss dieses Ziel verankert werden. Dies ist nicht zuletzt notwendig, um Führungskräften und Mitarbeitern den Stellenwert von Gesundheit zu vermitteln. So zeigen Studien sehr deutlich, dass die Verfügbarkeit von Arbeitsflexibilität in der Organisation (z. B. flexible Arbeitsmodelle, Sabbaticals) und unterstützende Führungskräfte zwar wichtig, aber nicht ausreichend sind, um das Wohlbefinden von Mitarbeitern zu fördern (Allen, 2001). Über diese beiden kritischen Komponenten hinausgehend spielt das Organisationsklima eine zentrale Rolle, also die wahrgenommenen Praktiken, Prozesse und Werte einer Organisation (Patterson et al., 2005). Wie sollten Mitarbeiter das Organisationsklima wahrnehmen, damit es sich positiv auf ihr Wohlbefinden auswirkt? Die Antwort auf diese Fragen klingt einfacher, als deren Umsetzung in der Praxis ist. Zunächst einmal ist ein *unterstützendes und um das Wohlergehen der Mitarbeiter besorgtes Organisationsklima* von hoher Bedeutung. Darunter versteht man die Wahrnehmung der Mitarbeiter, dass die Organisation ihre Beiträge wertschätzt und sich um ihr Wohlbefinden sorgt (Eisenberger, Huntington, Hutchison & Sowa, 1986). In als unterstützend wahrgenommenen Organisationen geht es also nicht allein um das Erreichen der organisationalen Ziele. Stattdessen wird auf dem Weg zur Zielerreichung auf die Werte und Bedürfnisse der Mitarbeiter achtgegeben. Entscheidungen der Organisation werden nicht auf dem Rücken der Mitarbeiter ausgetragen und entsprechend wird Fairness im Umgang mit den Mitarbeitern an den Tag gelegt.

Die Forschung zeigt, dass Mitarbeiter ein unterstützendes Organisationsklima wertschätzen und sich durch erhöhten Einsatz, höhere Loyalität und bessere Leistung an ihrer Organisation revanchieren (Eisenberger, Armeli, Rexwinkel, Lynch & Roades, 2001). Der Gründer der Drogeriekette dm, Götz Werner, hat somit sicherlich recht, wenn er sagt: »So wie ich mit meinen Mitarbeitern umgehe, so gehen sie mit den Kunden um.« Zudem reduziert ein unterstützendes Organisationsklima nachweislich die Krankheitstage der Arbeitnehmer, verbessert also deren Wohlbefinden (Eisenberger et al., 1986).

Neben einem generell unterstützenden Organisationsklima profitieren Mitarbeiter im digitalen Zeitalter, das von gestiegener Erreichbarkeit und höherer Arbeitsbelastung gekennzeichnet ist, von einer Kultur, die das

Vorhandensein von unterschiedlichen Lebensbereichen *der Mitarbeiter explizit anerkennt und fördert.* Dabei sollten Organisationen sich zunächst einmal klarmachen, dass Mitarbeiter, die Wert auf eine Segmentierung ihres Privat- und Berufslebens legen, nicht zwangsweise weniger motiviert oder ans Unternehmen gebunden sind. Im Gegenteil: Studien zeigen sogar, dass diejenigen, die beispielsweise flexible Arbeitsmodelle in Anspruch nehmen, sogar eine stärkere Bindung an ihr Unternehmen empfinden. Mitarbeiter offen wertzuschätzen, die sich in verschiedenen Lebensbereichen einbringen (und daher auch einmal klare Grenzen in Bezug auf ihre arbeitsbezogene Verfügbarkeit setzen), kann daher ein erster Schritt zur Etablierung eines gesundheitsförderlichen Organisationsklimas sein. Dabei spiegelt sich das (mangelnde) Bewusstsein für andere Lebensbereiche in einem Unternehmen oftmals in kleinen Signalen am Arbeitsplatz wider: an der Reaktion von Vorgesetzen und Kollegen, wenn jemand um 3 Uhr nachmittags das Büro verlässt, um zum Training zu gehen oder seine Kinder abzuholen. An einem Stirnrunzeln, wenn jemand über private Dinge, wie beispielsweise Freizeitaktivitäten am Wochenende, spricht. An einem skeptischen Blick, wenn ein Mitarbeiter sagt, dass er heute trotz einer wichtigen Deadline nicht länger bleiben kann, weil er einen privaten Termin hat. An Karrieresystemen, die lange Anwesenheitszeiten am Arbeitsplatz als Näherungswert für die Leistung und das Potenzial eines Mitarbeiters verwenden oder solche Mitarbeiter benachteiligen, die in Teilzeit arbeiten beziehungsweise eine familienbedingte Auszeit eingelegt haben. An geschäftlichen Terminen, die sehr früh oder spät am Tag abgehalten werden und möglichweise sogar noch längere Anreisezeiten beinhalten (Allen, 2001). Diese »Kleinigkeiten« sind es, auf die Organisationen achtgeben sollten, um zur Lebensgestaltung ihrer Mitarbeiter beizutragen, denn all diese ergeben zusammengenommen die Organisationskultur.

Unternehmen können zudem durch gezielte Angebote Mitarbeiter sehr aktiv in der erholsamen Ausgestaltung ihrer großen und kleinen Pausen unterstützen. Der Londoner Safthersteller Innocent setzt zum Beispiel auf eine offene Küche im Herzen seines Gebäudes, umringt von gemütlichen Sitzbänken auf einem grünen Kunstrasen. Auch das in der Kantine angebotene Essen spielt selbstredend eine wichtige Rolle: Weil Tricia Guild, die Gründerin des Innenausstatters Designers Guild, genug davon hatte, dass ihre Mitarbeiter die Mittagspausen an ihrem Schreibtisch verbringen, stellte sie kurzerhand einen Sternekoch im Betriebsrestaurant an. Bei Facebook ist das Mittagessen in den elf verschiedenen Restaurants am Hauptcampus für Mitarbeiter komplett kostenlos. Nicht alle Unternehmen werden sich dies leisten können oder wollen – über die Auswahl und Qualität der angebotenen Speisen genauer nachzudenken macht jedoch durchaus Sinn, wenn man Anreize dafür setzen will, dass die Mitarbeiter eine richtige Mittagspause einlegen.

Über die Mittagspause hinaus können Unternehmen zudem auch kürzere Pausen ihrer Mitarbeiter fördern. Die englische Kreativberatung Wolff Olins verteilt beispielsweise nachmittags um halb vier in der Kantine kostenlose Snacks an die Mitarbeiter. Innocent hat Ausgabestellen für kostenlosen Saft, um Mitarbeiter zum Einlegen einer Pause anzuregen. Beim Verlag Prentice Hall, beim Sportartikelhersteller Nike und bei der Deutschen Bank gibt es zudem Ruheräume, die zur Entspannung und Mediation genutzt werden können. Auch Sportangebote und der in Start-ups obligatorische Kicker-Kasten können eine Möglichkeit sein, Pausen zu fördern.

Über die positiven Wirkungen von Achtsamkeitstrainings am Arbeitsplatz haben wir bereits gesprochen. Auch das Anbieten von Workshops, bei denen die Erholung von Mitarbeitern und deren mentales Abschalten von der Arbeit gezielt trainiert wird, hat sich als wirksam erwiesen (Hahn, Binnewies, Sonnentag & Mojza, 2011). Wir haben zuvor vier Schlüsselempfindungen vorgestellt, die außerhalb der Arbeitszeit zur Erholung der Mitarbeiter beitragen: psychologische Distanz zur Arbeit herstellen, sich entspannen, Herausforderungen meistern und Kontrolle erleben. All diese Empfindungen können auch im Rahmen von Workshops am Arbeitsplatz trainiert werden, indem Mitarbeitern die Bedeutung dieser Aktivitäten bewusst gemacht wird und sie lernen, diese Aktivitäten in ihren Alltag einzubauen und über diese zu reflektieren. Arbeitnehmer, die an zwei Kurzworkshops (à 4 bzw. 5 Stunden) zum Trainieren dieser Erholungsempfindungen teilnahmen, fühlten sich drei Wochen später sowohl besser erholt als auch weniger gestresst und schliefen signifikant besser als eine Kontrollgruppe, die noch nicht an den Workshops teilgenommen hatte (Hahn et al., 2011).

Eine im Rahmen von Workshops ebenfalls leicht anzuregende Intervention ist das Reflektieren über positive Ereignisse, die sich bei der Arbeit ereignet haben (Bono, Glomb, Shen, Kim & Koch, 2013). Da wir dazu neigen, uns eher an negative als an positive Arbeitsereignisse zu erinnern, kann das gezielte abendliche Nachdenken über drei erfreuliche Ereignisse bei der Arbeit (z. B. nette Interaktionen mit Kollegen, positives Feedback von Kunden oder Führungskräften, ein Erfolg im Projekt) sich sehr positiv auf unser

Wohlbefinden auswirken und Stress reduzieren. Organisationen können solche Reflexionen beispielsweise durch regelmäßige E-Mail-Teaser oder kurze Mitteilungen auf dem Smartphone (»Was hat Sie heute bei der Arbeit glücklich gemacht?«) anstoßen.

5.4 Evidenzbasierte Empfehlungen für Mitarbeiter, Führungskräfte und Organisationen

In diesem Kapitel haben wir Ihnen vor Augen geführt, warum Gesundheit im digitalen Zeitalter in den Fokus von Organisationen rücken muss, und Ihnen dazu verschiedenste wissenschaftlich fundierte Ansätze und deren Anwendung in der Praxis vorgestellt. Auf dieser Basis folgen nun – wie bewährt – einige evidenzbasierte Empfehlungen für Mitarbeiter, Führungskräfte und Organisationen.

Mitarbeiter: vom effektiven Umgang mit arbeitsbezogenen Anforderungen

Um effektiv mit arbeitsbezogenen Anforderungen umzugehen, helfen Mitarbeitern die Planung von aktiven Erholungsaktivitäten, das Einbauen von Erholungsphasen bei der Arbeit sowie Achtsamkeit für den Moment und sich selbst.

Planen Sie bewusst aktive Erholungsphasen in Ihrer Freizeit

Bauen Sie – gerade in stressigen Zeiten – aktiv Phasen ein, in denen Sie sich erholen können. Überlegen Sie dazu gezielt, welche Freizeitaktivitäten Ihnen wirklich guttun. Wenn Sie nicht genau wissen, bei welchen Aktivitäten Sie sich am besten entspannen, können Sie ein oder zwei Wochen lang ein Erholungstagebuch führen. Dokumentieren Sie in diesem, was Sie nach der Arbeit getan haben, wie Sie sich vor dem Zubettgehen gefühlt haben, aber auch, wie erholt Sie am nächsten Morgen waren. Ein solches Erholungstagebuch könnte beispielsweise folgendermaßen aussehen:

Abbildung 11: Ein Beispiel für ein Erholungstagebuch

Erholungstagebuch

Datum: ______________________

Um diese Uhrzeit bin ich heute von der Arbeit nach Hause gekommen: _____ Uhr

Das habe ich heute nach der Arbeit gemacht … und so entspannend fand ich das:

______________________	Gar nicht	①	②	③	④	⑤	Sehr
______________________	Gar nicht	①	②	③	④	⑤	Sehr
______________________	Gar nicht	①	②	③	④	⑤	Sehr
______________________	Gar nicht	①	②	③	④	⑤	Sehr

So entspannt habe ich mich vor dem Schlafengehen gefühlt:

Gar nicht ① ② ③ ④ ⑤ Sehr

So erholt war ich am nächsten Morgen:

Gar nicht ① ② ③ ④ ⑤ Sehr

Generell kann es für Ihr Erholungsverhalten hilfreich sein, herauszufinden, welche Dinge Sie glücklich machen (und welche eher nicht). Harvard-Forscher Matt Killingsworth hat beispielsweise die App »Track your Happiness« entwickelt, die es Ihnen durch das Beantworten mehrerer täglicher Kurz-Fragebögen ermöglicht, herauszufinden, wie bestimmte Aktivitäten mit Ihrer Gefühlslage zusammenhängen.

Beachten Sie bei der Gestaltung Ihrer Freizeit neben dem aktiven Einbauen von Dingen, die Sie glücklich machen, zudem, dass aktive Tätigkeiten (Sport, Freunde treffen, künstlerische Betätigung) in der Regel mehr Erholungswert bieten als passive Tätigkeiten wie Fernsehen oder eine Zeitschrift lesen. Suchen Sie sich Freizeitaktivitäten, bei denen Sie andere Ressourcen in Anspruch nehmen als während der Arbeit. Da wir dazu neigen, unsere Freizeit auf die lange Bank zu schieben, wenn wir Stress haben, sind Routinen wichtig: Blocken Sie in Ihrem Kalender bewusst Zeit für Erholung, genauso wie Sie es für berufliche und private Verpflichtungen tun. Machen Sie quasi »Termine mit sich selbst«. Dabei ist Regelmäßigkeit wichtig: Schieben Sie Ihre Erholungszeiten nicht bis zum Wochenende auf, sondern bauen Sie, wenn es während der Woche nicht für größere Entspannungsblöcke reicht, zumindest kurze Auszeiten ein.

Erholen Sie sich auch während der Arbeit

Sie müssen mit dem Erholen nicht bis zum Feierabend warten. Auch während des Arbeitstages können und sollten Sie sich bereits kurze Erholungsphasen gönnen. Fangen Sie damit an, sich regelmäßig (d.h. für Vollzeit-Berufstägige vier bis fünf Mal die Woche) eine längere Mittagspause zu gönnen. Verlassen Sie dazu möglichst den Ort, an dem Sie arbeiten, und gehen Sie beispielsweise ins Café um die Ecke. Pausen in der Natur, zum Beispiel im Stadtpark, sind dabei besonders erholsam und revitalisierend, vor allem im Herbst und Winter, wenn wir nicht so viel Sonnenlicht abbekommen.

Bauen Sie zudem regelmäßig kurze Pausen ein, um Energie zu tanken – besonders am Nachmittag, wenn Sie vielleicht schon nicht mehr so fit sind. Machen Sie einen kurzen Spaziergang über den Flur, lassen Sie sich von Ihrem Bürokollegen einen Witz erzählen oder rufen Sie einen Freund an. Lassen Sie den Internetbrowser dabei geschlossen, denn er wird Ihnen nur Energie rauben. Wenn Sie einen Baum oder gar einen Garten vor Ihrem Bürofenster haben, können Sie sich (im Gegensatz zu denjenigen, die auf die Betonfassade des Nachbarhauses blicken) glücklich schätzen: Schon ein 40-sekündiger Blick durchs Fenster hilft Ihnen dabei, sich wieder zu konzentrieren (Lee, Williams, Sargent, Williams & Johnson, 2015). Auch Ihr Bildschirmschoners kann Ihre Erholung bei der Arbeit übrigens beeinflussen – wählen Sie lieber eine Naturszene als das Foto eines Gebäudes oder einer Stadt (Sonnentag et al., 2017).

Seien Sie achtsam – für den Moment und für sich selbst

Wir haben darüber gesprochen, wie erholsam es sein kann, sich auf das zu konzentrieren, was man gerade tut, sowie bewertende Gedanken zu erkennen und bewusst wieder abzulegen. Trainieren Sie diese Fähigkeit, achtsam für den Moment und für sich selbst zu sein. Das können Sie mit den in diesem Kapitel vorgestellten Übungen sowohl zu Hause als auch bei der Arbeit tun.

Noch ein besonders hilfreicher Tipp für den Fall, dass Sie sich bei der Arbeit in einer anstrengenden Situation befinden, zum Beispiel einem schwierigen Gespräch mit Kunden oder Vorgesetzten. Allzu oft fühlen wir uns in solchen Situationen überfahren und reagieren hektisch, ohne uns bewusst zu überlegen, wie wir eigentlich reagieren möchten und sollten. Hier hilft das Achtsamkeitsprinzip, kurz *innezuhalten*, bewusst zu *atmen*, zu *be-*

merken, was gerade mit einem vor sich geht, über die Situation zu *reflektieren* und auf dieser Basis zu *antworten*. Mit diesem einfachen Prinzip vergrößern Sie den zeitlichen Abstand zwischen externen Reizen und Ihrer persönlichen Reaktion auf diese, sodass Sie sich weniger von äußeren Einflüssen »getrieben« fühlen.

Führungskräfte: die Gesundheit von Mitarbeitern im Blick behalten

Die Handlungsempfehlungen für Mitarbeiter gelten auch oder sogar insbesondere für Führungskräfte, da diese durch den Umgang mit ihrer eigenen Gesundheit ein Vorbild sind. Darüber hinaus sollten sie aktiv auf das Wohlbefinden ihrer Mitarbeiter achten und insbesondere die Lebensgestaltung ihrer Mitarbeiter durch wirkliche Flexibilität unterstützen.

Seien Sie Vorbild

Als Führungskraft sind Sie auch in Bezug auf Gesundheit ein Vorbild für Ihre Mitarbeiter. Reflektieren Sie deswegen Ihre eigenen Reaktionen auf Stress und überlegen Sie, wie diese sich auf Ihre Mitarbeiter auswirken. Ein Beispiel: Wer als Führungskraft soziale Interaktionen auf ein Minimum reduziert, wenn viel los ist, kommuniziert durch sein Verhalten möglicherweise, dass auch Mitarbeiter keine Zeit mehr auf einen Schwatz im Flur oder in der Kaffeeküche verwenden sollten, weil dieses Verhalten aktuell nicht gewünscht ist. Und wer als Führungskraft davon erzählt, dass er das ganze Wochenende durcharbeiten wird, um den nächsten Kundentermin am Montag vorzubereiten, wird seinen Mitarbeitern höchstwahrscheinlich das Wochenende vermiesen, weil diese selbst dann, wenn sie nicht arbeiten, ein schlechtes Gewissen deswegen haben dürften. Führungskräfte nehmen also möglicherweise ungewollt negativen Einfluss auf das Erholungsverhalten und Wohlbefinden ihrer Mitarbeiter.

Setzen Sie daher klare Signale, um zu zeigen, dass es in Ordnung ist, bei der Arbeit Pausen zu machen und neben den beruflichen Interessen auch private Ziele zu verfolgen. Erzählen Sie beispielsweise von Ihren Hobbys und privaten Wochenendaktivitäten und zeigen Sie Interesse für das, was Ihre Mitarbeiter außerhalb der Arbeit tun. Wenn es Ihnen möglich ist, sollten Sie Arbeit am Wochenende oder im Urlaub vermeiden. Falls Sie das nicht tun können oder möchten, sorgen Sie zumindest dafür, dass Ihre Mitarbeiter dies nicht zwangsweise mitbekommen, beispielsweise indem Sie E-Mails erst wieder am Montag versenden.

Achten Sie auf das Wohlbefinden Ihrer Mitarbeiter

Die gestiegenen Belastungen für Arbeitnehmer im digitalen Zeitalter machen es nötig, dass Führungskräfte auf das Wohlbefinden ihrer Mitarbeiter achten. Seien Sie als Führungskraft daher aufmerksam dafür, ob es Ihren Mitarbeitern gut geht. Achten Sie in diesem Zuge besonders auf Verhaltensveränderungen: Ein eigentlich sehr geselliger Mitarbeiter kommt nicht mehr mit zum Mittagessen? Eine normalerweise sehr leistungsbereite Mitarbeiterin zuckt zusammen, wenn Sie ihr eine zusätzliche Aufgabe übertragen wollen? Ein eher ruhiger Mitarbeiter fährt bei der kleinsten Kleinigkeit aus der Haut? Solche Anzeichen sollten Sie stutzig machen und dazu ermutigen, das Gespräch mit ihren Mitarbeitern zu suchen. Schildern Sie zunächst, was Ihnen aufgefallen ist (z. B. »Ich habe den Eindruck, Sie sind im Moment sehr unruhig«). Fragen Sie dann nach, ob es Themen gibt, bei denen Sie Ihre Mitarbeiter unterstützen können. Wenn Ihre Mitarbeiter Unterstützungsbedarf signalisieren, sollten Sie handeln und gemeinsam mit ihnen überlegen, wie die Situation verbessert werden kann. Nicht immer werden Ihre Mitarbeiter zugeben, dass sie unter Stress stehen – bieten Sie in diesem Falle trotzdem an, dass Ihre Mitarbeiter auf Sie zukommen können, falls sie doch noch Unterstützung benötigen sollten, und bleiben Sie weiterhin aufmerksam.

Als Führungskraft zu erkennen, wie das Stresslevel unter den Mitarbeitern ausgeprägt ist und welche Faktoren als belastend wahrgenommen werden, ist eine herausfordernde Aufgabe. Verschiedenste Dienstleister bieten aus diesem Grund Apps an, mit denen Führungskräfte das Wohlbefinden ihres Teams gewissermaßen »live« verfolgen können. Die App des Münchener Start-ups Soma Analytics misst anhand der im Smartphone standardmäßig eingebauten Sensoren beispielsweise Parameter wie Stimmhöhe, Schlafqualität und Motorik der Nutzer. So kann man an der Stimmlage der Mitarbeiter und der Häufigkeit, mit der diese sich beim Schreiben von Nachrichten und Mails vertippen, relativ gut ihren Stresspegel erkennen. Die Daten aller teilnehmenden Mitarbeiter (die Teilnahme ist natürlich freiwillig) werden anonymisiert und aggregiert aufbereitet Personalentscheidern zur Verfügung gestellt. So können Personalentscheider quasi in Echtzeit mögliche Missstände erkennen und entsprechende Maßnahmen einleiten.

Einen ähnlichen Ansatz wählt die App HR Puls, die es Mitarbeitern ermöglicht, kurze Pulschecks zu ihrer Arbeitszufriedenheit und ihrem Belastungsgrad durchzuführen. Die Mitarbeiter können zudem direkt Vorschläge zur Verbesserung ihrer Arbeit oder ihres Teamklimas einbringen und die Ideen, die im Team die meisten Likes erzielen, anschließend selbst umsetzen. Beides, das Befinden der Mitarbeiter und deren Vorschläge, werden anschließend an die Führungskräfte rückgespiegelt, um diese ebenfalls zu schnellem Handeln zu ermächtigen. Die App kombiniert also das Thema Gesundheit mit Partizipation (Big Five #3), indem sie bewusst die Eigenverantwortung der Mitarbeiter einsetzt.

Unterstützen Sie die Lebensgestaltung Ihrer Mitarbeiter

Helfen Sie Ihren Mitarbeitern dabei, eine gute Balance zwischen Berufsleben und anderen Lebensbereichen zu erzielen. Ermöglichen Sie zeitlich und örtlich flexibles Arbeiten und geben Sie Ihren Mitarbeitern so die Freiheit, private und berufliche Belange optimal miteinander in Einklang zu bringen. Dabei sollten Sie darauf achten, dass zeitliche Flexibilität nicht in eine permanente Erreichbarkeit der Mitarbeiter umschlägt. Knüpfen Sie Aufstiegsmöglichkeiten und Leistungsbewertungen entsprechend nicht daran, ob Ihre Mitarbeiter sofort auf Ihre Nachrichten reagieren, sondern daran, welche Ergebnisse sie erzielen. Machen Sie klar, dass Sie keine sofortige Antwort Ihrer Mitarbeiter auf Nachrichten erwarten, vor allem, wenn diese nach den regulären Arbeitszeiten gesendet werden. So stellen Sie sicher, dass Flexibilität nicht nur den Bedürfnissen der Organisation dient. Dies wiederum beeinflusst das Wohlbefinden Ihrer Mitarbeiter und somit auch deren Leistungsfähigkeit und -bereitschaft in positiver Art und Weise.

Organisationen: das Wohlbefinden der Mitarbeiter in der Organisationskultur verankern

Organisationen sollten das Wohlbefinden der Mitarbeiter in der Organisationskultur verankern. Dafür sollten sie Hindernisse abbauen, strukturelle Möglichkeiten zu Erholung geben und, vor allem, Hilfe zur Selbsthilfe leisten.

Bauen Sie Hindernisse ab und unterstützen Sie beim Meistern von Herausforderungen

Hindernisse stellen einen extremen Stressfaktor für Mitarbeiter dar (LePine et al., 2005). Als Unternehmen sollten Sie daher durch Arbeits- und Organisationsgestaltung Hindernisse wie Rollenkonflikte, unklare Rollenzuweisungen und Bürokratie gezielt abbauen bzw. Mitarbeiter durch die Erhöhung ihrer Autonomie (siehe Big Five #3) dazu befähigen, solche Hindernisse selbst aus dem Weg zu räumen. Um Ihre Mitarbeiter zudem beim Umgang mit beruflichen Herausforderungen wie Zeitdruck und hoher Arbeitsbelastung zu unterstützen, die Sie nicht komplett ausschalten können und sollten, stellen Sie ihnen ausreichend Ressourcen zur Verfügung – vor allem soziale Ressourcen wie ein unterstützendes Organisationsklima. Kommunizieren Sie beispielsweise offen den hohen Stellenwert, den Ihre Mitarbeiter für die Organisation haben, gehen Sie jederzeit fair mit Ihren Mitarbeitern um und reagieren Sie flexibel auf deren Bedürfnisse und Anfragen. Mitarbeiter, die sich von der Organisation unterstützt fühlen, lassen sich von beruflichen Herausforderungen deutlich weniger aus der Bahn werfen und bringen bessere Leistungen.

Bieten Sie strukturelle Möglichkeiten zur Erholung

Organisationen können durch strukturelle Maßnahmen Mitarbeiter in der Gestaltung ihrer Pausen unterstützen. Gerade auf den Ort, an dem Mitarbeiter ihre Mittagspause verbringen, sollten Sie dabei ein besonderes Augenmerk legen. Ist eine Kantine so attraktiv gestaltet, dass Mitarbeiter dort gerne etwas mehr Zeit verbringen, können Organisationen die Erholung ihrer Mitarbeiter und dadurch ihre nachfolgende Produktivität fördern. Da wir gelernt haben, dass Mitarbeiter sich beim Blick ins Grüne und kurzen Spaziergängen im Park besonders effektiv erholen, ist eine reiche Ausstattung mit Pflanzen und, falls möglich, ein Freisitz im Garten empfehlenswert.

Unternehmen sollten jedoch in einem Punkt vorsichtig sein: Solche Angebote zu etablieren reicht alleine nicht – nur wenn die Unternehmenskultur es zulässt, dass jene auch tatsächlich von den Mitarbeitern genutzt werden (weil beispielsweise diejenigen, die zwischendurch mit ihren Kollegen kickern, nicht schief angesehen werden, oder weil auch die Führungskräfte mitkickern), können solche Angebote ihre positive Wirkung entfalten.

Leisten Sie Hilfe zur Selbsthilfe

Zu guter Letzt können und sollten Organisationen »Hilfe zur Selbsthilfe« leisten, indem sie Mitarbeiter durch das Anbieten von Apps, Trainings und Workshops zu einem besseren Umgang mit beruflichen Anforderungen befähigen. Stress ist mitunter subjektiv und der Umgang mit Stress individuell unterschiedlich. Führungskräfte und Organisationen können und sollen Mitarbeitern nicht Achtsamkeit und Erholung vorschreiben. Jedoch können sie Angebote schaffen und Mitarbeiter zur Annahme von gesundheitsfördernden Konzepten und deren Reflexion anregen. Dabei sollten sie darauf achten, ein breites Angebot zu offerieren, aus dem Mitarbeiter frei auswählen können. Bei diesen Angeboten sollten sie auf Vielfalt setzen, sodass Mitarbeiter die Autonomie und die Möglichkeit haben, das für sie passende Angebot auszuwählen. Bei der Hilfe zur Selbsthilfe sollten Organisationen also insbesondere die Selbstbestimmung und Autonomie von Mitarbeitern in Bezug auf die gesundheitsförderliche Gestaltung ihrer Arbeit bestärken.

6 Fazit und 10-Punkte-Plan

In diesem Buch haben wir Sie durch die Big Five für die digitale Transformation in Unternehmen geführt. Wir haben diese auf Basis unserer eigenen Studien im Rahmen des Projektes Digital Work Design sowie der aktuellen wissenschaftlichen Literatur abgeleitet und mit Praxisbeispielen unterlegt, um sie greifbarer zu machen. Zudem haben wir für jede der Big Five konkrete Maßnahmen für Mitarbeiter, Führungskräfte und Organisationen abgeleitet, um die Übertragung in die Praxis anzuregen.

Dabei möchten wir Sie jedoch auf keinen Fall dazu anregen, die vorgestellten Praxisbeispiele und Maßnahmen per Copy-and-paste in Ihrem Arbeitsbereich und Ihrem Unternehmen nachzuahmen. Viele der vorgestellten Praxisbeispiele stechen vor allem dadurch hervor, dass sie mit bestehenden industrieübergreifenden Regeln von Organisationen brechen. Abteilungsgrenzen werden in gleicher Weise infrage gestellt wie Hierarchien. Wir heben Beziehungen in einer Welt hervor, die bis vor Kurzem noch an den Homo oeconomicus geglaubt hat. Viele der Entwicklungen sind notwendig, weil sie durch die nicht aufzuhaltende Digitalisierung getrieben werden. Jedoch sind Unternehmen vor allem dann erfolgreich, wenn sie ihren eigenen Weg der Veränderung und Anpassung finden. Nur dann können sie einen Wettbewerbsvorteil gegenüber anderen Unternehmen generieren. Führen Sie Konzepte also nicht ein, weil diese modern sind oder von allen anderen ebenfalls eingeführt werden. Finden Sie für sich und für Ihr Unternehmen einen individuellen Weg, um die Big Five zu adressieren.

Wir hoffen, Ihnen mit den vorgestellten Forschungsergebnissen sowie Praxisbeispielen wertvolle Anregungen mit auf den Weg gegeben zu haben. Um den Weg weiter zu ebnen, haben wir die Big Five mit den jeweils wichtigsten zwei Umsetzungsdimensionen zu einem 10-Punkte Plan heruntergebrochen und jeden der Punkte mit Fragen für einen Selbst-Diagnose-Check hinterlegt. Sie können diesen sowohl für die Einschätzung Ihrer aktuellen Situation verwenden als auch für die Identifikation von Änderungsbedarfen. Um diese Bedarfe zu adressieren, haben wir Ihnen die in diesem Buch vorgestellten Maßnahmen für Mitarbeiter, Führungskräfte und Organisationen noch einmal entlang der 10 Punkte zusammengefasst.

6.1 10-Punkte-Plan

Für die Big Five #1 »Der Umgang mit der VUCA-Welt wird zur Kernkompetenz« konnten wir die Umsetzungsdimensionen 1) Ambidextrie und 2) Lernen identifizieren. Ambidextrie bezieht sich dabei auf die Fähigkeit von Unternehmen, sich auf die erwarteten Umweltveränderungen und insbesondere auf die in VUCA-Welten kontinuierlichen Veränderungen anzupassen. Lernen bezieht sich auf die kontinuierliche Weiterentwicklung und Veränderung von Kompetenzen in Unternehmen. Big Five #2 »Keine Disruption ohne (neue Arten von) Teamarbeit« lässt sich in den Umsetzungsdimensionen 3) Offenheit und 4) Austausch ausdrücken. Offenheit ist dabei sowohl in Bezug auf neue, innovative, disruptive Ideen als auch in Bezug auf Diversität und Vielfalt in Unternehmen notwendig. Austausch ermöglicht Disruption durch die Kombination von Wissen und Disziplinen. Für Big Five #3 »Organisationen müssen demokratischer werden« konnten wir die Unterdimensionen 5) Empowerment und 6) Partizipation ableiten. Empowerment beinhaltet sowohl die Befähigung als auch die Ermutigung, das heißt die Förderung von Fähigkeiten und Motivation, um Initiative und Verantwortung auf allen Ebenen der Organisation zu übernehmen und Veränderungen voranzutreiben. Partizipation bezieht sich auf die hierarchieübergreifende Einbindung von Mitarbeitern in die Entscheidungsfindung in Unternehmen. Die Big Five #4 »Die Bedeutung von Beziehungen« beinhaltet 7) Wertschätzung und 8) Vernetzung. Wertschätzung kann durch Respekt und Empathie sowie die Anerkennung von Leistungen zwischen Mitarbeitern, zwischen Mitarbeitern und Führungskräften, Mitarbeitern und Organisationen sowie zwischen Organisationen und unternehmensexternen Partnern (wie Nutzer, Kunden, Zulieferer) ausgedrückt werden. Vernetzung durch die Herstellung eines gemeinsamen Zieles und Verbindungen in einem offenen und diversen Netzwerk zwischen Akteuren ist der Katalysator für Beziehungen auf all diesen Ebenen. Big Five #5 »Gesundheit muss stärker in den Fokus von Organisationen rücken« beinhaltet die Adressierung von 9) Balance und 10) Ressourcen. Dabei bezieht sich Balance sowohl auf Herausforderungen als auch auf Lebensbereiche. Ressourcen beinhalten die Unterstützung und den Aufbau jener Elemente, welche die Gesundheit von Mitarbeitern schützen. Abbildung 12 gibt eine Übersicht über die resultierenden 10 Punkte.

Abbildung 12: Überblick über die 10 Punkte

Big Five #1: Der Umgang mit der VUCA-Welt wird zur Kernkompetenz	1 Ambidextrie	Flexibilität und Adaptabilität auf Veränderungen, bei gleichzeitiger Stabilität
	2 Lernen	Weiterentwicklung und Veränderung von Kompetenzen
Big Five #2: Keine Disruption ohne (neue Arten von) Teamarbeit	3 Offenheit	Wertfreie Aufnahme und Integration von Ideen und Menschen
	4 Austausch	Grenz- und barrierenübergreifende Interaktion
Big Five #3: Organisationen müssen demokratischer werden	5 Empowerment	Befähigung und Ermutigung zu Initiative und Verantwortung
	6 Partizipation	Übergreifende Einbindung und Transparenz in Entscheidungsfindung
Big Five #4: Die Bedeutung von Beziehungen	7 Wertschätzung	Respekt, Empathie, Vertrauen und Anerkennung von Leistungen
	8 Vernetzung	Herstellung von Netzwerken und gemeinsamen Zielen
Big Five #5: Gesundheit muss stärker in den Fokus von Organisationen rücken	9 Balance	Herausforderungen und Lebensbereiche balancieren
	10 Ressourcen	Unterstützung und Aufbau von persönlichen Ressourcen

6.2 Selbst-Diagnose-Check

Generell gehen wir davon aus, dass Unternehmen sich in allen 10 Punkten weiterentwickeln müssen. Jedoch hat jedes Unternehmen eine unterschiedliche Ausgangssituation und spezifische Stärken und Schwächen. Manche Organisationen müssen alle 10 Punkte in gleicher Weise adressieren, während andere eventuell einige der 10 Punkte stärker fokussieren als andere Punkte. Aus diesem Grund ist es wichtig, zunächst einmal das Unternehmen einem Selbst-Diagnose-Check zu unterziehen und kritisch zu beleuchten, inwieweit die 10 Punkte bereits im Unternehmen adressiert werden.

Das klingt nach einem klassischen Vorgehen zur Identifikation und Planung von Handlungsbedarfen. Dabei haben wir selbst in Big Five #1 angezweifelt, dass Sie in Zukunft noch geradlinig in die Zukunft planen können. Aus diesem Grund sollten Sie diesen Selbst-Diagnose-Check nicht statisch betrachten, sondern als einen kontinuierlichen Prozess, in dem Sie immer wieder adjustieren, um die identifizierten Handlungsbedarfe auf aktuelle Entwicklungen adaptieren zu können.

Zudem sollten Sie diese Fragen nicht alleine beantworten. Holen Sie Feedback ein. Unabhängig davon, ob Sie diesen Selbst-Diagnose-Check auf Ihren Arbeitsbereich, auf Ihr Team, auf Ihre Mitarbeiter oder Ihre gesamte Organisation anwenden möchten, gilt: Sie sollten diese Fragen von möglichst vielen und möglichst unterschiedlichen Personen beantworten lassen. Dabei sollten Sie sich durch die Grenzen des Unternehmens nicht einschränken lassen. Was denken Kunden über das Unternehmen? Welchen Eindruck haben Zulieferer und regelmäßige Geschäftspartner? Welche Erfahrungen macht der Kioskmitarbeiter um die Ecke mit Ihren Mitarbeitern? Wie erleben die Partner und Freunde Ihre Mitarbeiter in der Freizeit? Aber schauen wir uns zunächst die Fragen an, die Ihnen bei der Ermittlung der Ausgangssituation und der Handlungsbedarfe helfen können.

Big Five #1
Der Umgang mit der VUCA-Welt wird zur Kernkompetenz

Fragen zur Einschätzung von Entwicklungsbedarfen in Bezug auf **Ambidextrie** drehen sich darum, Stabilität und Flexibilität in Unternehmen zu vereinen. Denken Sie insbesondere an mögliche Disruptionen, informations- und netzwerkbasierte Geschäftsmodelle und neue Wettbewerber. Da die meisten Unternehmen in Bezug auf Stabilität äußerst erfolgreich sind, adressieren die Fragen zur Ausgangssituation insbesondere die vorhandene Flexibilität durch die Abfrage von Reaktionsgeschwindigkeit, Experimentieren und Verwendung von Prototypen in Unternehmen.

- Wie volatil, unsicher, komplex und uneindeutig werden die Umweltbedingungen für Ihr Unternehmen?
- Wurde die Branche, in der Ihre Organisation tätig ist, bereits disrupiert?
- Inwiefern können informations- und netzwerkbasierte Unternehmen in Ihrer Branche erfolgreich sein?
- Gibt es potenzielle Wettbewerber aus fremden Märkten?
- Wie viel Stabilität und wie viel Flexibilität benötigen Sie in der Zukunft?
- Wird in Ihrem Unternehmen exploitatives und exploratives Lernen gleichermaßen unterstützt?

- Wie schnell können Sie auf Umweltveränderungen reagieren?
- Wie viele Experimente laufen in Ihrem Unternehmen? Testen Sie innovative Ansätze und Methoden in kleinen Bereichen?
- Arbeiten Sie mit Prototypen?
- Beenden Sie Projekte konsequent, wenn diese nicht wie erwartet funktionieren?

Fragen zu **Lernen** in Organisationen beziehen sich auf die Einschätzung von aktuellen und zukünftigen Kompetenzen, das Vorhandensein eines das Lernen unterstützenden Umgangs mit Fehlern sowie die Unterstützung einer umfassenden Lernkultur, die insbesondere erfahrungs- und zufallsbasiertes Lernen sowie die digitale Unterstützung von Lernprozessen fördert.

- Welche Kompetenzen sind in Ihrem Unternehmen aktuell vorhanden und welche werden zukünftig erfolgskritisch sein?
- Inwieweit sind die zukünftig notwendigen Kompetenzen in Bezug auf Informations- und Kommunikationstechnologie, Agilität, Flexibilität und Informationsverarbeitung vorhanden?
- Können Mitarbeiter in Ihrem Unternehmen offen über Fehler sprechen?
- Lernen Mitarbeiter in Ihrem Unternehmen aus Fehlern?
- Unterstützt Ihr Unternehmen eine umfassende Lernkultur?
- Wird Lernen in Ihrem Unternehmen wertgeschätzt?
- Welche neuen Technologien können Sie gezielt einsetzen, um Lernen in Ihrem Unternehmen zu fördern?

Big Five #2
Keine Disruption ohne (neue Arten von) Teamarbeit

Die **Offenheit** in Ihrer Organisation können Sie auch direkt testen. Denken Sie sich eine verrückte Idee aus und stellen Sie diese verschiedenen Kollegen vor. Wir häufig hören Sie Sätze wie »Nein, das geht nicht« oder »Das haben wir aber immer schon so gemacht«? Wie viele Ihrer Kollegen gehen auf die Idee ein und spinnen sie weiter? Darüber hinaus adressieren Fragen den offenen Umgang unter Kollegen, insbesondere in Bezug auf potenziell Schwächen offenlegendes Verhalten wie Hilfeverhalten oder die Bitte um Feedback. Betrachten Sie zuletzt Teams und Mitarbeiter unter dem Aspekt, ob diese auf eine Offenheit des Unternehmens in Bezug auf Diversität und die Integration von unterschiedlichen Sichtweisen schließen lassen.

- Tauschen Mitarbeiter aktiv neue Ideen aus?
- Äußern Mitarbeiter neue Ideen offen – auch vor Vorgesetzten?
- Sind Mitarbeiter neugierig oder schrecken sie vor Neuem zurück?
- Bitten Mitarbeiter offen um Hilfe?
- Fragen Mitarbeiter nach Feedback?
- Wie divers sind Teams in Ihrem Unternehmen (in sämtlichen Dimensionen und insbesondere in Machtpositionen)?
- Erkennen Sie einen dominanten Typus von Mitarbeiter oder repräsentieren Ihre Mitarbeiter die Diversität der Gesellschaft?

In Bezug auf **Austausch** sollten Sie die folgenden Fragen in Bezug auf Kommunikation innerhalb und außerhalb des Unternehmens stellen.

- Welche Kollaborationstools nutzen Sie aktuell in Ihrem Unternehmen?
- Unterstützen Sie 1:n- und n:n-Kommunikation zwischen Mitarbeitern?
- Wie interagieren Mitarbeiter?
- Mit wem interagieren Mitarbeiter?
- Verlaufen Kommunikationskanäle entlang von Abteilungsgrenzen?
- Wie bringen Sie Mitarbeiter aus unterschiedlichen Unternehmensbereichen aktuell zusammen?
- Welcher unternehmensexterne Austausch steht Mitarbeitern zur Verfügung?

Big Five #3
Organisationen müssen demokratischer werden

Zu **Empowerment**, der ersten Umsetzungsdimension der Big Five #3, sollten Sie am besten die Mitarbeiter Ihrer Organisation genau betrachten. Oder Sie fragen Mitarbeiter in der Organisation einfach direkt nach den folgenden Dimensionen.

- Wie sinnhaft empfinden die Mitarbeiter ihre Arbeit? Haben Mitarbeiter das Gefühl, sich persönlich weiterzuentwickeln, ihre Potenzial einzubringen, anderen zu helfen, Gemeinschaft zu erleben und zur Lösung eines gesellschaftlichen Problems einen Beitrag zu leisten?
- Wie hoch ist das Kompetenzerleben der Mitarbeiter?
- Inwieweit können Mitarbeiter selbst bestimmen, wie sie ihre Arbeit angehen möchten?
- Wie viel Autonomie haben Mitarbeiter bei ihrer Arbeit?

- Welchen Einfluss haben Mitarbeiter auf die strategischen und organisatorischen Themen im Team und in der Abteilung?

Die Antworten auf diese Fragen sind gleichzeitig auch Indikatoren für die **Partizipation** in Unternehmen. Darüber hinaus sollten Sie die folgenden Fragen beantworten, um Entwicklungsbedarfe in Bezug auf Partizipation identifizieren zu können.

- Empowern Führungskräfte ihre Mitarbeiter bei der Arbeit? Beteiligen sie Mitarbeiter in Entscheidungsprozessen? Gewähren sie Autonomie? Zeigen sie Zuversicht in die Kompetenz von Mitarbeitern? Unterstreichen sie die Sinnhaftigkeit der Arbeit?
- Haben Teams die Möglichkeit, sich selbst zu führen? Wir hoch ist der Anteil an geteilter Führung in Teams?
- Inwieweit können Ansätze der Holokratie in Ihrer Organisation umgesetzt werden? Warum sollte das nicht gehen?
- Inwieweit werden Statusunterschiede in der Organisation bewusst hervorgehoben (Statussymbole, Dienstwagen, Raumregelungen, Kleidung, räumliche Trennung)?
- Sind strategische Entscheidungen im Unternehmen transparent?
- Partizipieren Mitarbeiter an strategischen Entscheidungen?

Big Five #4
Die Bedeutung von Beziehungen

Wertschätzung kann in allen relevanten Beziehungen gemessen werden. Dazu sollten Sie die folgenden Fragen stellen:

- Sind Beziehungen zwischen Mitarbeitern durch Respekt, Empathie und Vertrauen gekennzeichnet?
- Werden die Leistung und der Beitrag von Mitarbeitern anerkannt?
- Sind Beziehungen zwischen Mitarbeitern und Führungskräften durch Respekt, Empathie und Vertrauen gekennzeichnet?
- Ist die Beziehung von Mitarbeitern und der Organisation von gegenseitiger Unterstützung geprägt?
- Bestehen soziale Bindungen in Teams?
- Springen Aufgabenkonflikte auf Personenkonflikte über? Oder können Mitarbeiter positive Beziehungen aufrechterhalten, während sie sich inhaltlich auseinandersetzen?

Die zweite Dimension, **Netzwerke**, kann am besten über die Fragen zu den bestehenden Netzwerken im Unternehmen beantwortet werden.

- Sind Netzwerke innerhalb des Unternehmens offen und divers?
- Haben Mitarbeiter im Unternehmen sowohl starke Verbindungen zu anderen Mitarbeitern als auch viele schwache Verbindungen (Personen, die sie nur gelegentlich sehen, deren Expertise sie aber kennen und die sie um Hilfe bitten können)?
- Welche informellen und formellen Netzwerke gibt es in Ihrem Unternehmen?
- Haben Mitarbeiter ein gemeinsames Ziel, das sie verfolgen (mit dem sie sich auch wirklich identifizieren), oder ist Ihr Unternehmen von Abteilungsdenken geprägt?
- Pflegen Sie eine Community außerhalb des Unternehmens?
- Sind externe Partner des Unternehmens ebenfalls miteinander vernetzt?

Big Five #5
Gesundheit muss stärker in den Fokus von Organisationen rücken

Balance bezieht sich sowohl auf Herausforderungen als auch auf Lebensbereiche. In Bezug auf Herausforderungen sollten Sie die folgenden Fragen stellen:

- Haben Mitarbeiter genügend Herausforderungen?
- Stehen Mitarbeiter vor zu hohen Herausforderungen?
- Werden Hindernisse im Unternehmen adressiert? Wird aktiv versucht, identifizierte Hindernisse zu reduzieren?

In Bezug auf Lebensbereiche sollten Sie die folgenden Fragen stellen:

- Werden Bedürfnisse der Mitarbeiter aus anderen Lebensbereichen akzeptiert?
- Wird flexibles Arbeiten unterstützt, ohne ständige Erreichbarkeit zu verlangen?
- Werden innovative Lebensmodelle durch das Unternehmen unterstützt?

Auch um Balance zu erreichen, sind **Ressourcen** ein zweiter wichtiger Bestandteil von Gesundheit. Zu deren Einschätzung sollten Sie die folgenden Fragen stellen.

- Haben Mitarbeiter während der Arbeit die Möglichkeit, Ressourcen aufzubauen?
- Können Mitarbeiter in der Mittagspause psychologische Distanz zu ihrer Arbeit aufbauen?
- Finden Mitarbeiter Entspannungsmöglichkeiten?
- Erleben Mitarbeiter bewusst Erfolge (auch die kleinen) oder werden diese in der Organisation ignoriert?
- Haben Mitarbeiter darüber Kontrolle, wie sie ihre Pausen verbringen?
- Gibt es vielfältige Möglichkeiten und Anregungen für große und kleine Pausen?
- Werden Mitarbeiter zu einer selbstbestimmten Gestaltung ihrer Arbeit angeregt, indem sie bewusst Aufgaben abwechseln und Konzentrationsphasen bewusst nutzen?
- Wird Mitarbeitern die Möglichkeit für Job Crafting, das heißt die bewusste Gestaltung ihrer Arbeitsaufgaben, gegeben?
- Können Mitarbeiter ihre Stärken bei der Arbeit ausbauen und neue Kompetenzen aufbauen?
- Geht die Organisation achtsam mit den Mitarbeitern um?
- Regt die Organisation die Achtsamkeit von Mitarbeitern an?
- Sind Führungskräfte um das Wohlergehen ihrer Mitarbeiter besorgt?
- Ist das Management im Unternehmen ein Rollenvorbild in Bezug auf Gesundheit?

6.3 Handlungsempfehlungen für Mitarbeiter, Führungskräfte und Organisationen

Mittels des Selbst-Diagnose-Checks sollten Sie im vorangegangenen Kapitel erfolgreich die Entwicklungsbedarfe in Ihrem Arbeitsbereich, Ihrem Team und Ihrer Organisation identifiziert haben. Was nun? Um Ihnen eine Anregung zu geben, wie Sie diese Entwicklungsbedarfe adressieren können, haben wir Ihnen im Folgenden noch einmal die Handlungsempfehlungen für jeden der 10 Punkte zusammengefasst und mit Beispielen hinterlegt – getrennt für die Ebenen der Mitarbeiter, Führungskräfte und Organisation. Zuerst zu den Handlungsempfehlungen für Mitarbeiter:

Tabelle 8: Handlungsempfehlungen für Mitarbeiter

Big Five #1: Der Umgang mit der VUCA-Welt wird zur Kernkompetenz	
Ambidextrie	• Keine Angst vor VUCA: Sehen Sie VUCA auch positiv als Herausforderung, die Sie lösen und an der Sie lernen können. • Seien Sie effizient in Ihrem Tagesgeschäft und stellen Sie gleichzeitig das Bestehende infrage um Neues zu entwickeln. • Reduzieren Sie Komplexität und erhöhen Sie Komplexität in Ihrem Denken – abhängig davon, ob Sie gerade Stabilität oder Flexibilität erzielen möchten.
Lernen	• Sehen Sie Ihre eigenen Fähigkeiten und Kompetenzen als wandelbar an und entwickeln Sie diese kontinuierlich weiter. • Lernen Sie aus Fehlern und geben Sie anderen die Möglichkeit, aus Ihren Fehlern zu lernen. • Probieren Sie Ideen schnell aus, um zu lernen, ob und wie diese funktionieren.
Big Five #2: Keine Disruption ohne (neue Arten von) Teamarbeit	
Offenheit	• Seien Sie offen gegenüber den Ideen von anderen Personen. • Unterstützen Sie Ideen, solange es keinen wirklichen Grund dafür gibt, diese abzulehnen. • Seien Sie offen gegenüber anderen Personen, insbesondere dann, wenn diese Ihnen nicht ähnlich sind und nicht der »gleichen Gruppe« angehören.
Austausch	• Hinterfragen Sie Teamprozesse insbesondere in Bezug auf Konformität in Denken und Handeln. • Wählen Sie Kommunikationsmedien passend zum Inhalt der Kommunikation, achten Sie dabei auf die notwendige Informationsdichte. • Nutzen Sie verschiedene digitale und nicht digitale Kommunikationsmedien und Plattformen.
Big Five #3: Organisationen müssen demokratischer werden	
Empowerment	• Machen Sie sich selbst den Sinn Ihrer Arbeit bewusst. • Betreiben Sie Job-Crafting: Passen Sie Ihre Arbeit im Rahmen der Möglichkeiten an Ihre Interessen und Stärken an. • Holen Sie aktiv Feedback ein, um Ihr Kompetenzerleben zu erhöhen und sich zu verbessern – geben Sie auch anderen Feedback.
Partizipation	• Beteiligen Sie sich in Ihrem Unternehmen, indem Sie Informationen aufnehmen und sich engagieren. • Seien Sie proaktiv, indem Sie auch selbst Veränderungen für Ihr Unternehmen anstoßen und Initiative zeigen.

Big Five #4: Die Bedeutung von Beziehungen	
Wert-schätzung	• Zeigen Sie Respekt und Empathie für Kollegen. • Ermöglichen Sie anderen, Ihnen zu vertrauen, indem Sie wohlwollend, integer und kompetent sind – und dies in Interaktionen auch zeigen. • Geben Sie Energie weiter, indem Sie Kollegen mit eigener Begeisterung anstecken und neue Ideen anregen.
Vernetzung	• Helfen Sie erst anderen, um Beziehungen in Netzwerken aufzubauen. • Bilden Sie selbst eine Brücke für andere in bestehende Netzwerke. • Binden Sie bewusst Menschen aus anderen Bereichen und mit anderen Erfahrungshintergründen in Ihre Netzwerke ein.
Big Five #5: Gesundheit muss stärker in den Fokus von Organisationen rücken	
Balance	• Erholen Sie sich bei der Arbeit durch bewusste Pausen und abwechslungsreiche Gestaltung Ihrer Arbeit. • Nehmen Sie Herausforderungen an und zelebrieren Sie bewusst, wenn Sie diese gemeistert haben. • Nutzen Sie Flexibilität ohne schlechtes Gewissen. • Kontrollieren Sie die Herausforderungen und Ressourcen bei Ihrer Arbeit.
Ressourcen	• Seien Sie achtsam, indem Sie die Gegenwart erleben und sich sonst unbewusste Stressoren bewusst machen. • Planen Sie aktive Erholungsaktivitäten durch Bewegung und soziale Interaktionen. • Reflektieren Sie über Ihre Ressourcen.

In der folgenden Tabelle finden Sie die Handlungsempfehlungen für Führungskräfte:

Tabelle 9: Handlungsempfehlungen für Führungskräfte

Big Five #1: Der Umgang mit der VUCA-Welt wird zur Kernkompetenz	
Ambidextrie	• Stellen Sie, wo möglich, Klarheit her, indem Sie sich auf das Wesentliche konzentrieren und Mitarbeiter ihre Arbeit machen lassen. • Fördern Sie Ambidextrie: Stellen Sie Stabilität her, indem Sie Komplexität reduzieren und erhöhen Sie Flexibilität indem Sie Komplexität erhöhen. • Definieren Sie Prozesse, aber geben Sie Ihren Mitarbeitern Flexibilität.
Lernen	• Fördern Sie Experimente, um schnell Erkenntnisse zu erhalten. • Reagieren Sie mit hoher Lösungsorientierung auf die Fehler Ihrer Mitarbeiter – was können Sie und Ihre Mitarbeiter beim nächsten Mal anders machen? • Geben Sie entwicklungsförderndes Feedback.

Big Five #2: Keine Disruption ohne (neue Arten von) Teamarbeit	
Offenheit	• Stellen Sie – in unterschiedlichen Dimensionen – diverse Teams zusammen. • Achten Sie auf offene, integrative und inkludierende Prozesse und Diskussionen. • Stellen Sie psychologische Sicherheit in Ihrem Team sicher, indem Sie positive Beziehungen aufbauen.
Austausch	• Ziehen Sie sich selbst aus der Ideengenerierung zurück, um andere Ideen zuzulassen. • Stellen Sie Verbindungen zwischen Ihren Mitarbeitern und anderen Abteilungen her. • Erhöhen Sie den Austausch zwischen Mitarbeitern und externen Parteien.
Big Five #3: Organisationen müssen demokratischer werden	
Empowerment	• Zeigen Sie Mitarbeitern, wie ihre Arbeit zum Unternehmen und für Kollegen einen Beitrag leistet. • Zeigen Sie Vertrauen in die Kompetenz Ihrer Mitarbeiter. • Unterstützen Sie Mitarbeiter dabei, Barrieren aus dem Weg zu räumen.
Partizipation	• Beteiligen Sie Mitarbeiter an Entscheidungsprozessen, die sie selbst und das Arbeitsteam betreffen. • Gewähren Sie Autonomie, indem Sie Verantwortung für Aufgaben an Mitarbeiter vollständig abgeben.
Big Five #4: Die Bedeutung von Beziehungen	
Wert-schätzung	• Zeigen Sie Wertschätzung. • Sagen Sie Danke für die Beiträge Ihrer Mitarbeiter. • Sehen Sie Individuen und kümmern Sie sich um Ihre Mitarbeiter.
Vernetzung	• Managen Sie Beziehungen zwischen Ihren Mitarbeitern. • Stellen Sie insbesondere am Anfang von Projekten positive Beziehungen zwischen Mitarbeitern her. • Gestalten Sie Meetings effizient, um positive Beziehungen zwischen Mitarbeitern zu erhalten.
Big Five #5: Gesundheit muss stärker in den Fokus von Organisationen rücken	
Balance	• Seien Sie Vorbild für die Balance von Lebensbereichen. • Achten Sie auf die Balance von Herausforderungen bei Ihren Mitarbeitern. • Unterstützen Sie Ihre Mitarbeiter in der Balance von Lebensbereichen.
Ressourcen	• Achten Sie bewusst auf das Wohlbefinden Ihrer Mitarbeiter. • Achten Sie auf Veränderungen bei Ihren Mitarbeitern und sprechen Sie diese aktiv und sensitiv an, wenn Sie diese beobachten. • Unterstützen Sie Mitarbeiter im Aufbau von Ressourcen.

Und zuletzt noch die Handlungsempfehlungen für Organisationen:

Tabelle 10: Handlungsempfehlungen für Organisationen

Big Five #1: Der Umgang mit der VUCA-Welt wird zur Kernkompetenz	
Ambidextrie	• Fördern Sie strukturelle Ambidextrie, indem Sie zusätzliche Einheiten für Exploration aufbauen. • Fördern Sie kontextuelle Ambidextrie, indem Sie Leistungsorientierung und ein soziales Klima gleichermaßen unterstützen. • Fördern Sie Struktur auf Prozessebene und Flexibilität auf Personenebene.
Lernen	• Etablieren Sie eine Fehlerkultur, in der Mitarbeiter aus Fehlern lernen, anstatt sie zu verschweigen. • Fördern Sie kontinuierliches, erfahrungsbasiertes und zufallsbasiertes Lernen. • Probieren Sie neue digitale Lernformen aus.
Big Five #2: Keine Disruption ohne (neue Arten von) Teamarbeit	
Offenheit	• Fördern Sie Diversität in allen Dimensionen. • Öffnen Sie Unternehmensgrenzen, indem Sie externe Partner aktiv in die Ideengenerierung einbinden. • Unterstreichen Sie die gemeinsamen Ziele des Unternehmens.
Austausch	• Fördern Sie den persönlichen Austausch im Unternehmen. • Erhöhen Sie den strukturellen Austausch durch beispielsweise formelle Netzwerke, Projektorganisation und Schwarm-Organisation. • Investieren Sie in Kommunikationstechnologien, welche die Informationsdichte und die Anzahl an Verbindungen von Mitarbeitern untereinander und extern erhöhen.
Big Five #3: Organisationen müssen demokratischer werden	
Empowerment	• Ermöglichen Sie Autonomie durch klare Regeln. • Führen Sie selbstorganisierte Teams ein. • Minimieren Sie Statusunterschiede im Unternehmen: Führung ist eine Aufgabe, keine Persönlichkeitseigenschaft.
Partizipation	• Stellen Sie Transparenz über Informationen her. • Binden Sie alle Mitarbeiter in die strategischen Prozesse des Unternehmens ein.
Big Five #4: Die Bedeutung von Beziehungen	
Wertschätzung	• Kommunizieren Sie so viel wie möglich innerhalb des Unternehmens. • Zeigen Sie Anerkennung für außergewöhnliche Leistungen Ihrer Mitarbeiter.
Vernetzung	• Geben Sie ein gemeinsames Ziel / Vision / Massive Transformative Purpose als Nährboden für positive Beziehungen im Unternehmen. • Stellen Sie Verbindungen zwischen Mitarbeitern her. • Bauen Sie Verbindungen mit externen Partnern und Kunden auf, die sich verselbstständigen können.

Big Five #5: Gesundheit muss stärker in den Fokus von Organisationen rücken	
Balance	• Bauen Sie Hindernisse für Mitarbeiter im Unternehmen ab. • Unterstützen Sie die Autonomie und Kontrolle von Mitarbeitern im Umgang mit Herausforderungen. • Ermöglichen Sie Flexibilität.
Ressourcen	• Bieten Sie strukturelle Möglichkeiten für Erholung in großen und kleinen Pausen. • Bieten Sie Hilfe zur Selbsthilfe, indem Sie Möglichkeiten zum Aufbau von Ressourcen anbieten. • Etablieren Sie ein gesundheitsförderliches Organisationsklima.

6.4 Schlussworte

Mit den aufgeführten Empfehlungen geben wir Ihnen alles Wissen mit, das wir in den zwei Jahren unseres Forschungsprojektes gesammelt haben. Wir hoffen, dass wir Ihnen neue Ideen mitgeben und Enthusiasmus für die damit verbundenen Veränderungen entfachen konnten. Ab jetzt liegt es bei Ihnen, inwieweit Sie die vorgestellten Konzepte weitertragen. Einen letzten Punkt möchten wir Ihnen jedoch noch mitgeben. Planen Sie nicht zu lange, welche Änderungen Sie nun einführen müssen und was Sie dafür beachten müssen. Agieren Sie im Sinne des Rapid Prototyping. Beginnen Sie mit den Ihrer Meinung nach wichtigsten Veränderungen. Generieren Sie so schnell wie möglich Prototypen. Holen Sie Feedback von Ihren Kunden (im Falle von internen Instrumenten und Maßnahmen sind das Ihre Mitarbeiter) ein. Messen Sie die Wirkung der Maßnahmen, und sollte eine der Maßnahmen in Ihrem Kontext nicht funktionieren – seien Sie mutig und stellen Sie das Projekt wieder ein. Lernen Sie aus der Erfahrung für die nächste Maßnahme, damit Sie sich und das Unternehmen kontinuierlich weiterentwickeln können.

Danksagung

Dieses Buch und vor allem die in ihm diskutierten Inhalte wären ohne die Forschungsförderung des Bundesministeriums für Bildung und Forschung für das Projekt »Digital Work Design – Turning Risks into Chances« (FKZ: 16I1644) nicht entstanden. Die Förderung durch das Bundesministerium für Bildung und Forschung im Rahmen der »Innovations- und Technikanalyse (ITA)« hat uns die Durchführung der Studien und die Auseinandersetzung mit den in diesem Buch veröffentlichten Inhalten erst ermöglicht. Wir möchten daher dem Bundesministerium für Bildung und Forschung aufrichtig für die Förderung danken. Zudem danken wir auch dem Beraterkreis der Innovations- und Technikanalyse sowie insbesondere den Paten des Themenfeldes »Chancen und Risiken der Digitalisierung«, Herrn Prof. Dr. Tobias Kretschmer von der Ludwig-Maximilians-Universität München sowie Frau Prof. Dr. Katharina Zweig von der Technischen Universität Kaiserslautern. Außerdem möchten wir dem Projektträger VDI/VDE Innovation + Technik GmbH und speziell Herrn Dr. Sebastian von Engelhardt und Frau Kelime Albrecht unseren Dank für die kompetente und konstruktive Begleitung und Unterstützung in der Durchführung unseres Projektes ausdrücken. Wir haben zudem den Austausch mit allen anderen vom Bundesministerium geförderten Projekten im Rahmen der Innovations- und Technikanalyse als äußerst bereichernd empfunden. Ebenfalls möchten wir allen Gastrednerinnen und Gastrednern auf den von uns selbst organisierten Konferenzen für die spannenden und inspirierenden Einblicke danken. Wir möchten den Teilnehmerinnen und Teilnehmern sowie allen Interessierten, Zuhörenden, Diskutierenden und Referierenden danken, die wir während der zweijährigen

Reise dieses Projektes getroffen haben, die unsere Inhalte kritisch begutachtet und uns Inspiration und neue Themen mitgegeben haben. Zuletzt möchten wir uns bei allen Mitarbeiterinnen und Mitarbeitern des Lehrstuhls für Strategie und Organisation der Technischen Universität München für ihre Unterstützung sowie bei allen Studierenden, die unser Forschungsprojekt als Hilfskräfte oder Masteranden mit ihrer kompetenten Arbeit unterstützt haben, bedanken: Louisa Blödorn, Denis Duman, Ludmila Gomon, Katrin Neufischer, Moritz Raabe und Stefan Schweikl.

Literatur

Einleitung

Cascio, W. F., & Montealegre, R. (2016). How technology is changing work and organizations. *Annual Review of Organizational Psychology and Organizational Behavior, 3*, 349–375.

Christensen, C. M., Raynor, M. E., & McDonald, R. (2015). Disruptive innovation. *Harvard Business Review, 93*(12), 44–53.

Grant, R. M. (2010.) *Contemporary strategy analysis*. Chichester, United Kingdom: Wiley & Sons.

Hartnell, C. A., Ou, A. Y., & Kinicki, A. (2011). Organizational culture and organizational effectiveness: A meta-analytic investigation of the competing values framework's theoretical suppositions. *Journal of Applied Psychology*, 96, 677–694.

Ismail, S., Malone, M. S., & Van Geest (2017). *Exponentielle Organisationen: Das Konstruktionsprinzip für die Transformation von Unternehmen im Informationszeitalter.* München: Franz Vahlen.

Javornik, A. (2016). ›It's an illusion, but it looks real!‹Consumer affective, cognitive and behavioural responses to augmented reality applications. *Journal of Marketing Management, 32*(9-10), 987–1011.

McAfee, A. (2011). What every CEO needs to know about the cloud. *Harvard Business Review, 89*(11), 124–132.

Overby, E. (2008). Process virtualization theory and the impact of information technology. *Organization Science, 19*(2), 277–291.

Porter, M. E., & Heppelmann, J. E. (2014). How smart, connected products are transforming competition. *Harvard Business Review, 92*(11), 64–88.

St. Gallen (2015). *Arbeit 4.0: Megatrends digitaler Arbeit der Zukunft – 25 Thesen.* Abgerufen von https://www.telekom.com/medien/konzern/285970.

Wadhwa, V. (2016). *What made these amazing companies so disruptive? They all built platforms.* Abgerufen von: https://singularityhub.com/2016/04/01/this-is-the-most-valuable-trait-shared-by-todays-fastest-growing-companies/.

Westerman, G., Calméjane, C., Bonnet, D., Ferraris, P., & McAfee, A. (2011). *Digital transformation: A roadmap for billion-dollar organizations.* Abgerufen von: https://www.capgemini.com/wp-content/uploads/2017/07/Digital_Transformation__A_Road-Map_for_Billion-Dollar_Organizations.pdf.

Big Five #1

Albers, M. (2014). *33 Regeln erfolgreicher digitaler Pioniere – Gastbeitrag von Markus Albers*. Abgerufen von: https://blogs.technet.microsoft.com/microsoft_presse/33-regeln-erfolgreicher-digitaler-pioniere-gastbeitrag-von-markus-albers/?replytocom=2981#respond.

Alvesson, M., & Sveningsson, S. (2003). Good visions, bad micro-management and ugly ambiguity: Contradictions of (non-) leadership in a knowledge-intensive organization. *Organization Studies*, 24(6), 961–988.

Amabile, T.M., Hill, K.G., Hennessey, B.A., & Tighe, E.M. (1994). The Work Preference Inventory: Assessing intrinsic and extrinsic motivational orientations. *Journal of Personality and Social Psychology*, 66(5), 950–967.

Amabile, T.M., Schatzel, E.A., Moneta, G.B., & Kramer, S.J. (2004). Leader behaviors and the work environment for creativity: Perceived leader support. *The Leadership Quarterly*, 15(1), 5–32.

Argote, L. (2012). *Organizational learning: Creating, retaining and transferring knowledge*. New York: Springer.

Argote, L., & Ingram, P. (2000). Knowledge transfer: A basis for competitive advantage in firms. *Organizational Behavior and Human Decision Processes*, 82(1), 150–169.

Argote, L., & Miron-Spektor, E. (2011). Organizational learning: From experience to knowledge. *Organization Science*, 22(5), 1123–1137.

Bedwell, W.L., Pavlas, D., Heyne, K., Lazzara, E.H., & Salas, E. (2012). Toward a taxonomy linking game attributes to learning: An empirical study. *Simulation & Gaming*, 43(6), 729–760.

Bedwell, W.L., & Salas, E. (2010). Computer-based training: Capitalizing on lessons learned. *International Journal of Training and Development*, 14(3), 239–249.

Bennett, N., & Lemoine, J. (2014). What VUCA really means for you. *Harvard Business Review*, 92(1/2).

Button, S.B., Mathieu, J.E., & Zajac, D.M. (1996). Goal orientation in organizational research: A conceptual and empirical foundation. *Organizational Behavior and Human Decision Processes*, 67(1), 26–48.

Dabbagh, N., & Kitsantas, A. (2012). Personal learning environments, social media, and self-regulated learning: A natural formula for connecting formal and informal learning. *The Internet and Higher Education*, 15(1), 3–8.

Dark Horse Innovation (2016). *Digital Innovation Playbook. Das unverzichtbare Arbeitsbuch für Gründer, Macher und Manager*. Hamburg: Murmann.

Davis, J.P., Eisenhardt, K.M., & Bingham, C.B. (2009). Optimal structure, market dynamism, and the strategy of simple rules. *Administrative Science Quarterly*, 54(3), 413–452.

Deloitte (2015). *Analytics Trends 2015. A below-the-surface look*. Abgerufen von https://www2.deloitte.com/na/en/pages/deloitte-analytics/articles/analytics-trends-2015.html

DeRue, D.S., Nahrgang, J.D., Hollenbeck, J.R., & Workman, K. (2012). A quasi-experimental study of after-event reviews and leadership development. *Journal of Applied Psychology, 97*(5), 997–1015.

DeRue, D. S., & Wellman, N. (2009). Developing leaders via experience: The role of developmental challenge, learning orientation, and feedback availability. *Journal of Applied Psychology, 94*(4), 859–875.

Dierdorff, E. C., & Ellington, J. K. (2012). Members matter in team training: Multilevel and longitudinal relationships between goal orientation, self-regulation, and team outcomes. *Personnel Psychology, 65*(3), 661–703.

Dragoni, L., & Kuenzi, M. (2012). Better understanding work unit goal orientation: Its emergence and impact under different types of work unit structure. *Journal of Applied Psychology, 97*(5), 1032–1048.

Dweck, C. S. (2012). Mindsets and human nature: Promoting change in the Middle East, the schoolyard, the racial divide, and willpower. *American Psychologist, 67*(8), 614–622.

e Cunha, M. P., Clegg, S. R., & Mendonça, S. (2010). On serendipity and organizing. *European Management Journal, 28*(5), 319–330.

Edmondson, A. C., & Lei, Z. (2014). Psychological safety: The history, renaissance, and future of an interpersonal construct. *Annual Review of Organizational Psychology and Organizational Behavior, 1*(1), 23–43.

Eisenhardt, K. M., Furr, N. R., & Bingham, C. B. (2010). CROSSROADS—Microfoundations of performance: Balancing efficiency and flexibility in dynamic environments. *Organization Science, 21*(6), 1263–1273.

Ellis, S., Mendel, R., & Nir, M. (2006). Learning from successful and failed experience: The moderating role of kind of after-event review. *Journal of Applied Psychology, 91*(3), 669–680.

Elsbach, K. D., & Hargadon, A. B. (2006). Enhancing creativity through »mindless« work: A framework of workday design. *Organization Science, 17*(4), 470–483.

Fontaine, J. R., Scherer, K. R., Roesch, E. B., & Ellsworth, P. C. (2007). The world of emotions is not two-dimensional. *Psychological Science, 18*(12), 1050–1057.

Frese, M., & Keith, N. (2015). Action errors, error management, and learning in organizations. *Annual Review of Psychology, 66*, 661–687.

GE (2014). *Annual report.* Abgerufen von https://www.google.de/url?sa=t&rct=j&q=&esrc=s&source=web&cd=1&ved=0ahUKEwjM84qDy-nWAhVCDcAKHXeuDPYQFggnMAA&url=https%3A%2F%2Fwww.ge.com%2Far2014%2Fassets%2Fpdf%2FGE_AR14.pdf&usg=AOvVaw2B45CA_bkAZ6nCM_ZHveMf

Gibson, C. B., & Birkinshaw, J. (2004). The antecedents, consequences, and mediating role of organizational ambidexterity. *Academy of Management Journal, 47*(2), 209–226.

Gino, F., Argote, L., Miron-Spektor, E., & Todorova, G. (2010). First, get your feet wet: The effects of learning from direct and indirect experience on team creativity. *Organizational Behavior and Human Decision Processes, 111*(2), 102–115.

Havermans, L. A., Den Hartog, D. N., Keegan, A., & Uhl-Bien, M. (2015). Exploring the role of leadership in enabling contextual ambidexterity. *Human Resource Management, 54*(S1), 179–200.

He, Z.-L., & Wong, P.-K. (2004). Exploration vs. exploitation: An empirical test of the ambidexterity hypothesis. *Organization Science, 15*(4), 481–494.

Hempel, P.S., Zhang, Z.-X., & Han, Y. (2012). Team empowerment and the organizational context: Decentralization and the contrasting effects of formalization. *Journal of Management, 38*(2), 475–501.
Heraty, N. (2004). Towards an architecture of organization-led learning. *Human Resource Management Review, 14*(4), 449–472.
Hinds, R., Sutton, R., & Rao, H. (2014). Adobe: Building momentum by abandoning annual performance reviews for »check-ins«. Stanford Business Case Study, HR-38.
IBM (2010). *Capitalizing on Complexity. Insights from the Global Chief Executive Officer Study*. Somers, NY: IBM Corporation.
Ismail, S., Malone, M.S., & Van Geest (2017). *Exponentielle Organisationen: Das Konstruktionsprinzip für die Transformation von Unternehmen im Informationszeitalter.* München: Franz Vahlen.
Johnson, E.J., & Goldstein, D.G. (2003). Do defaults save lives? *Science, 302*, 1338–39.
Keith, N., & Frese, M. (2005). Self-regulation in error management training: Emotion control and metacognition as mediators of performance effects. *Journal of Applied Psychology, 90*(4), 677–691.
Kieser, A., & Walgenbach, P. (2010). *Organisation*. Stuttgart: Schäffer-Poeschel.
Kim, J.-Y.J., & Miner, A.S. (2007). Vicarious learning from the failures and near-failures of others: Evidence from the US commercial banking industry. *Academy of Management Journal, 50*(3), 687–714.
Lawrence, K. (2013). *Developing leaders in a VUCA environment*. Chapel Hill, NC: Kenan-Flagler Business School.
Lawrence, P.R. & Lorsch, J.W. (1967). Differentiation and integration in complex organizations'. *Administrative Science Quarterly, 12*, 1–47.
Lazarus, R.S., & Folkman, S. (1984). *Stress, appraisal, and coping*. New York: Springer Publishing.
Lewrick, M., Link, P., & Leifer, L. (2017). *Das Design Thinking Playbook: Mit traditionellen, aktuellen und zukünftigen Erfolgsfaktoren*. München: Franz Vahlen.
McCord, P. (2014). How netflix reinvented HR. *Harvard Business Review, 92*(1), 71–76.
Mintzberg, H., Ahlstrand, B., & Lampel, J. (2009). *Strategy Safari: The Complete Guide Through the Wilds of Strategic Management*. London: Financial Times/Pearson Prentice Hall.
Mochon, D., Norton, M.I., & Ariely, D. (2012). Bolstering and restoring feelings of competence via the IKEA effect. *International Journal of Research in Marketing, 29*(4), 363–369.
Mom, T.J., Van Den Bosch, F.A., & Volberda, H.W. (2009). Understanding variation in managers' ambidexterity: Investigating direct and interaction effects of formal structural and personal coordination mechanisms. *Organization Science, 20*(4), 812–828.
Murphy, M.C., & Dweck, C.S. (2010). A culture of genius: How an organization's lay theory shapes people's cognition, affect, and behavior. *Personality and Social Psychology Bulletin, 36*(3), 283–296.
Noe, R.A., Clarke, A.D., & Klein, H.J. (2014). Learning in the twenty-first-century workplace. *Annual Review of Organizational Psychology and Organizational Behavior, 1*(1), 245–275.

Nonaka, I., & Takeuchi, H. (1995). *The knowledge creating company.* New York: Oxford University Press.
O'Reilly, C. A., & Tushman, M. L. (2004). The ambidextrous organization. *Harvard Business Review, 82*(4), 74–81.
Page, L., & Brin, S. (2004). *»An Owner's Manual« for Google's Shareholders.* Mountain View: Google.
Payne, S. C., Youngcourt, S. S., & Beaubien, J. M. (2007). A meta-analytic examination of the goal orientation nomological net. *Journal of Applied Psychology, 92*(1), 128–150.
Raisch, S., Birkinshaw, J., Probst, G., & Tushman, M. L. (2009). Organizational ambidexterity: Balancing exploitation and exploration for sustained performance. *Organization Science, 20*(4), 685–695.
Reeves, M., Levin, S., & Ueda, D. (2016). The biology of corporate survival. *Harvard Business Review, 94*(1), 46–55.
Reeves, M., Love, C., & Tillmanns, P. (2012). Your strategy needs a strategy. *Harvard Business Review, 90*(9), 76–83.
Rigby, D. K., Sutherland, J., & Takeuchi, H. (2016). Embracing agile. *Harvard Business Review, 94*(5), 40–50.
Schreyögg, G., & Geiger, D. (2016). *Organisation: Grundlagen moderner Organisationsgestaltung. Mit Fallstudien.* Wiesbaden: Springer Gabler.
Schwarzmüller, T., Brosi, P., Duman D. & Welpe, I. M. (2018). How does the digital transformation affect organizations? Key themes of change in work design and leadership. *Management Revue.*
Schreyögg, G., & Sydow, J. (2010). CROSSROADS—Organizing for fluidity? Dilemmas of new organizational forms. *Organization Science, 21*(6), 1251–1262.
Sexton, J. B., & Helmreich, R. L. (2000). Analyzing cockpit communication: The links between language, performance, error, and workload. *Human Performance in Extreme Environments, 5*, 63–38.
Sine, W. D., Mitsuhashi, H., & Kirsch, D. A. (2006). Revisiting Burns and Stalker: Formal structure and new venture performance in emerging economic sectors. *Academy of Management Journal, 49*(1), 121–132.
Sitzmann, T. (2011). A meta-analytic examination of the instructional effectiveness of computer-based simulation games. *Personnel Psychology, 64*(2), 489–528.
Sitzmann, T. (2012). A theoretical model and analysis of the effect of self-regulation on attrition from voluntary online training. *Learning and Individual Differences, 22*(1), 46–54.
Sitzmann, T., Bell, B. S., Kraiger, K., & Kanar, A. M. (2009). A multilevel analysis of the effect of prompting self-regulation in technology-delivered instruction. *Personnel Psychology, 62*(4), 697–734.
Sitzmann, T., Kraiger, K., Stewart, D., & Wisher, R. (2006). The comparative effectiveness of web-based and classroom instruction: A meta-analysis. *Personnel Psychology, 59*(3), 623–664.
Statista (2017). *Smart Home.* Abgerufen von https://de.statista.com/outlook/279/137/smart-home/deutschland
Staw, B. M. (1976). Knee-deep in the big muddy: A study of escalating commitment to a chosen course of action. *Organizational Behavior and Human Performance, 16*(1), 27–44.

TELE (2015). *Leitformel*. Wien: TELE Haase.
TELE (2016). *TELE – Your Smart Factory*. Wien: TELE Haase.
TELE (2017). *Prozessmanagement*. Wien: TELE Haase.
Trope, Y., & Liberman, N. (2003). Temporal construal. *Psychological Review, 110*, 403–421.
Tumasjan, A., Welpe, I., & Spörrle, M. (2013). Easy now, desirable later: The moderating role of temporal distance in opportunity evaluation and exploitation. *Entrepreneurship Theory and Practice, 37*(4), 859–888.
Tversky, A., & Kahneman, D. (1982). Evidential impact of base rates. In D. Kahneman, P. Slovic, & A. Tversky (Eds.), *Judgment under uncertainty: Heuristics and biases* (pp. 153–160). Cambridge, England: Cambridge University Press.
Tversky, A., & Kahneman, D. (1991). Loss aversion in riskless choice: A reference-dependent model. *The Quarterly Journal of Economics, 106*(4), 1039–1061.
VandeWalle, D. (1997). Development and validation of a work domain goal orientation instrument. *Educational and Psychological Measurement, 57*(6), 995–1015.
Van Dyck, C., Frese, M., Baer, M., & Sonnentag, S. (2005). Organizational error management culture and its impact on performance: A two-study replication. *Journal of Applied Psychology, 90*(6), 1228–1240.
Wilson, K. A., Bedwell, W. L., Lazzara, E. H., Salas, E., Burke, C. S., Estock, J. L., … Conkey, C. (2009). Relationships between game attributes and learning outcomes: Review and research proposals. *Simulation & Gaming, 40*(2), 217–266.
Wrzesniewski, A., & Dutton, J. E. (2001). Crafting a job: Revisioning employees as active crafters of their work. *Academy of Management Review, 26*(2), 179–201.
Zhao, B., & Olivera, F. (2006). Error reporting in organizations. *Academy of Management Review, 31*(4), 1012–1030.
Zollo, M., & Reuer, J. J. (2010). Experience spillovers across corporate development activities. *Organization Science, 21*(6), 1195–1212.

Big Five #2

Anderson, N., Potočnik, K., & Zhou, J. (2014). Innovation and creativity in organizations: A state-of-the-science review, prospective commentary, and guiding framework. *Journal of Management, 40*(5), 1297–1333.
Aronson, Z. H., Reilly, R. R., & Lynn, G. S. (2006). The impact of leader personality on new product development teamwork and performance: The moderating role of uncertainty. *Journal of Engineering and Technology Management, 23*(3), 221–247.
Baer, M. (2010). The strength-of-weak-ties perspective on creativity: A comprehensive examination and extension. *Journal of Applied Psychology, 95*(3), 592–601.
Baer, M. (2012). Putting creativity to work: The implementation of creative ideas in organizations. Academy of Management Journal, *55*(5), 1102–1119.
Barley, S. R., Meyerson, D. E., & Grodal, S. (2011). E-mail as a source and symbol of stress. *Organization Science, 22*(4), 887–906.

Berry, G.R. (2011). Enhancing effectiveness on virtual teams: Understanding why traditional team skills are insufficient. *The Journal of Business Communication, 48*(2), 186–206.
Bond, R., & Smith, P.B. (1996). Culture and conformity: A meta-analysis of studies using Asch's (1952b, 1956) line judgment task. *Psychological Bulletin, 119*(1), 111–137.
Bryan, L.L., Matson, E., & Weiss, L.M. (2007). Harnessing the power of informal employee networks. *McKinsey Quarterly, 4*, 44.
Carver, C.S., & Harmon-Jones, E. (2009). Anger is an approach-related affect: Evidence and implications. *Psychological Bulletin, 135*(2), 183–204.
Choi, K., & Cho, B. (2011). Competing hypotheses analyses of the associations between group task conflict and group relationship conflict. *Journal of Organizational Behavior, 32*(8), 1106–1126.
Christensen, C.M., Raynor, M.E., & McDonald, R. (2015). Disruptive innovation. *Harvard Business Review, 93*(12), 44–53.
De Dreu, C.K. (2006). When too little or too much hurts: Evidence for a curvilinear relationship between task conflict and innovation in teams. *Journal of Management, 32*(1), 83–107.
Diekman, A.B., & Hirnisey, L. (2007). The effect of context on the silver ceiling: A role congruity perspective on prejudiced responses. *Personality and Social Psychology Bulletin, 33*(10), 1353–1366.
Drescher, M.A., Korsgaard, M.A., Welpe, I.M., Picot, A., & Wigand, R.T. (2014). The dynamics of shared leadership: Building trust and enhancing performance. *Journal of Applied Psychology, 99*(5), 771.
Edmondson, A.C., & Lei, Z. (2014). Psychological safety: The history, renaissance, and future of an interpersonal construct. *Annual Review of Organizational Psychology and Organizational Behavior, 1*(1), 23–43.
Enkel, E., Gassmann, O., & Chesbrough, H. (2009). Open R&D and open innovation: Exploring the phenomenon. *R&d Management, 39*(4), 311–316.
Farh, J.L., Lee, C., & Farh, C.I.C. (2010). Task conflict and team creativity: A question of how much and when. *Journal of Applied Psychology, 95*, 1173–1180.
Fleming, L., Mingo, S., & Chen, D. (2007). Collaborative brokerage, generative creativity, and creative success. *Administrative Science Quarterly, 52*(3), 443–475.
Frazier, M.L., Fainshmidt, S., Klinger, R.L., Pezeshkan, A., & Vracheva, V. (2017). Psychological safety: A meta-analytic review and extension. *Personnel Psychology, 70*, 113–165.
Gibson, C.B., Huang, L., Kirkman, B.L., & Shapiro, D.L. (2014). Where global and virtual meet: The value of examining the intersection of these elements in twenty-first-century teams. *Annual Review of Organizational Psychology and Organizational Behavior, 1*(1), 217–244.
Gilson, L.L., Maynard, M.T., Jones Young, N.C., Vartiainen, M., & Hakonen, M. (2015). Virtual teams research: 10 years, 10 themes, and 10 opportunities. *Journal of Management, 41*(5), 1313–1337.
Gittell, J.H. (2003). *The Southwest Airlines way: Using the power of relationships to achieve high performance.* New York: McGraw-Hill.
Grant. A. (2016). *Originals: How non-conformists move the world.* Viking: New York.

Hamel, G. (2010). *Innovation democracy: W. L. Gore's original management model.* Abgerufen von: http://www.managementexchange.com/story/innovation-democracy-wl-gores-original-management-model.

Hargadon, A. B., & Bechky, B. A. (2006). When collections of creatives become creative collectives: A field study of problem solving at work. *Organization Science, 17*(4), 484–500.

Haslam, S. A. (2004). *Psychology in organizations*. London: Sage.

Heilman, M. E. (2012). Gender stereotypes and workplace bias. *Research in Organizational Behavior, 32*, 113–135.

Hodson, G., & Sorrentino, R. M. (1999). Uncertainty orientation and the Big Five personality structure. *Journal of Research in Personality, 33*(2), 253–261.

Homan, A. C., Hollenbeck, J. R., Humphrey, S. E., Van Knippenberg, D., Ilgen, D. R., & Van Kleef, G. A. (2008). Facing differences with an open mind: Openness to experience, salience of intragroup differences, and performance of diverse work groups. *Academy of Management Journal, 51*(6), 1204–1222.

Hofstede, G. (1983). The cultural relativity of organizational practices and theories. *Journal of International Business Studies, 14*(2), 75–89.

Hülsheger, U. R., Anderson, N., & Salgado, J. F. (2009). Team-level predictors of innovation at work: A comprehensive meta-analysis spanning three decades of research. *Journal of Applied Psychology, 94*(5), 1128–1145.

Ibarra, H., & Hunter, M. (2007). How leaders create and use networks. *Harvard Business Review*, 40–47.

Jackson, J. J., Hill, P. L., Payne, B. R., Roberts, B. W., & Stine-Morrow, E. A. (2012). Can an old dog learn (and want to experience) new tricks? Cognitive training increases openness to experience in older adults. *Psychology and Aging, 27*(2), 286.

Kahneman, D., Krueger, A. B., Schkade, D. A., Schwarz, N., & Stone, A. A. (2004). A survey method for characterizing daily life experience: The day reconstruction method. *Science, 306*(5702), 1776–1780.

Laursen, K., & Salter, A. (2006). Open for innovation: The role of openness in explaining innovation performance among UK manufacturing firms. *Strategic Management Journal, 27*(2), 131–150.

Lengel, R. L., & Daft, R. L. (1989). The selection of communication media as an executive skill. *The Academy of Management Executive, 2*(3), 225–232

Lorenzo, R., Voigt, N., Schetelig, K., Zawadzki, A., Welpe, I. M., & Brosi, P. (2017). *The mix that matters: Innovation through diversity*. Boston Consulting Group.

Mueller, J. S., Melwani, S., & Goncalo, J. A. (2012). The bias against creativity: Why people desire but reject creative ideas. *Psychological Science, 23*(1), 13–17.

Ng, T. W., & Feldman, D. C. (2008). The relationship of age to ten dimensions of job performance. *Journal of Applied Psychology, 93*(2), 392–423.

Ng, T. W., & Feldman, D. C. (2012). Evaluating six common stereotypes about older workers with meta-analytical data. *Personnel Psychology, 65*(4), 821–858.

Nishii, L. H. (2013). The benefits of climate for inclusion for gender-diverse groups. Academy of Management Journal, *56*(6), 1754–1774.

Pentland, A. (2012). The new science of building great teams. *Harvard Business Review, 90*(4), 60–69.

Perry-Smith, J. E., & Mannucci, P. V. (2017). From creativity to innovation: The social network drivers of the four phases of the idea journey. *Academy of Management Review, 42*(1), 53–79.

Raja, U., & Johns, G. (2010). The joint effects of personality and job scope on in-role performance, citizenship behaviors, and creativity. *Human Relations, 63*(7), 981–1005.

Rudman, L. A., & Phelan, J. E. (2008). Backlash effects for disconfirming gender stereotypes in organizations. *Research in Organizational Behavior, 28*, 61–79.

Seibert, P., & Siegel, R. (2016). *Autodesk in 2016: Transforming to meet a changing industry*. Stanford Business Case.

Skilton, P. F., & Dooley, K. J. (2010). The effects of repeat collaboration on creative abrasion. *Academy of Management Review, 35*(1), 118–134.

Tasselli, S., Kilduff, M., & Menges, J. I. (2015). The microfoundations of organizational social networks: A review and an agenda for future research. *Journal of Management, 41*(5), 1361–1387.

Todorova, G., & Durisin, B. (2007). Absorptive capacity: Valuing a reconceptualization. *Academy of Management Review, 32*(3), 774–786.

Van der Vegt, G. S., & Janssen, O. (2003). Joint impact of interdependence and group diversity on innovation. *Journal of Management, 29*(5), 729–751.

Welpe, I. M., Brosi, P., & Schwarzmüller, T. (2014). Wenn Gleiches unterschiedlich beurteilt wird. Die Wirkung unbewusster Vorurteile. *OrganisationsEntwicklung, 23*(4), 32–35.

West, J., & Bogers, M. (2014). Leveraging external sources of innovation: a review of research on open innovation. *Journal of Product Innovation Management, 31*(4), 814–831.

West, J., & Gallagher, S. (2006). Challenges of open innovation: The paradox of firm investment in open-source software. *R&d Management, 36*(3), 319–331.

Woolley, A. W., Chabris, C. F., Pentland, A., Hashmi, N., & Malone, T. W. (2010). Evidence for a collective intelligence factor in the performance of human groups. *Science, 330*(6004), 686–688.

Yukl, G. (2013). *Leadership in organizations*. Pearson Education Limited: United Kingdom.

Big Five #3

Ahearne, M., Mathieu, J., & Rapp, A. (2005). To empower or not to empower your sales force? An empirical examination of the influence of leadership empowerment behavior on customer satisfaction and performance. *Journal of Applied Psychology, 90*(5), 945–955.

Aime, F., Humphrey, S., DeRue, D. S., & Paul, J. B. (2014). The riddle of heterarchy: Power transitions in cross-functional teams. *Academy of Management Journal, 57*(2), 327–352.

Amabile, T. M., Conti, R., Coon, H., Lazenby, J., & Herron, M. (1996). Assessing the work environment for creativity. *Academy of Management Journal, 39*(5), 1154–1184.

Anderson, C., & Kilduff, G.J. (2009). Why do dominant personalities attain influence in face-to-face groups? The competence-signaling effects of trait dominance. *Journal of Personality and Social Psychology, 96*(2), 491–503.

Avolio, B.J., Zhu, W., Koh, W., & Bhatia, P. (2004). Transformational leadership and organizational commitment: Mediating role of psychological empowerment and moderating role of structural distance. *Journal of Organizational Behavior, 25*(8), 951–968.

Berg, J.M., Dutton, J.E., & Wrzesniewski, A. (2008). *What is job crafting and why does it matter?* Theory-to-practice briefing, Ross School of Business, University of Michigan. Abgerufen von www.bus.umich.edu/Positive/POS-Teaching-and-Learning/Job_Crafting-Theory_to_Practice-Aug_08.pdf

Berson, Y., Halevy, N., Shamir, B., & Erez, M. (2015). Leading from different psychological distances: A construal-level perspective on vision communication, goal setting, and follower motivation. *The Leadership Quarterly, 26*(2), 143–155.

Bessen, J. (2014). Employers aren't just whining–the ›skills gap‹ is real. *Harvard Business Review*. Abgerufen von https://hbr.org/2014/08/employers-arent-just-whining-the-skills-gap-is-real

Boes, A., Sattelberger, T., & Welpe, I.M. (2015). *Umfrage zu demokratischen Organisations- und Führungsprinzipien*. Technische Universität München, München.

Bono, J.E., Glomb, T.M., Shen, W., Kim, E., & Koch, A.J. (2013). Building positive resources: Effects of positive events and positive reflection on work stress and health. *Academy of Management Journal, 56*(6), 1601–1627.

Breu, K., Hemingway, C.J., Strathern, M., & Bridger, D. (2002). Workforce agility: The new employee strategy for the knowledge economy. *Journal of Information Technology, 17*(1), 21–31.

Carson, J.B., Tesluk, P.E., & Marrone, J.A. (2007). Shared leadership in teams: An investigation of antecedent conditions and performance. *Academy of Management Journal, 50*(5), 1217–1234.

Cascio, W.F., & Montealegre, R. (2016). How technology is changing work and organizations. *Annual Review of Organizational Psychology and Organizational Behavior, 3*, 349–375.

Conger, J.A., & Kanungo, R.N. (1988). The empowerment process: Integrating theory and practice. *Academy of Management Review, 13*(3), 471–482.

Conger, J.A., & Kanungo, R.N. (1998). *Charismatic leadership in organizations*. New York: Sage Publications.

Denis, J.L., Langley, A. & Sergi, V. (2012). Leadership in the plural. *The Academy of Management Annals*, 6, 211–283.

D'Innocenzo, L., Mathieu, J.E., & Kukenberger, M.R. (2016). A meta-analysis of different forms of shared leadership–team performance relations. *Journal of Management, 42*(7), 1964–1991.

Drescher, M.A., Korsgaard, M.A., Welpe, I.M., Picot, A., & Wigand, R.T. (2014). The dynamics of shared leadership: Building trust and enhancing performance. *Journal of Applied Psychology, 99*(5), 771–783.

George, G., Haas, M.R., & Pentland, A. (2014). Big data and management. *Academy of Management Journal, 57*(2), 321–326.

Giessner, S.R., & Schubert, T.W. (2007). High in the hierarchy: How vertical location and judgments of leaders' power are interrelated. *Organizational Behavior and Human Decision Processes, 104*(1), 30–44.

Grant, A.M., & Parker, S.K. (2009). Redesigning work design theories: The rise of relational and proactive perspectives. *Academy of Management Annals, 3*(1), 317–375.

Hempel, P.S., Zhang, Z.-X., & Han, Y. (2012). Team empowerment and the organizational context: Decentralization and the contrasting effects of formalization. *Journal of Management, 38*(2), 475–501.

Huber, T., & Rauch, C. (2013). Generation Y–Das Selbstverständnis der Manager von morgen. *Signium International.*

Humphrey, S.E., Nahrgang, J.D., & Morgeson, F.P. (2007). Integrating motivational, social, and contextual work design features: A meta-analytic summary and theoretical extension of the work design literature. *Journal of Applied Psychology, 92*, 1332–1356.

Huselid, M.A. (1995). The impact of human resource management practices on turnover, productivity, and corporate financial performance. *Academy of Management Journal, 38*(3), 635–672.

Jiang, K., Lepak, D.P., Hu, J., & Baer, J.C. (2012). How does human resource management influence organizational outcomes? A meta-analytic investigation of mediating mechanisms. *Academy of Management Journal, 55*(6), 1264–1294.

Kirkman, B.L., & Rosen, B. (1999). Beyond self-management: Antecedents and consequences of team empowerment. *Academy of Management Journal, 42*(1), 58–74.

Kirkman, B.L., Rosen, B., Tesluk, P.E., & Gibson, C.B. (2004). The impact of team empowerment on virtual team performance: The moderating role of face-to-face interaction. *Academy of Management Journal, 47*(2), 175–192.

Kodish, J., Gibson, D., & Amos, J. (1995). The development and operation of an agile manufacturing consortium: The case of AAMRC. *Proceedings of the Fourth Annual Conference on Models, Metrics and Pilots.*

Lips-Wiersma, M., & Wright, S. (2012). Measuring the meaning of meaningful work: Development and validation of the Comprehensive Meaningful Work Scale (CMWS). *Group & Organization Management, 37*(5), 655–685.

Logan, M.S., & Ganster, D.C. (2007). The effects of empowerment on attitudes and performance: The role of social support and empowerment beliefs. *Journal of Management Studies, 44*(8), 1523–1550.

Magee, J.C., & Galinsky, A.D. (2008). Social hierarchy: The self-reinforcing nature of power and status. *Academy of Management Annals, 2*, 351–398.

Mathieu, J.E., Gilson, L.L., & Ruddy, T.M. (2006). Empowerment and team effectiveness: An empirical test of an integrated model. *Journal of Applied Psychology, 91*(1), 97–108.

Maynard, M.T., Gilson, L.L., & Mathieu, J.E. (2012). Empowerment—fad or fab? A multilevel review of the past two decades of research. *Journal of Management, 38*(4), 1231–1281.

Nishii, L.H. (2013). The benefits of climate for inclusion for gender-diverse groups. *Academy of Management Journal, 56*(6), 1754–1774.

Parker, S.K., & Collins, C.G. (2010). Taking stock: Integrating and differentiating multiple proactive behaviors. *Journal of Management, 36*(3), 633–662.

Pfeffer, J., & Veiga, J. F. (1999). Putting people first for organizational success. *The Academy of Management Executive, 13*(2), 37–48.
Raes, A. M., Heijltjes, M. G., Glunk, U., & Roe, R. A. (2011). The interface of the top management team and middle managers: A process model. *Academy of Management Review, 36*(1), 102–126.
Seibert, S. E., Wang, G., & Courtright, S. H. (2011). Antecedents and consequences of psychological and team empowerment in organizations: A meta-analytic review. *Journal of Applied Psychology, 96*(5), 981–1003.
Shin, D., & Konrad, A. M. (2017). Causality between high-performance work systems and organizational performance. *Journal of Management, 43*(4), 973–997.
Spreitzer, G. M. (1995). Psychological empowerment in the workplace: Dimensions, measurement, and validation. *Academy of Management Journal, 38*(5), 1442–1465.
Spreitzer, G. M. (2008). Taking stock: A review of more than twenty years of research on empowerment at work. In J. Barling & C. L. Cooper (Eds.), *Handbook of organizational behavior* (pp. 54–72). Thousand Oaks, CA: Sage.
Stam, D. A., Van Knippenberg, D., & Wisse, B. (2010). The role of regulatory fit in visionary leadership. *Journal of Organizational Behavior, 31*(4), 499–518.
Stone, D. L., & Deadrick, D. L. (2015). Challenges and opportunities affecting the future of human resource management. *Human Resource Management Review, 25*(2), 139–145.
Tesluk, P. E., Vance, R. J., & Mathieu, J. E. (1999). Examining employee involvement in the context of participative work environments. *Group & Organization Management, 24*(3), 271–299.
Van Knippenberg, D., Dahlander, L., Haas, M. R., & George, G. (2015). Information, attention, and decision making. *Academy of Management Journal, 58*(3), 649–657.
Wrzesniewski, A., & Dutton, J. E. (2001). Crafting a job: Revisioning employees as active crafters of their work. *Academy of Management Review, 26*(2), 179–201.
Zhang, X., & Bartol, K. M. (2010). Linking empowering leadership and employee creativity: The influence of psychological empowerment, intrinsic motivation, and creative process engagement. *Academy of Management Journal, 53*(1), 107–128.

Big Five #4

Aguinis, H., & Glavas, A. (2012). What we know and don't know about corporate social responsibility: A review and research agenda. *Journal of Management, 38*(4), 932–968.
Aguinis, H., & O'Boyle, E. (2014). Star performers in twenty-first century organizations. *Personnel Psychology, 67*(2), 313–350.
Amabile, T. M., Hill, K. G., Hennessey, B. A., & Tighe, E. M. (1994). The Work Preference Inventory: Assessing intrinsic and extrinsic motivational orientations. *Journal of Personality and Social Psychology, 66*(5), 950.
Ames, D. R., & Flynn, F. J. (2007). What breaks a leader: The curvilinear relation

between assertiveness and leadership. *Journal of Personality and Social Psychology, 92*(2), 307.
Barsade, S.G., & O'Neill, O.A. (2014). What's love got to do with it? A longitudinal study of the culture of companionate love and employee and client outcomes in a long-term care setting. *Administrative Science Quarterly, 59*(4), 551–598.
Bruch, H., & Vogel, B. (2011). *Fully charged: How great leaders boost their organization's energy and ignite high performance*. Harvard Business Press.
Call, M.L., Nyberg, A.J., & Thatcher, S. (2015). Stargazing: An integrative conceptual review, theoretical reconciliation, and extension for star employee research. *Journal of Applied Psychology, 100*(3), 623–640.
Casciaro, T., Gino, F., & Kouchaki, M. (2014). The contaminating effects of building instrumental ties: How networking can make us feel dirty. *Administrative Science Quarterly, 59*(4), 705–735.
Casciaro, T., & Lobo, M.S. (2008). When competence is irrelevant: The role of interpersonal affect in task-related ties. *Administrative Science Quarterly, 53*(4), 655–684.
Casciaro, T., & Lobo, M.S. (2015). Affective primacy in intraorganizational task networks. *Organization Science, 26*(2), 373–389.
Cascio, W.F., & Aguinis, H. (2008). Staffing Twenty-first-century organizations. *Academy of Management Annals, 2*(1), 133–165.
Cole, M.S., Bruch, H., & Vogel, B. (2012). Energy at work: A measurement validation and linkage to unit effectiveness. *Journal of Organizational Behavior, 33*(4), 445–467.
Congdon, C., Flynn, D., & Redman, M. (2014). Balancing« we« and« me«. *Harvard Business Review, 92*(10), 50–57.
Cross, R., & Cummings, J.N. (2004). Tie and network correlates of individual performance in knowledge-intensive work. *Academy of Management Journal, 47*(6), 928–937.
Cullen-Lester, K.L., Leroy, H., Gerbasi, A., & Nishii, L. (2016). Energy's role in the extraversion (dis) advantage: How energy ties and task conflict help clarify the relationship between extraversion and proactive performance. *Journal of Organizational Behavior, 37*(7), 1003–1022.
Cullen-Lester, K.L., Woehler, M.L., & Willburn, P. (2016). Network-based leadership development: A guiding framework and resources for management educators. *Journal of Management Education, 40*(3), 321–358.
Cross, R., Baker, W., & Parker, A. (2003). What creates energy in organizations? *MIT Sloan Management Review, 44*(4), 51–57.
Cross, R., Rebele, R., & Grant, A. (2016). Collaborative overload. *Harvard Business Review, 94*(1), 74–79.
DeNisi, A.S., & Kluger, A.N. (2000). Feedback effectiveness: Can 360-degree appraisals be improved?. *The Academy of Management Executive, 14*(1), 129–139.
DeRue, D.S., Nahrgang, J.D., Wellman, N.E.D., & Humphrey, S.E. (2011). Trait and behavioral theories of leadership: An integration and meta-analytic test of their relative validity. *Personnel Psychology, 64*(1), 7–52.
Dirks, K.T., & Ferrin, D.L. (2002). Trust in leadership: Meta-analytic findings and implications for research and practice. *Journal of Applied Psychology, 87*(4), 611–628.

Farooq, O., Rupp, D.E., & Farooq, M. (2017). The multiple pathways through which internal and external corporate social responsibility influence organizational identification and multifoci outcomes: The moderating role of cultural and social orientations. *Academy of Management Journal, 60*(3), 954–985.
Ferris, G.R., Liden, R.C., Munyon, T.P., Summers, J.K., Basik, K.J., & Buckley, M.R. (2009). Relationships at work: Toward a multidimensional conceptualization of dyadic work relationships. *Journal of Management, 35*(6), 1379–1403.
Flynn, F.J. (2003). How much should I give and how often? The effects of generosity and frequency of favor exchange on social status and productivity. *Academy of Management Journal, 46*(5), 539–553.
Frazier, M.L., Fainshmidt, S., Klinger, R.L., Pezeshkan, A., & Vracheva, V. (2017). Psychological safety: A meta-analytic review and extension. *Personnel Psychology, 70*(1), 113–165.
Frey, C.B., & Osborne, M.A. (2017). The future of employment: How susceptible are jobs to computerisation? *Technological Forecasting and Social Change, 114*, 254–280.
Gardner, H.K. (2017). Getting your stars to collaborate. *Harvard Business Review, 1*, 100–108.
Grandey, A.A. (2000). Emotional regulation in the workplace: A new way to conceptualize emotional labor. *Journal of Occupational Health Psychology, 5*(1), 95–110.
Grant, A.M. (2007). Relational job design and the motivation to make a prosocial difference. *Academy of Management Review, 32*(2), 393–417.
Grant, A. (2013). In the company of givers and takers. *Harvard Business Review, 91*(4), 90–97.
Grant, A.M., & Berry, J.W. (2011). The necessity of others is the mother of invention: Intrinsic and prosocial motivations, perspective taking, and creativity. *Academy of Management Journal, 54*(1), 73–96.
Grant, A.M., & Gino, F. (2010). A little thanks goes a long way: Explaining why gratitude expressions motivate prosocial behavior. *Journal of Personality and Social Psychology, 98*(6), 946–955.
Grant, A.M., & Parker, S.K. (2009). Redesigning work design theories: The rise of relational and proactive perspectives. *Academy of Management Annals, 3*(1), 317–375.
Griffin, M.A., Neal, A., & Parker, S.K. (2007). A new model of work role performance: Positive behavior in uncertain and interdependent contexts. *Academy of Management Journal, 50*(2), 327–347.
Groysberg, B., Lee, L.E., & Nanda, A. (2008). Can they take it with them? The portability of star knowledge workers' performance. *Management Science, 54*(7), 1213–1230.
Haas, M., & Mortensen, M. (2016). The secrets of great teamwork. *Harvard Business Review, 94*(6), 70–76.
Halbesleben, J.R. (2006). Sources of social support and burnout: A meta-analytic test of the conservation of resources model. *Journal of Applied Psychology, 91*(5), 1134–1145.
Humphrey, S.E., Nahrgang, J.D., & Morgeson, F.P. (2007). Integrating motivational, social, and contextual work design features: A meta-analytic summary and

theoretical extension of the work design literature. *Journal of Applied Psychology, 92*(5), 1332–1356.
Ismail, S., Malone, M.S., & Van Geest (2017). *Exponentielle Organisationen. Das Konstruktionsprinzip für die Transformation von Unternehmen im Informationszeitalter*. München: Franz Vahlen.
Judge, T.A., Piccolo, R.F., & Ilies, R. (2004). The forgotten ones? The validity of consideration and initiating structure in leadership research. *Journal of Applied Psychology, 89*(1), 36–51.
Kehoe, R.R., Lepak, D.P., & Bentley, F.S. (2016). Let's call a star a star: Task performance, external status, and exceptional contributors in organizations. *Journal of Management*.
Kluger, A.N., & DeNisi, A. (1996). The effects of feedback interventions on performance: A historical review, a meta-analysis, and a preliminary feedback intervention theory. *Psychological Bulletin, 119*(2), 254–284.
Kuwabara, K., Hildebrand, C., & Zou, X. (2016). Implicit theories of networking: Effects of lay beliefs on attitudes and engagement toward instrumental networking. *Academy of Management Review*.
Lambert, L.S., Tepper, B.J., Carr, J.C., Holt, D.T., & Barelka, A.J. (2012). Forgotten but not gone: An examination of fit between leader consideration and initiating structure needed and received. *Journal of Applied Psychology, 97*(5), 913–930.
Lau, D.C., & Liden, R.C. (2008). Antecedents of coworker trust: Leaders' blessings. *Journal of Applied Psychology, 93*(5), 1130–1138.
Long, D.M., Baer, M.D., Colquitt, J.A., Outlaw, R., & Dhensa-Kahlon, R.K. (2015). What will the boss think? The impression management implications of supportive relationships with star and project peers. *Personnel Psychology, 68*(3), 463–498.
Mankins, M., Brahm, C., & Caimi, G. (2014). Your scarcest resource. *Harvard Business Review, 92*(5), 74–80.
Martinko, M.J., Harvey, P., & Dasborough, M.T. (2011). Attribution theory in the organizational sciences: A case of unrealized potential. *Journal of Organizational Behavior, 32*(1), 144–149.
Meindl, J.R., Ehrlich, S.B., & Dukerich, J.M. (1985). The romance of leadership. *Administrative Science Quarterly, 30*(1), 78–102.
Morgeson, F.P., & Humphrey, S.E. (2006). The Work Design Questionnaire (WDQ): Developing and validating a comprehensive measure for assessing job design and the nature of work. *Journal of Applied Psychology, 91*(6), 1321–1339.
Mortensen, M., & Gardner, H.K. (2017). The overcommited organization. *Harvard Business Review, 5*, 59–65.
Mortensen, M., & Neeley, T.B. (2012). Reflected knowledge and trust in global collaboration. *Management Science, 58*(12), 2207–2224.
Oldroyd, J.B., & Morris, S.S. (2012). Catching falling stars: A human resource response to social capital's detrimental effect of information overload on star employees. *Academy of Management Review, 37*(3), 396–418.
O'Neill, O.A., & Rothbard, N.P. (2017). Is love all you need? The effects of emotional culture, suppression, and work–family conflict on firefighter risk-taking and health. *Academy of Management Journal, 60*(1), 78–108.
Owens, B.P., Baker, W.E., Sumpter, D.M., & Cameron, K.S. (2016). Relational

energy at work: Implications for job engagement and job performance. *Journal of Applied Psychology, 101*(1), 35–49.
Pentland, A. (2012). The new science of building great teams. *Harvard Business Review, 90*(4), 60–69.
Perlow, L. (2014). Manage your team's collective time. *Harvard Business Review, 92*(6), 23–25.
Perlow, L.A., Hadley, C.N., & Eun, E. (2017). Stop the meeting madness. *Harvard Business Review, 4*, 62–69.
Peterson, S.J., & Luthans, F. (2006). The impact of financial and nonfinancial incentives on business-unit outcomes over time. *Journal of Applied Psychology, 91*(1), 156–165.
Podsakoff, P.M., Ahearne, M., & MacKenzie, S.B. (1997). Organizational citizenship behavior and the quantity and quality of work group performance. *Journal of Applied Psychology, 82*(2), 262–269.
Rapp, A.A., Bachrach, D.G., & Rapp, T.L. (2013). The influence of time management skill on the curvilinear relationship between organizational citizenship behavior and task performance. *Journal of Applied Psychology, 98*(4), 668–677.
Riketta, M., & Van Dick, R. (2005). Foci of attachment in organizations: A meta-analytic comparison of the strength and correlates of workgroup versus organizational identification and commitment. *Journal of Vocational Behavior, 67*(3), 490–510.
Ritzenhöfer, L., Brosi, P., Spörrle, M., & Welpe, I.M. (2017). Leader pride and gratitude differentially impact follower trust. *Journal of Managerial Psychology, 32(6), 445–459.*
Ryan, R.M., & Deci, E.L. (2000). Self-determination theory and the facilitation of intrinsic motivation, social development, and well-being. *American Psychologist, 55*(1), 68–78.
Schoorman, F.D., Mayer, R.C., & Davis, J.H. (2007). An integrative model of organizational trust: Past, present, and future. *Academy of Management Review, 32*(2), 344–354.
Seibert, P., & Siegel, R. (2016). *Autodesk in 2016: Transforming to meet a changing industry*. Stanford Business Case.
Sherony, K.M., & Green, S.G. (2002). Coworker exchange: Relationships between coworkers, leader-member exchange, and work attitudes. *Journal of Applied Psychology, 87*(3), 542–548.
Smidts, A., Pruyn, A.T.H., & Van Riel, C.B. (2001). The impact of employee communication and perceived external prestige on organizational identification. *Academy of Management Journal, 44*(5), 1051–1062.
Viswesvaran, C., Sanchez, J.I., & Fisher, J. (1999). The role of social support in the process of work stress: A meta-analysis. *Journal of Vocational Behavior, 54*(2), 314–334.
Willburn, P., & Cullen, K. (2014). *A leader's network how to help your talent invest in the right relationships at the right time*. Center for Creative Leadership.
Wolff, H.G., & Moser, K. (2009). Effects of networking on career success: A longitudinal study. *Journal of Applied Psychology, 94*(1), 196–206.

Allen, T.D. (2001). Family-supportive work environments: The role of organizational perceptions. *Journal of Vocational Behavior, 58*(3), 414–435.
Allen, T.D., Johnson, R.C., Kiburz, K.M., & Shockley, K.M. (2013). Work–family conflict and flexible work arrangements: Deconstructing flexibility. *Personnel Psychology, 66*(2), 345–376.
Ayyagari, R., Grover, V., & Purvis, R. (2011). Technostress: Technological antecedents and implications. *MIS Quarterly, 35*(4), 831–858.
Baer, R.A., Smith, G.T., & Allen, K.B. (2004). Assessment of mindfulness by self-report: The Kentucky Inventory of Mindfulness Skills. *Assessment, 11*(3), 191–206.
Bakker, A.B., & Demerouti, E. (2007). The job demands-resources model: State of the art. *Journal of Managerial Psychology, 22*(3), 309–328.
Bakker, A.B., Demerouti, E., & Euwema, M.C. (2005). Job resources buffer the impact of job demands on burnout. *Journal of Occupational Health Psychology, 10*(2), 170–180.
Bennett, A.A., Gabriel, A.S., Calderwood, C., Dahling, J.J., & Trougakos, J.P. (2016). Better together? Examining profiles of employee recovery experiences. *Journal of Applied Psychology, 101*(12), 1635–1654.
Brummelhuis, L.L., & Trougakos, J.P. (2014). The recovery potential of intrinsically versus extrinsically motivated off-job activities. *Journal of Occupational and Organizational Psychology, 87*(1), 177–199.
Butts, M.M., Hurst, C.S., & Eby, L.T. (2013). Supervisor health and safety support: Scale development and validation. *The Journal of Applied Management and Entrepreneurship, 18*(1), 97–118.
Cañibano, A. (2011) Exploring the negative outcomes of flexible work arrangements. The case of a consultancy firm in Spain. *Paper presented at the British Academy of Management, HRM conference, London.*
Cavanaugh, M.A., Boswell, W.R., Roehling, M.V., & Boudreau, J.W. (2000). An empirical examination of self-reported work stress among US managers. *Journal of Applied Psychology, 85*(1), 65–74.
Cleirigh, D.O., & Greaney, J. (2015). Mindfulness and group performance: An exploratory investigation into the effects of brief mindfulness intervention on group task performance. *Mindfulness, 6*(3), 601–609.
Crawford, E.R., LePine, J.A., & Rich, B.L. (2010). Linking job demands and resources to employee engagement and burnout: A theoretical extension and meta-analytic test. *Journal of Applied Psychology, 95*, 834–848.
Dane, E., & Brummel, B.J. (2014). Examining workplace mindfulness and its relations to job performance and turnover intention. *Human Relations, 67*(1), 105–128.
Eisenberger, R., Huntington, R., Hutchison, S., & Sowa, D. (1986). Perceived organizational support. *Journal of Applied Psychology, 71*(3), 500–507.
Eisenberger, R., Armeli, S., Rexwinkel, B., Lynch, P.D., & Rhoades, L. (2001). Reciprocation of perceived organizational support. *Journal of Applied Psychology, 86*(1), 42–51.

Elsbach, K.D., & Hargadon, A.B. (2006). Enhancing creativity through »mindless« work: A framework of workday design. *Organization Science, 17*(4), 470–483.
Fenner, G.H., & Renn, R.W. (2010). Technology-assisted supplemental work and work-to-family conflict: The role of instrumentality beliefs, organizational expectations and time management. *Human Relations, 63*(1), 63–82.
Ford, M.T., Matthews, R.A., Wooldridge, J.D., Mishra, V., Kakar, U.M., & Strahan, S.R. (2014). How do occupational stressor-strain effects vary with time? A review and meta-analysis of the relevance of time lags in longitudinal studies. *Work & Stress, 28*(1), 9–30.
Franke, F., Felfe, J., & Pundt, A. (2014). The impact of health-oriented leadership on follower health: Development and test of a new instrument measuring health-promoting leadership. *German Journal of Human Resource Management, 28*(1-2), 139–161.
Fransson, E.I., Heikkilä, K., Nyberg, S.T., Zins, M., Westerlund, H., Westerholm, P., … Theorell, T. (2012). Job strain as a risk factor for leisure-time physical inactivity: An individual-participant meta-analysis of up to 170,000 men and women: The IPD-Work Consortium. *American Journal of Epidemiology, 176*(12), 1078–1089.
Frey, C.B., & Osborne, M.A. (2017). The future of employment: How susceptible are jobs to computerisation? *Technological Forecasting and Social Change, 114*, 254–280.
Fritz, C., Lam, C.F., & Spreitzer, G.M. (2011). It's the little things that matter: An examination of knowledge workers' energy management. *The Academy of Management Perspectives, 25*(3), 28–39.
Ganster, D.C., & Rosen, C.C. (2013). Work stress and employee health: A multidisciplinary review. *Journal of Management, 39*(5), 1085–1122.
Grant, A.M., & Gino, F. (2010). A little thanks goes a long way: Explaining why gratitude expressions motivate prosocial behavior. *Journal of Personality and Social Psychology, 98*(6), 946–955.
Good, D.J., Lyddy, C.J., Glomb, T.M., Bono, J.E., Brown, K.W., Duffy, M.K., Baer, R.A., Brewer, J.A., & Lazar, S.W. (2016). Contemplating mindfulness at work: An integrative review. *Journal of Management, 42*(1), 114–142.
Hahn, V.C., Binnewies, C., Sonnentag, S., & Mojza, E.J. (2011). Learning how to recover from job stress: Effects of a recovery training program on recovery, recovery-related self-efficacy, and well-being. *Journal of Occupational Health Psychology, 16*(2), 202–216.
Hammer, L.B., Ernst Kossek, E., Bodner, T., & Crain, T. (2013). Measurement development and validation of the Family Supportive Supervisor Behavior Short-Form (FSSB-SF). *Journal of Occupational Health Psychology, 18*(3), 285–296.
Hobfoll, S.E. (2001). The influence of culture, community, and the nested-self in the stress process: Advancing conservation of resources theory. *Applied Psychology, 50*(3), 337–421.
Hoel H., Sparks, K., & Cooper, C.L. (2003). *The cost of violence/stress at work and the benefits of a violence/stress-free working environment. Report commissioned by the International Labour Organization (ILO)*. Geneva: ILO.
Hülsheger, U.R., Alberts, H.J., Feinholdt, A., & Lang, J.W. (2013). Benefits of mindfulness at work: The role of mindfulness in emotion regulation, emotional exhaustion, and job satisfaction. *Journal of Applied Psychology, 98*(2), 310–325.

Hülsheger, U.R., Lang, J.W., Depenbrock, F., Fehrmann, C., Zijlstra, F.R., & Alberts, H.J. (2014). The power of presence: The role of mindfulness at work for daily levels and change trajectories of psychological detachment and sleep quality. *Journal of Applied Psychology, 99*(6), 1113–1128.

Janssen, O. (2000). Job demands, perceptions of effort-reward fairness and innovative work behaviour. *Journal of Occupational and Organizational Psychology, 73*(3), 287–302.

Kabat-Zinn, J. (1990). *Full catastrophe living: Using the wisdom of your body and mind to face stress, pain and illness.* New York: Delacourt.

Kabat-Zinn, J. (1993). Mindfulness meditation: Health benefits of an ancient Buddhist practice. In Goleman, D. & Garin, J. (Eds.), *Mind/Body Medicine.* Yonkers, NY: Consumer Reports.

Kelliher, C., & Anderson, D. (2010). Doing more with less? Flexible working practices and the intensification of work. *Human Relations, 63*(1), 83–106.

Killingsworth, M.A., & Gilbert, D.T. (2010). A wandering mind is an unhappy mind. *Science, 330*(6006), 932–932.

Kim, S., Park, Y., & Niu, Q. (2017). Micro-break activities at work to recover from daily work demands. *Journal of Organizational Behavior, 38*(1), 28–44.

Koch, A.R., & Binnewies, C. (2015). Setting a good example: Supervisors as work-life-friendly role models within the context of boundary management. *Journal of Occupational Health Psychology, 20*(1), 82–92.

Krasner, M.S., Epstein, R.M., Beckman, H., Suchman, A.L., Chapman, B., Mooney, C.J., & Quill, T.E. (2009). Association of an educational program in mindful communication with burnout, empathy, and attitudes among primary care physicians. *Jama, 302*(12), 1284–1293.

Kühnel, J., & Sonnentag, S. (2011). How long do you benefit from vacation? A closer look at the fade-out of vacation effects. *Journal of Organizational Behavior, 32*(1), 125–143.

Lee, K.E., Williams, K.J., Sargent, L.D., Williams, N.S., & Johnson, K.A. (2015). 40-second green roof views sustain attention: The role of micro-breaks in attention restoration. *Journal of Environmental Psychology, 42*, 182–189.

LePine, J.A., Podsakoff, N.P., & LePine, M.A. (2005). A meta-analytic test of the challenge stressor–hindrance stressor framework: An explanation for inconsistent relationships among stressors and performance. *Academy of Management Journal, 48*(5), 764–775.

Leslie, L.M., Manchester, C.F., Park, T.-Y., & Mehng, S.A. (2012). Flexible work practices: A source of career premiums or penalties? *Academy of Management Journal, 55*(6), 1407–1428.

Lohmann-Haislah, A. (2012). *Stressreport Deutschland 2012. Psychische Anforderungen, Ressourcen und Befinden.* Dortmund: Bundesanstalt für Arbeitsschutz und Arbeitsmedizin.

Luders, E., Cherbuin, N., & Kurth, F. (2015). Forever young(er): Potential age-defying effects of long-term meditation on gray matter atrophy. *Frontiers in Psychology, 5*, 1551.

Mazmanian, M. (2013). Avoiding the trap of constant connectivity: When congruent frames allow for heterogeneous practices. *Academy of Management Journal, 56*(5), 1225–1250.

Mazmanian, M., W. J. Orlikowski, & J. Yates (2005). CrackBerries: The social implications of ubiquitous wireless e-mail devices. In C. Sørensen, Y. Yoo, K. Lyytinen (Eds.), *Designing Ubiquitous Information Environments: Socio-Technical Issues and Challenges* (pp. 337–344). New York: Springer.

Mazmanian, M., Orlikowski, W. J., & Yates, J. (2013). The autonomy paradox: The implications of mobile email devices for knowledge professionals. *Organization Science, 24*(5), 1337–1357.

Miner, A., Glomb, T., & Hulin, C. (2005). Experience sampling mood and its correlates at work. *Journal of Occupational and Organizational Psychology, 78*(2), 171–193.

Morgeson, F. P., & Humphrey, S. E. (2006). The Work Design Questionnaire (WDQ): Developing and validating a comprehensive measure for assessing job design and the nature of work. *Journal of Applied Psychology, 91*(6), 1321–1339.

Olano, H. A., Kachan, D., Tannenbaum, S. L., Mehta, A., Annane, D., & Lee, D. J. (2015). Engagement in mindfulness practices by US adults: Sociodemographic barriers. *The Journal of Alternative and Complementary Medicine, 21*(2), 100–102.

Patterson, M. G., West, M. A., Shackleton, V. J., Dawson, J. F., Lawthom, R., Maitlis, S., . . . Wallace, A. M. (2005). Validating the organizational climate measure: Links to managerial practices, productivity and innovation. *Journal of Organizational Behavior, 26*(4), 379–408.

Ragsdale, J. M., Hoover, C. S., & Wood, K. (2016). Investigating affective dispositions as moderators of relationships between weekend activities and recovery experiences. *Journal of Occupational and Organizational Psychology, 89*(4), 734–750.

Reb, J., Narayanan, J., & Chaturvedi, S. (2014). Leading mindfully: Two studies on the influence of supervisor trait mindfulness on employee well-being and performance. *Mindfulness, 5*(1), 36–45.

Reyt, J.-N., & Wiesenfeld, B. M. (2015). Seeing the forest for the trees: Exploratory learning, mobile technology, and knowledge workers' role integration behaviors. *Academy of Management Journal, 58*(3), 739–762.

Richardson, K. M., & Rothstein, H. R. (2008). Effects of occupational stress management intervention programs: A meta-analysis. *Journal of Occupational Health Psychology, 13*(1), 69–93.

Rodell, J. B., & Judge, T. A. (2009). Can »good« stressors spark »bad« behaviors? The mediating role of emotions in links of challenge and hindrance stressors with citizenship and counterproductive behaviors. *Journal of Applied Psychology, 94*(6), 1438–1451.

Ryan, R. M., & Deci, E. L. (2000). Self-determination theory and the facilitation of intrinsic motivation, social development, and well-being. *American Psychologist, 55*(1), 68–78.

Schmidt, A. M., Dolis, C. M., & Tolli, A. P. (2009). A matter of time: Individual differences, contextual dynamics, and goal progress effects on multiple-goal self-regulation. *Journal of Applied Psychology, 94*(3), 692–709.

Shockley, K. M., & Allen, T. D. (2010). Investigating the missing link in flexible work arrangement utilization: An individual difference perspective. *Journal of Vocational Behavior, 76*(1), 131–142.

Shonin, E., Van Gordon, W., Dunn, T.J., Singh, N.N., & Griffiths, M.D. (2014). Meditation awareness training (MAT) for work-related wellbeing and job performance: A randomised controlled trial. *International Journal of Mental Health and Addiction, 12*(6), 806–823.

Sianoja, M., Kinnunen, U., de Bloom, J., Korpela, K., & Geurts, S. (2016). Recovery during lunch breaks: Testing long-term relations with energy levels at work. *Scandinavian Journal of Work and Organizational Psychology, 1*(1), 1–12,

Sinha, K.K., & Van de Ven, A.H. (2005). Designing work within and between organizations. *Organization Science, 16*(4), 389–408.

Skakon, J., Nielsen, K., Borg, V., & Guzman, J. (2010). Are leaders' well-being, behaviours and style associated with the affective well-being of their employees? A systematic review of three decades of research. *Work & Stress, 24*(2), 107–139.

Sonnentag, S. (2001). Work, recovery activities, and individual well-being: A diary study. *Journal of Occupational Health Psychology, 6*(3), 196–210.

Sonnentag, S. (2003). Recovery, work engagement, and proactive behavior: A new look at the interface between nonwork and work. *Journal of Applied Psychology, 88*(3), 518–528.

Sonnentag, S., & Frese, M. (2003). Stress in organizations. In W.C. Borman, D.R. Ilgen, & R.J. Klimoski (Eds.), *Comprehensive handbook of psychology* (Vol. 12: Industrial and organizational psychology, pp. 453– 491). Hoboken, NJ: Wiley.

Sonnentag, S., & Fritz, C. (2007). The Recovery Experience Questionnaire: Development and validation of a measure for assessing recuperation and unwinding from work. *Journal of Occupational Health Psychology, 12*(3), 204–221.

Sonnentag, S., & Natter, E. (2004). Flight attendants' daily recovery from work: Is there no place like home? *International Journal of Stress Management, 11*(4), 366–391.

Sonnentag, S., Venz, L., Casper, A. (2017). Advances in recovery research: What have we learned? What should be done next? *Journal of Occupational Health Psychology, 22*(3), 365–380.

Stetson, B.A., Rahn, J.M., Dubbert, P.M., Wilner, B.I., & Mercury, M.G. (1997). Prospective evaluation of the effects of stress on exercise adherence in community-residing women. *Health Psychology, 16*, 515–520.

Sutcliffe, K.M., Vogus, T.J., & Dane, E. (2016). Mindfulness in organizations: A cross-level review. *Annual Review of Organizational Psychology and Organizational Behavior, 3*, 55–81.

Tan, C.-M. (2012). *Search inside yourself: The unexpected path to achieving success, happiness (and world peace)*. New York, NY: HarperOne.

Techniker Krankenkasse (2016). *Entspann dich, Deutschland. TK-Stressstudie 2016.* Hamburg: Techniker Krankenkasse.

Trougakos, J.P., Hideg, I., Cheng, B.H., & Beal, D.J. (2014). Lunch breaks unpacked: The role of autonomy as a moderator of recovery during lunch. *Academy of Management Journal, 57*(2), 405–421.

Virick, M., DaSilva, N., & Arrington, K. (2010). Moderators of the curvilinear relation between extent of telecommuting and job and life satisfaction: The role of performance outcome orientation and worker type. *Human Relations, 63*(1), 137–154.

Wilson, M. G., Dejoy, D. M., Vandenberg, R. J., Richardson, H. A., & Mcgrath, A. L. (2004). Work characteristics and employee health and well-being: Test of a model of healthy work organization. *Journal of Occupational and Organizational Psychology, 77*(4), 565–588.

Wolever, R. Q., Bobinet, K. J., McCabe, K., Mackenzie, E. R., Fekete, E., Kusnick, C. A., & Baime, M. (2012). Effective and viable mind-body stress reduction in the workplace: A randomized controlled trial. *Journal of Occupational Health Psychology, 17*(2), 246–258.

Yam, K. C., Fehr, R., & Barnes, C. M. (2014). Morning employees are perceived as better employees: Employees' start times influence supervisor performance ratings. *Journal of Applied Psychology, 99*(6), 1288–1299.

Register

Abteilungssilo 80
Achtsamkeit 184
Algorithmen 11
Ambidextrie 32, 59
Änderung, strukturelle 62
Anreiz, finanzieller 149
Arbeitszeitmodelle, flexible 189
Associate 120
Augmented-Reality-Anwendungen 13
Austausch, informeller 81
Autonomie 105

Bewusstsein, gesundheitsorientiertes 196

Crowdsourcing 86
Culture of Simplification 37

Edge of Chaos 30
Empathie 164
Empowering Leadership 111, 131
Empowerment 129
Empowerment, psychologisches 22
Energie, relationale 143
Entscheidungen, strategische 126
Erholung 178
Erholungsphasen 201
Erreichbarkeit 192
Experimente 43

Feedback 139
Feedback, kontinuierliches 108
Fehler, systematische 44
Fehler, Umgang mit 45
Fehler, unsystematische 44
Fehlerkultur, offene 62
Fehlermanagement 50
Führung, beziehungsorientierte 165
Führungskraft-Mitarbeiter-Beziehung 146
Führungsverhalten, aufgabenorientiertes 148
Führungsverhalten, personenorientiertes 148

Gaming 55
Geschäftsmodelle, neue 15
Geschäftsprozesse, Veränderung 12

Holokratie 121

Informationstransparenz 109
Inklusion 72
Input-Faktoren, Veränderung 11
Integration 72
Integrität 145
Interaktion, persönliche 75
Interaktionen 140

Job Crafting 130
Jobrotation 82
Jobsharing 193

Kommunikationsnormen 190
Kompetenzerleben 102
Kundenfokus 41

Leader 120
Lernen, Digitalisierung 53
Lernen, exploitatives 31
Lernen, exploratives 31
Lernorientierung 49

Make or break 42
Manöverkritik 51
Marshmellow Challenge 40
Massive Transformative Purpose 36
Meeting, unproduktives 154
Microbreaks 182

Netzwerk, formalisiertes 83
Netzwerk, geschlossenes 159
Netzwerk, offenes 159
Netzwerken, erfolgreiches 164

Open Innovation 86
Organisation, gesunde 194
Organisationsklima, gesundheitsförderliches 198
Organisationskultur, gemeinschaftsorientierte 167

Paradox der Autonomie 190
Privatsphärenschutz 157
Produkte und Dienstleistungen, Veränderung 13
Projektorganisation 84
Prototypen 39

Reflexion 51
Ressourcen 176

Schuldzuweisung 46
Schwarm-Organisation 85
Selbstbestimmung 102, 105
Selbstwirksamkeit 133
Shared Leadership 117
Sicherheit, psychologische 69
Silodenken 95
Simulation 55
Sinnhaftigkeit 102
Sponsor 120
Standortfaktoren, klassische 12
Statusunterschiede 124
Stressoren, gute 174
Stressoren, schlechte 174

Talent 35
Talente, diverse 71
Team, virtuelles 77
Teamarbeit 90
Teamprozesse 91
Teams, selbstorganisierende 134
Transformation, digitale 10

Unternehmen, plattformbasiertes 15
Unternehmensgrenzen öffnen 95
Unternehmenskultur 35
Unterstützung, soziale 138

Verhalten, gesundheitsorientiertes 196
Visionen 113
VUCA-Welt 20, 57

Werte, gesundheitsorientierte 196
Wohlwollen 145